무엇을 버리고 무엇을 지킬 것인가

무엇을 ——— 버리고 무엇을 지킬것인가

제일기획 최초 공채 출신 CEO가 인문고전과 비즈니스에서 찾아낸 7가지 결단의 원칙

김낙회 (前 제일기획 사장) 지음

시그니처
SIGNATURE

지금은 결단이 필요한 순간!

돌이켜보면, 문제는 언제나 결단력이었다.

어떤 전공을 선택하고 어떤 직업을 가질 것이냐, 누구를 사랑하고 누구와 결혼할 것이냐, 무엇을 얻어 내고 무엇을 포기할 것이냐…. 삶은 크고 작은 선택의 연속, 누구나 인생을 살며 여러 차례 결단의 순간을 마주하게 된다.

모든 것을 만족시킬 수 있다면 좋겠지만, 현실은 그렇게 녹록치 않다. 대부분의 경우 하나를 얻을 때 어느 것 하나는 포기해야만 한다. 그러면 무엇을 포기할 것인가? 사람마다 처한 상황이 다르고 우선시하는 가치가 다르기 때문에, 그 누구도 남의 결단을 놓고 옳다 그르다 말할 수는 없다.

하지만 자기 자신조차도 이것이 옳은지 그른지 확신할 수 없다면 분명 큰 문제가 된다. '그놈의 확신'이 없기 때문에 결단을 못 내리고, 나는 아무래도 결정장애가 있나보다 하며 괴로워한다.

대체 왜 확신을 갖지 못할까? 다른 것을 포기하고서라도 반드시 지켜내야 할 그 무언가를 아직 찾지 못했기 때문이 아닐까 생각해 본다. 어쩌면 결단을 앞두고 우리에게 필요한 것은 어떤 것이 더 이득일지 따지는 '영악한 머리'가 아니라, 절대 놓치지 말아야 할 것을 아는 '용감한 심장'이 아닐까?

나만의 원칙이 확고하면 언제 어느 곳에서 결단의 순간이 닥쳐와도 흔들릴 일이 없다. 그러나 말이 쉽지, 칼로 무 자르듯 확실하게 원칙을 적용할 수 있는 경우가 얼마나 되겠느냔 말이다. 온갖 변수들이 튀어 나오고 예외에 예외가 생기면서, 결단하려는 나를 수 없이 들었다 놨다 하는 것이 세상 이치다. 하물며 생존이 걸린 치열한 비즈니스 현장에서야 말해 무엇할까?

갑과 을을 아우르는 결단이 필요할 때

결단은 누구에게나 두렵지만, CEO에게는 특히 그렇다. CEO의 결단은 많은 사람들의 화(禍)로 남을 수도 있다. 그러니 어찌 결단을 앞두고 조금이라도 소홀할 수 있으며, 잠시라도 흐릿할 수 있을까? 제일기획 4,000명 식구들과 함께 CEO로 6년을 지내면서, 사실 그 무게감 때문에 나 혼자 휘청댄 시간도 많았다.

누군가 속 시원히 결단을 내려 주면 좋으련만, CEO는 그럴 수 없다. 죽이 되든 밥이 되든 혼자 결단해야 하고, 그 결과는 오롯이 자신의 책임이다. 그 책임의 무게에서 자유로울 수 있는 CEO는 아무도 없을 것이다.

제일기획은 광고회사다. 광고회사가 어떤 업종인가? 광고주, 즉 클라이언트가 있어야만 존재할 수 있는, 흔히 말하는 을(乙)

의 운명을 타고난 업종이다. 어찌 보면 CEO는 갑(甲) 중의 갑이지만, 광고회사의 CEO라면 항상 광고주들을 위한 '을의 정신'으로 충분히 무장되어 있는 을 중의 을이어야 한다.

그런 상황에서 내려야 할 결단은 복잡한 함수구조를 가질 수밖에 없다. 갑의 욕망을 만족시키면서, 을의 비범함도 지켜야 한다. 대체 무엇을 내주고, 무엇을 지켜야 할 것인가? 경계 안에서 칼을 뺄 것인가, 경계 밖에서 상대를 안아줄 것인가?

확신은 없다. 그러나 결단의 무게를 짊어진 채 중심잡기를 하는 것이 CEO의 본업이다. 그래서 이 책의 주제는 자리가 주는 책임감이 얼마나 무거우냐가 아니다. 무거운 것은 알겠는데, 그렇다면 어떻게 그 무게를 이겨내고 중심을 잡느냐? 그것이 핵심인 것이다.

인문학을 읽어라, 깊고도 넓게

갑과 을을 아우르는 복잡한 함수 계산이 필요할 때, 하지만 도저히 길이 보이지 않을 때, 내가 찾았던 것은 인문고전들이었다. 사는 시대나 처한 환경이 전혀 다름에도 순간순간 튀어나오는 보석 같은 지혜들이 수백 수천 년을 뛰어넘어 해답을 내놓는 것을 보며 감탄을 금할 수가 없었다.

경영이나 처세에 관련된 책뿐만이 아니다. 철학, 역사, 예술, 그리고 사랑을 노래하는 책들도 마찬가지다. 호메로스의 『오디세이아』를 읽다가 독특한 크리에이티브를 생각해 내기도 하고,

셰익스피어의 사랑시를 읽다가 처세의 지혜를 얻기도 한다. 인간의 지혜는 칸막이로 나눠진 수족관이 아니라 자유롭게 넘실대는 바다 같아서, 전혀 다른 분야의 이야기들이 내 문제로 스며들어 통찰력이 생기기도 한다. 요즘 기업들이 '통섭형 인재'를 애타게 찾는 것도 바로 이러한 맥락이 아닐까? 그러니 지혜를 찾는 데에 그 방법을 편식할 일이 아니다.

인문고전 속 지혜가 빛나는 이유는 그것이 인문(人文), 말 그대로 '인간의 문화'가 농축된 정수이기 때문이다. 따지고 보면 비즈니스라는 것도 움직이는 배경이 다를 뿐 결국은 사람과 사람 사이의 문제다. 수천 년 동안 살아남아 셀 수 없이 많은 사람들의 눈과 귀와 입을 거쳐 재해석된 인문고전들이 '사람의 문제'에 답을 주는 것은 당연한 일이다. 그래서 나는 인문학에서 주목할 것은 학(學)이 아니라 인(人)과 문(文)이라고 강조하고 싶다.

물론 인문학에서 모든 문제의 해결책을 찾을 수 있는 것은 당연히 아니다. 아무리 좋은 책을 읽었어도 그냥 읽고 마는 사람이 있는가 하면, 통속적인 문장 속에서도 의미를 발견하는 사람이 있다. 그렇게 발견한 의미들이 하나 둘 내공으로 쌓이면 그것이 곧 통찰력이요, 결단의 원칙이 된다. 인문고전뿐 아니라 모든 것이 그렇다. 깊이 듣고, 깊이 읽고, 깊이 생각하다 보면 드디어 때가 왔을 때 흔들리지 않는 자신을 발견하게 되지 않겠는가?

이 책은 통찰력이 부족하다고 느껴질 때, 수천 년간 쌓여온 내공의 결과물들을 빌려다 쓰면서 느낀 것들을 정리한 것이다.

중요한 순간마다 곱씹었던 일곱 가지 질문들

40년을 광고쟁이로 살긴 했지만 CEO는 고작 6년밖에 해보지 못한 내가, 수십 년을 CEO로 살아온 선배 경영자들을 제치고 뭔가 원칙을 이야기한다는 것도 사실 겸연쩍다. 다만 6년 동안 고군분투하며, 결단의 순간마다 다시 한 번 곱씹어 보았던 질문들은 말해줄 수 있다. 그 질문은 일곱 가지다.

첫째, 자존심을 내세우는 것인가, 아니면 자부심을 지키려는 것인가? 남의 눈에 멋있게 보이려는 것은 헛된 자존심이다. 정말 멋진 것은 스스로 당당할 수 있는 자부심이다. 프로로서의 자부심이 있는 사람은 쓸데없는 갈등을 일으키지 않고도 내줄 것과 내줄 수 없는 것의 경계를 그을 수 있다.

둘째, 나는 지금 고민하고 있는 것인가, 사실은 그저 회피하고 있는 것인가? 결정에도 때가 있는 법이라서 그 때를 놓치면 아무리 옳은 결정도 빛이 바래고 만다. 깊이, 무섭게, 치열하게 고민하는 것은 좋다. 그러나 고민한다는 핑계를 대며 필요 이상으로 오래 붙들고 있는 것은 아닌지 돌아볼 일이다.

셋째, 내가 보여 주는 것이 말뿐인 솔직함일까, 진심이 담긴 투박한 진정성일까? 솔직한 리더는 인간적이고 매력적이지만, 그것이 이후의 진심 어린 태도로 이어지지 못한다면 그저 한 명의 쿨한 사람일 뿐이다. 진정성은 한두 마디의 솔직한 입담이 아니라, 지속적이고 일관적인 태도에서 드러난다.

넷째, 지금 이 생각은 그냥 아이디어일 뿐일까, 아니면 실현 가능한 솔루션이 될까? 아무리 좋은 아이디어라도 실제 활용할 수 없다면 비즈니스에서는 환영 받을 수 없다. 아이디어를 엔지니어링 해서 실제 활용 가능한 아이디어, 즉 솔루션으로 만들어야만 쓸모가 있다.

다섯째, 정보만 보고 있는가, 그 너머의 본질을 통찰할 수 있는가? 세상이 좋아진 덕분에 정보를 구하는 것은 누구나 할 수 있는 일이 됐다. 하지만 그 정보 사이의 연결고리를 파악하는 것은 아무나 할 수 없다. 결단의 통찰력은 정보 그 너머의 것을 볼 수 있을 때 나오는 것이다.

여섯째, 원칙을 지키는 융통성인가, 원칙 없는 방종일 뿐인가? 원칙은 나무의 뿌리, 융통성은 나무의 가지 같은 것이다. 뿌리가 제대로 자리 잡고 있으면 웬만한 바람에 뽑히지 않지만, 가지들은 유연하게 움직여서 바람의 피해를 최소화한다. 원칙 외의 모든 것은 상황에 맞춰 유연하게 움직이는 것이 융통성이다.

일곱째, 위계를 위한 문화를 만들려는 것인가, 사람을 위한 문화를 만들려는 것인가? 기업에 위계가 존재하는 이유는 구성원들이 효율적으로 일해서 성과를 내게 하기 위한 것이다. 그런데 경영을 하다 보면 주객이 전도되어, 위계를 지키느라 구성원의 가능성을 희생시키는 경우가 생긴다. 개성과 위계를 동시에 챙기는 것이 좋은 조직문화다.

이 일곱 가지 질문들을 하나하나 곱씹으면 결단에 대한 좀더 구체적인 방향과 틀이 정해지곤 했다. 광고쟁이로서 그리고 CEO로서 지켜내야 할 핵심가치를 일곱 개의 물음으로 단순화하였으므로 결단의 과정에서 괜한 허세나 지나친 욕심을 경계할 수 있었다. 덕분에 나의 결단의 결과가 어느 정도는 합목적적일 수 있었다고 생각한다.

그런데 여기에 한 가지 질문을 더하고 싶다. 이 일곱 가지 이외의 것들은 모두 내려놓을 준비가 되어있는가? 이제 와 살짝 고백하건대, 사실은 이 마지막 물음에 '그렇다'라고 답하는 일이 가장 힘들었다.

결단하는 사람이 상황을 주도한다

리더에게 결단은 숙명이다. 하지만 결단의 무게를 괴로움으로 받아들일 필요는 없다. 큰 기업의 CEO이든, 작은 집단의 팀장이든, 아니면 나 자신의 삶을 주체적으로 살고 싶은 사람이든 누구나 한 번은 리더로 우뚝 서야 할 일이 생긴다. 그것은 누구나 한 번은 크고 작은 결단과 마주해야 한다는 뜻이기도 하다.

그 순간을 괴롭게 여기지 말기 바란다. 결단할 일이 생겼다는 것은 변화의 시기가 왔다는 뜻이다. 그리스의 철학자 헤라클레이토스는 "누구도 같은 강물에 두 번 발을 담글 수 없다"고 했다. 나를 둘러싼 모든 것은 시시각각 변한다. 지금 내가 마시는 이 공기는 아까의 그 공기가 아니며, 지금 지나고 있는 이 시간은 아까의 그 시간이 아니다. 결국 변화란 운명처럼 정해져 있는 것이다.

차이는 우리가 그 변화를 인식하느냐 아니냐, 혹은 그 변화에 능동적이 되느냐 수동적이 되느냐일 뿐이다. 상황이 변한다는 것은 또 다른 가능성이 열린다는 것이다. 좋을 수도 있고 나쁠 수도 있지만, 살면서 아무것도 변하지 않는다면 그것을 과연 삶이라 할 수 있을까? 역설적이게도 어려운 결단일수록 당당히 승부할 때 오히려 제대로 해결되었던 경험이 많다.

그러니 때가 오면 과감히 결단하기 바란다. 결단을 내리면 내가 상황을 주도할 수 있지만, 결단하지 못하면 상황에 끌려갈 수밖에 없다. 잊지 말기 바란다. 자신감만큼 젊어지고, 두려움만큼 늙는다.

김낙회 드림

여는글 | 지금은 결단이 필요한 순간! · 5

【 을의 비범함 】

자존심을 내세우는 것인가, 자부심을 지키는 것인가 1

— 갑의 자존심 vs 을의 자부심 · 19
— 자부심에는 이유가 있어야 한다 · 24
— 자부심이 없으면 프로가 아니다 · 32
— 갑의 정곡을 찌르는 '을의 비범함' · 38
— 아랫사람 앞에서 비겁해지지 않는다는 것 · 45
[樂서] 없음의 미학, 삼무주의를 말하다 · 51

【 원칙과 융통성 】

원칙 있는 융통성인가, 원칙 없는 방종인가 2

— 원칙과 융통성은 공존할 수 있을까 · 55
— 절대 변치 말아야 할 핵심가치 · 64
— 본질 외의 모든 것은 바뀔 수 있다 · 70
— 원칙과 현실이 충돌할 때 · 77
— 시작은 나를 위한 원칙에서부터 · 85

── 변화의 시간을 버티면 기회가 찾아 온다 · 94

[樂서] 남이 아닌 나를 위한 '절대 청렴 원칙' · 102

【 자리와 자릿값 】

고민하고 있는 것인가, 회피하고 있는 것인가 3

── 진짜 두려워해야 할 것 · 107

── 결단의 근거를 만들어 주는 네 가지 조건 · 112

── 결단, 아무도 대신할 수 없다 · 120

── 그러나 혼자서 결정하지는 말자 · 129

── 리더에게는 항상 플랜B가 필요하다 · 136

[樂서] 생각을 생각하는 연습 · 143

【 꿰뚫는 본질 】

정보만 보는가, 그 너머를 통찰할 수 있는가 4

── 정보의 홍수 속에서 본질을 찾아내기 · 147

── 아는 것보다 생각하는 것이 중요하다 · 154

── 통찰을 찾으러 인문학 속으로 들어가다 · 159

── 연결하는 것이 힘이다 · 165

—— 통찰의 결과를 '이야기'로 재창조하기 · 172

—— 한 사람은 여러 사람의 생각을 이기지 못한다 · 178

[樂서] 삶을 빛나게 하는 여러 가지 아이큐 · 185

【 팔리는 아이디어 】

아이디어일 뿐인가, 실현 가능한 솔루션인가 5

—— 그냥 아이디어가 아니라 '팔리는 아이디어' · 189

—— 과거에 없던 새로움에 자존심을 걸어라 · 196

—— 아이디어는 어떻게 솔루션으로 성장하는가 · 203

—— 치밀하고 위대하게 '아이디어 엔지니어링' 하라 · 211

—— 아이디어 엔지니어링의 세 가지 원칙 · 217

—— 잘 만들어진 솔루션, 어떻게 팔 것인가 · 223

—— 아이디어도 솔루션도 결국 사람이 만든다 · 229

[樂서] 실패는 노력하고 있다는 증거 · 237

【 가치가 담긴 진정성 】

말뿐인 솔직함인가, 투박한 진정성인가 6

—— 솔직함보다 오래 가는 진정성의 힘 · 243

― 기본은 역지사지 정신 · 250

― 어떻게 마음을 얻을 것인가 · 256

― 소통하고 있다는 리더만의 착각 · 264

― 고객과 함께 무엇을 할 것인가 · 269

[樂서] SNS의 시대 '진짜'에 목마른 사람들 · 276

【 개성과 조직문화 】
위계를 위한 문화인가, 사람을 위한 문화인가 ⁷

― 유능한 조직이 유능한 개인을 이긴다 · 281

― '함께'의 즐거움을 아는 조직 · 287

― 창의적인 집단은 조금 시끄러워도 괜찮다 · 293

― 조금만 다르게 · 302

― 성과는 인재가 만들지만, 인재는 리더가 만든다 · 308

― 조직의 군살을 빼는 '워크 다이어트' · 315

[樂서] 감사 카드 속에서 자부심을 나누다 · 321

닫는 글 | 최선을 다했기에 자유로웠던 조르바처럼 · 323

자존심을 내세우는 것인가,
자부심을 지키는 것인가

"지혜로운 성자는 대상을 접촉하더라도
몸의 느낌만 생길 뿐 생각의 느낌은 생기지 않는다.
이는 즐겁거나, 괴롭거나, 즐겁지도 괴롭지도 않거나
하는 느낌에 집착하거나 얽매이지 않기 때문이니,
비유하면 어떤 사람이 첫 번째 화살을 맞았으나
두 번째 화살은 맞지 않는 것과 같으니라."

— 석가세존, 『잡아함경(雜阿含經)』 17권 470경 —

갑의
자존심 vs
을의
자부심

불가(佛家)에 '두 번째 화살을 맞지 말라'는 말이 있다. 첫 번째 화살은 누구나 살아가면서 부딪히게 마련인 희로애락을 말한다. 이것은 그 자체로 번뇌가 아니라, 다만 하나의 현상일 뿐이다. 그런데 사람들은 거기에 자신만의 망상을 덧씌움으로써 스스로 번뇌를 쌓아 가는데, 그게 바로 두 번째 화살이다.

첫 번째 화살은 스스로도 어찌할 수 없는 것들이다. 피할 수도 없고 없앨 수도 없으니 받아들여야 한다. 하지만 우리는 보통 첫 번째 화살을 맞고 나면 스스로 연이어 두 번째, 세 번째 화살을 맞는다.

예컨대 상사가 나의 잘못을 지적했을 때 순간적으로 화가 났다면 첫 번째 화살을 맞은 것이다. 비록 화살을 맞았지만, 그냥 거기서 끝내고 만다면 퇴근 후 소주 한 잔으로 쉽게 털어내 버릴 수도 있을 것이다. 진짜 문제는 우리가 애초의 화에 더 많은 화를 쌓아올리기 때문에 생긴다. 단순히 문제를 해결하는 데 그치지 않고 그 상황에 대해 분노하고 집착하며 원망하는 것이 두 번째 화살이다.

"내가 왜 여기서 이런 소리를 들어야 하는가?"

"저 사람은 잘난 것도 없으면서 왜 나의 능력을 과소평가하는 것인가?"

분노와 원망은 신기하게도 한 번 생겨나면 그다음부터는 저절로 커진다. 또 다른 상황이 벌어졌을 때 그냥 넘기면 될 것을, 이미 분노와 원망이 쌓인 상태에서는 "그래, 그래서 어쩔래?" 하며 실제보다 더 크게 받아들이는 것이다.

첫 번째 화살은 세상 만물이 모두 겪는 문제이므로 어찌할 수 없지만, 두 번째 화살은 얼마든지 피할 수 있다. 그런데도 우리는 두 번째 화살에 일부러 맞아가며 더 큰 고통과 상처를 입는다.

가장 치명적인 화살은 자존심에서 날아온다

회사처럼 큰 조직을 이끄는 CEO이든 팀 단위의 비교적 작은 조직을 이끄는 팀장이든, 리더에게 있어 두 번째 화살을 부르는 가장 큰 화근은 자존심이 아닐까 싶다.

예를 들어 어떤 회사가 대대적인 경영 혁신을 이루기 위해 외부에서 경영혁신 전문가를 모셔왔다고 하자. 이 전문가는 파격적인 액수의 몸값뿐 아니라, 기존의 모든 경영 시스템을 뒤집을 수 있는 권리와 다른 임원진에게 휘둘리지 않을 만큼의 강력한 지위를 요구했다. 기존 임원진이 가만히 있을 리 없다. 이 혁신 전문가의 독단을 성토하는 것은 물론 사장이 너무 물렁물렁한 것이 아니냐고까지 수군댄다. 사장 입장에서는 이 상황 자체가 엄청난 스트레스로 다가올 것이다. 이것이 첫 번째 화살이다.

그런데 사장이 문득 '이 사람이 전문가랍시고 정말로 나와 우리 회사를 무시하는 것은 아닌가?'라고 의심하기 시작했다면? 어느 순간 나보다 더 많이 나서는 모습이 보기 싫어졌다면? 사장의 마음은 도무지 편할 수가 없을 것이다.

이것은 쓸데없이 자존심을 덧붙여서 안 맞아도 될 두 번째 화살을 맞은 것이다. 사장의 마음만 불편한 것으로 끝나면 그나마 다행이지만, 그보다는 경영 혁신이 물 건너가버렸다는 것이 더 큰 문제다.

리더에게 두 번째 화살이 더욱 치명적인 이유는 원망이 눈을 흐리게 해서 핵심을 보지 못하게 하고, 공연히 주변적인 것들에 집착하게 만들어, 결국 일을 그르치게 하기 때문이다. 홀몸이 아니라 앞장서서 길을 이끌어야 하는 리더이기에 흔들리면 더욱 위험하다.

그렇다면 리더는 자존심 따위 내팽개치고, 누가 건드리면 건드리는 대로 배알 없이 살라는 말인가? 아니다. 리더에게는 자존심이 아닌 다른 것이 필요하다. 남이 추켜세워 주는 내가 아닌 스스로 추켜세우는 나, 바로 자부심이다.

누가 뭐래도 나는 '프로'라는 자부심, 어떤 고난이 있어도 내 이름값은 내가 지킨다는 자부심이야말로 개인을 리더로 만들고 강한 조직을 만든다.

안에서부터 강한 나를 만드는 자부심

명색이 한 회사의 CEO라고는 하지만, 광고회사의 CEO는 요새 하는 말로 항상 '을(乙)'이다. '갑(甲)'의 자리에는 언제나 광고주, 즉 클라이언트가 있기 때문이다. 늘 요구사항이 한 가득인 광고주 앞에서, 광고회사는 갑의 욕망을 충족시키면서 동시에 시장에서도 잘 통하는 아이디어를 내놓기 위해 끊임없이 고민해야 한다.

CEO가 되기 전 30년을 현업 광고인으로 살아오면서 그 고단함을 잘 알고 있는데, CEO라는 자가 직원들에게만 일을 맡겨놓고 유유자적 여유로울 수는 없지 않은가? 나 역시 을의 우두머리로서 직원들을 지켜주면서 동시에 갑을 상대하는 매끄러움을 발휘해야 한다. 이렇게 말해놓으니 '이 사람, 명색이 사장이라면서 참 자존심 상하는 일이 많았겠구나' 싶을 것이다.

하지만 생각해보면 나는 오히려 '을의 자부심'을 더 자주 느꼈던 듯하다. 갑의 욕망이 드디어 만족되었을 때, 승리의 쾌감에

젖은 미소를 짓는 것은 갑이 아니라 오히려 을이다. 그 미소의 짜릿함은 지어본 자만이 안다. 절대적으로 불리한 기 싸움에서 우리는 결국 실력 하나만으로 갑을 넘어오게 만든 것이다.

게다가 한 사람이 아니라, 내가 이끄는 사람들과 함께 목표를 이뤄냈다는 사실에서 오는 뿌듯함이 더해진다. 이것은 리더만이 느낄 수 있는 일종의 보상이자 특권이다.

불리한 상황에 있으면서도 치열한 기 싸움을 벌이고, 그 과정에서 나 자신을 곪아터지지 않고 건강하게 지켜내는 것. 그것은 분명 자존심을 버리고 얻어낸 자부심이 있어야만 가능하다. 자존심만 있는 리더는 속이 썩어가지만, 자부심 있는 리더는 속부터 강해진다.

자부심에는
이유가
있어야
한다

인도에 재미있는 전래동화가 하나 있다. 옛날에 쥐가 한 마리 살았는데, 고양이가 너무 무서워서 고양이 발소리만 들어도 소스라쳐 놀라서 벌벌 떨곤 했다. 그 모습을 본 마술사는 쥐가 불쌍해서 그 쥐를 고양이로 바꿔주었다. 그랬더니 고양이가 된 쥐는 여전히 벌벌 떨고만 있는 것이었다. 이번에는 개가 무섭다는 것이다. 마술사는 다시 한 번 마술을 부려 고양이를 개로 만들어주었다.

그러자 이번에는 언제 표범이 자기를 물어뜯을지 모른다며 벌벌 떠는 것이었다. 마술사는 또다시 개를 표범으로 만들어주었다. 그랬더니 이 표범이 이번에는 사냥꾼을 무서워하는 것이 아닌가? 사냥꾼의 총알이 언제 어디서 날아올지 모른다며 벌벌 떨고 있는 모습을 본 마술사는 더 이상은 안 되겠다며 표범을 원래의 쥐로 되돌려 놓았다.

"내가 아무리 애를 쓴들 아무 소용이 없구나. 겉모습을 아무리 바꿔 줘도 네놈의 마음은 늘 생쥐일 뿐이야."

우리 마음속에 내장된 습관이란 것이 얼마나 무섭고 대단한 지를 생각하게 해주는 우화다. 표범은 어째서 표범의 마음을 갖지 못하고 아주 오래된 과거인 쥐의 마음을 버리지 못한 것일까? 모습은 고양이, 개, 표범으로 바뀌었어도 그 마음속 깊숙한 곳에 들어 있는 쥐의 습성을 쉽게 떨쳐내지 못하는 것이 안타깝지 않은가?

사실 내가 그랬다. 남들은 성공한 기업인이라고 치켜세울지 몰라도, 나는 제일기획에 입사한 이후부터 끊임없이 열등감에 시달리며 살았다. 그런데 지금 와서 돌아보면 그 열등감이야말로 나를 움직이게 했던 최고의 동력이었다.

"넌 대체 잘하는 게 뭐냐"

19760064. 나의 사번이다. 1976년 제일기획 공채 2기로 입사해서 얻은 내 생애 가장 의미심장한 번호라 하겠다. 영화 「로키」가 히트하고, 스티브 잡스가 애플을 설립했으며, 캐나다 몬트리올 올림픽에서 우리나라가 최초로 금메달을 따내던 그 해 나는 번듯한 직장에 자랑스럽게 발을 들여놓았던 것이다. 하지만 그 길 위에서 내가 가장 처음 맛본 것은

열등감, 말할 수 없이 나의 영혼을 쪼그라들게 만드는 열등감이었다.

나는 요즘 말로 '스펙'이 모자란 인물이었다. 집안이 좋은 것도 아니고 소위 'S대'를 나온 것도 아니다. 어려운 집안 형편이었지만 5남매 중 장남이라는 특권 덕분에 서울로 유학을 왔을 뿐이다. 대입 첫 해에는 낙방을 하고 재수를 해서 가까스로 서강대 신문방송학과에 들어갔다. 대학에 와서는 성적 미달로 학사 경고도 받고, 소위 데모를 하느라 경찰에 끌려 다니기도 하면서 간신히 졸업을 했다. 원래는 기자가 되고 싶었지만, 언론사 시험에서도 낙방했다. 결국 은사님의 권유로 들어오게 된 곳이 제일기획이었다.

1976년 당시의 제일기획은 사실 썩 내키는 직장은 아니었다. 그 시절에는 광고하는 사람들이 전문가 대접을 받지 못했다. 기업체나 관공서 사무실에는 '잡상인(광고·영업사원) 출입금지'라는 팻말이 붙어 있었고, 광고인이라고 하면 기업체마다 전화를 돌려서 광고 따내는 일이 전부라고 오해하던 시기였다. 1976년 국내 총 광고비가 930억 원. 현재의 100분의 1도 안 될 만큼 시장이 미성숙했으니, 어찌 보면 당연한 일이다.

입사 후에도 순탄치만은 않았다. "야, 김낙회! 넌 대체 잘하는 게 뭐야?"라는 소리도 숱하게 들었다. 한 번은 아이디어를 내라고 해서 며칠간 고민 끝에 짜낸 아이디어를 선배에게 열심히 설명하고 있는데, 갑자기 선배가 "야, 창문 열어!"라고 말하는 것이었다. 의아하게 바라보는 나에게 선배가 말했다.

"그냥 뛰어내려라, 인마!"

주위에는 똑똑하고 아이디어 많은 선후배들이 넘쳐났다. 그들 사이에 있자니 요샛말로 '열폭(열등감 폭발)'할 수밖에 없었다. 한없이 위축되는 인생이었다. 하지만 어쩌겠는가? 내가 처한 현실은 그야말로 나 아니면 누구도 해결할 수 없는 외로운 인생인데 말이다.

'열등감 폭발'이냐 '열정 폭발'이냐

수많은 고민 끝에 나는 현실에서 괜한 자존심으로 뻗대는 대신, 내 일에 대한 자부심과 그 자부심을 지킬 만한 능력을 키우는 데 집중하기로 결심했다. 나는 내 일자리를 꼭 지켜내고 싶었다.

"그래, 잡상인이라고 부르겠다면 잡상인이 되어 주마! 대신 나는 잡(雜)상인이 아니라 '잡(job)상인'이 되겠다!"

나의 잡(job), 즉 성과를 만들어서 남들에게 파는 사람이 되겠다는 당찬 포부였다. 문제는 그러기 위해 휘두를 수 있는 무기가 그렇게 하고 싶다는 열정 하나뿐이라는 점이었다.

하지만 그 정도면 가능하리라고 믿었다. 적어도 끈기와 성실함은 노력만 하면 발휘할 수 있는 재능 아닌가? 그리하여 나의 '열폭'은 '열등감 폭발' 대신 끈기와 성실함으로 이겨내 보겠다는 '열정 폭발'로 바뀌기 시작했다.

열등감을 극복하기 위한 나의 투쟁사는 의외로 단순하다. 우선, 입사 이후 하루도 거르지 않고 매일 남들보다 한 시간 먼저 출근하는 것부터 시작했다. 한 시간을 온전히 자기계발에 쓰기 위해서다. 책을 읽든, 자료를 찾든, 어학공부를 하든, 어쨌든 하루 한 시간은 온전히 나를 위해 투자했다.

그러기를 30여 년 지속했으니, 꽉 채워 1년 3개월을 남들보다 더 공부한 셈이다. 한 시간 먼저 출근하기 위해 나는 매일 새벽 네시 반에 일어났다. 쉽지 않은 일이지만, 남보다 한 시간씩 하루를 일찍 시작하니까 조금씩 앞서 나갈 것이라는 자신감도 생겼다.

또, 월급의 10퍼센트는 꼬박꼬박 일본과 미국의 광고 전문지를 정기구독하거나 자료를 구하는 데 썼다. 새로운 트렌드와 사례를 배운다는 것은 남들보다 더 많은 자본을 쌓는 일이다. 게다가 인터넷이나 외국 잡지가 보편화되지 않았던 시기인지라 이렇게 조금씩 모으기 시작한 자료는 나만의 든든한 무기가 되었다. 어느새 동료들 사이에서도 입소문이 났는지, 새로운 자료가 필요할 때 나를 찾는 사람들이 늘었다.

아무리 시대가 변하고 가치관이 변해도 성실함의 가치는 변하지 않는다. 물론 농경시대와 같은 근면성만으로 승부하는 것에는 한계가 있다. 나를 망가뜨리는 것이 무엇인지를 살피고, 나를 일으키는 것이 무엇인지에 집중하는 데에도 노력해야 한다.

내 경우에는 그 두 가지가 모두 열등감이었다. 나를 망가뜨리는 것도 열등감이었지만, 동시에 나에게 동기부여를 하게 해준 것도 열등감이다.

아이디어는 타고난 재능에서 나오기보다 시간과 경험, 그리고 노력에서 태어난다는 것이 나의 생각이다. 열등감은 치기 어린 자존심을 낳고 곧 자기중심적인 태도에 갇히게 한다. 하지만 그 열등감이 열정으로 승화되고 다시 자부심으로 바뀌면, 똑같았던 세상이 넓어지고 할 일은 더욱 많아지는 법이다.

열등감에서 열정으로, 다시 자부심으로

열등감을 극복하기 위한 처방 외에 또 한 가지 열심히 실천한 것이 남을 인정하는 것이다. 똑똑한 동료가 잘난 척하는 꼴을 그냥 보고 있기란 쉬운 일이 아니다. 하지만 그의 장점을 받아들이고 인정하다 보면 실력 있는 사람을 내 편으로 만들 수 있게 된다. 모든 일이 그렇지만 광고 역시 팀워크가 매우 중요하다. 남을 인정하는 습관은 동료뿐 아니라 클라이언트와 소통할 때도 큰 도움을 준다.

날카롭게 날을 세우지 않으면 열등감이 오히려 줄어드는 모양이다. 나는 결국 광고 일을 즐기게 되었다. 몇 날 며칠을 새가며 기획서를 쓰고 시안을 준비하느라 눈 밑이 시커멓게 됐다가도 경쟁 프레젠테이션에 돌입하면 엔도르핀이 솟구치는, 그야말로 광고쟁이가 다 돼버린 것이다. 아이디어를 내는 것에도 자신감이 생겼다. 끈기 있고 성실하게 나만의 아이디어 자산을 축적해온 덕분일 것이다.

'열등감 폭발'이 '열정 폭발'로 바뀐 것은 일에의 몰입 덕분이었다. 즐기는 사람은 당할 수가 없다지 않는가? 지략가(智略家)를 꿈꾸기보다는 지락가(知樂家)가 되는 것이 인생을 크게 키우는 일이 아닐까 싶다.

자부심은 마음의 습관이다

다시 쥐의 우화로 돌아가 보자. 열등감은 참으로 떨치기 힘든 습성이다. 나는 고양이가 되고 표범이 되었는데 마음은 여전히 쥐에 머물러 있는 것이다. 마법사는 쥐의 몸을 바꿀 수는 있었지만, 좁은 마음까지 바꾸지는 못했다. 마음을 바꿀 수 있는 것은 쥐 자신밖에 없기 때문이다.

자부심 역시 일종의 마음 습관 아닐까? 열등감을 극복하는 과정은 그 자체로 자부심을 가질 만하다. 나의 못남을 인정하고 남의 잘남을 인정하면서, 동시에 스스로 발전해 나간다. 자부심은 말로 이루는 업적이 아니라 마음으로 품어야 하는 감정이다. 반대로 자존심 역시 일종의 마음 습관이라고 생각한다. 열등감을 제대로 극복하지 못하면 자존심만 남게 되니 말이다.

2011년 10월부터 삼성그룹은 그룹의 핵심 경영진이나 연예인, 학자, 스포츠 스타 등을 강사로 초빙해서 토크 콘서트를 4년 간 진행했는데, 그 이름이 '열정樂서'다. 사실 그 이름은 CEO로 재직할 당시 직원들과 소통하고자 하는 마음에서 내가 개인적으로 만들었던 사내통신의 이름 '樂서'에서 따온 것이다. 저작권을 주장(?)하기에 앞서 내가 시도했던 소통의 이름이 이제는 젊은이들과 소통하는 방식으로 사용된다는 사실이 매우 기쁘다.

　나 역시 콘서트의 게스트로 출연한 적이 있다. 그때 나는 젊은 친구들에게 이렇게 강조했다. 나의 젊은 날은 '열폭(열등감 폭발)'하던 시절이었으나, 나는 이것을 또 다른 '열폭(열정 폭발)'으로 바꿀 수 있었노라고. 앞서 언급했지만, 햇살 쨍쨍해야 할 젊은이들에게 다시 한 번 강조하고 싶다.

　"자신감만큼 젊어지고, 두려움만큼 늙는다."

자부심이
없으면
프로가
아니다

"오늘 내 노래가 마음에 들지 않았다. 여기까지 오신 분들에게 이런 노래를 들려드린 건 미안한 일이다."

몇 년 전 가수 이소라 씨가 공연 마지막에 이렇게 말하고는 입장료를 환불하겠다고 선언한 적이 있었다. 실제로 이소라 씨 측은 약 400명의 관객들에게 일일이 전화를 걸어 그들이 원하는 방법으로 입장료를 환불했다고 한다.

자동차 회사의 리콜은 가끔 있는 일이지만, 문화상품을 자발적으로 리콜 하는 경우는 처음 본 것 같다. 그러나 규모의 차이는 있을지언정 자동차 회사의 리콜과 가수의 리콜은 본질적으로 같다. 그들이 오랫동안 소중히 가꾸어온 브랜드를 흠결 없이 보전하려는 뼈를 깎는 아픔일 것이다.

동시에 이소라 씨의 결정은 자신의 이름에 걸린 자부심을 훼손하지 않기 위한 치열한 노력이다. 어떤 영역이든지 프로페셔널은 고객에게 가장 최고의 즐거움을 선물해야 한다. 그렇게 되기 위해 보이지 않는 곳에서 스스로의 뼈를 깎아내지 않으면 안 된다. 말하자면 프로는 자신의 이름을 지키며 사는 존재인 것이다.

'프로'라는 이름으로 불린다는 것

2007년 공채 출신으로는 처음으로 제일기획의 대표이사가 되었다. 대표이사가 되었으니 당연히 '어떤 회사를 만들 것인가'에 대해 고민해야 했다.

제일기획은 광고회사다. 광고회사의 핵심은 무엇인가? 바로 아이디어다. 대표이사가 되면서 내가 처음 한 일은 사장과 동의어로 쓰이는 CEO(Chief Executive Officer)라는 직함을 쓰지 않는 것이었다. 대신 나는 '최고 아이디어 경영자', 즉 CIO(Chief Idea Officer)라는 새로운 직함을 만들었다.

많은 사람들이 의아해했다. 최고 아이디어 경영자라니, 대체 무엇을 어떻게 하겠다는 것인지 귀가 쫑긋해진 것이다. 나의 대답은 간단했다. "제일기획은 대한민국 최고의 아이디어 컴퍼니이므로, 그에 맞는 회사로 만들겠다."

우리가 최고의 아이디어 컴퍼니라면, 가장 중요한 것은 아이디어다. 그러니 아이디어 컴퍼니의 사장 역시 항상 아이디어를 가지고 있어야 하고, 또 직원들의 아이디어를 잘 키워줄 수 있어야 한다. 이것은 현업 광고인으로 30년을 생활하며 자연스럽게 생각해온 고민이다. 그래서 나는 취임하자마자 나 자신에 대한 호칭부터 CIO로 바꾸게 된 것이다.

CIO란 어떤 사람이어야 할까? 나는 '직원 모두가 새롭고 창의적인 아이디어를 잘 낼 수 있는 환경을 조성할 책임이 있는 사람'이라고 생각했다. 제일기획의 리더로서 앞으로 가져가야 할 마음가짐을 스스로 정의하게 된 것이다.

직원들의 호칭도 바꾸었다. 사장부터 말단 신입직원까지, 모든 직급을 '프로'라는 호칭으로 부르도록 한 것이다. 팀장도 박 프로, 새로 들어온 직원도 최 프로, 모두가 프로다. 나 역시 김 사장님이 아닌 김 프로로 불렸다. 누구도 예외가 아니었다.

이것은 직급에서 자유로운 평등한 조직문화를 만들기 위한 것이기도 했지만, 직원들에게 프로의 자부심을 심어주고 싶었기 때문이기도 하다. 언제 어디서든 "나는 프로 크리에이터다! 그러므로 내가 속해 있는 제일기획은 최고의 아이디어 컴퍼니다!"라고 말하는 데에 한 점 부끄러움이 없기를 바랐다.

프로가 되기 위한 네 가지 조건

스스로를 '프로'로 칭한다는 것은 그만큼 자부심이 있다는 이야기다. 광고인뿐 아니라 누구나 자부심으로 무장할 필요가 있다. 정신없이 바뀌는 세상 속에서 단 하나, 놓치지 말고 원대한 승부를 걸어야 할 곳은 바로 '나'라는 브랜드뿐이기 때문이다. 나는 프로가 되기 위해 반드시 네 가지를 가져야 한다고 생각한다.

첫째는 열정(passion)이다. 열정이란 무턱대고 덤비는 다혈질을 말하는 게 아니다. 나는 이 일을 좋아하고 있는가, 이 일이 나를 아직 설레게 하는가, 정말로 재미있고 즐거운가를 물었을 때 '그렇다'고 답할 수 있는 것이 열정이다.

둘째는 경쟁력(competence)이다. 절대적 전문성, 즉 실력을 말하는 것이다. 끊임없이 공부하여 실력과 경륜을 쌓고 스스로에게 부끄럽지 않은 전문가가 되어야 한다.

셋째는 용기(brave)이다. 모든 용기 중에서도 실패를 두려워하지 않는 담대한 용기가 필요하다. 그래야 과감한 도전정신이 만들어지기 때문이다. 그러나 항상 용기가 담대할 필요는 없다. 누군가의 말처럼 용기는 잠들기 전 "내일 다시 해 보자"라고 말하는 작은 목소리일 때도 있다.

무엇보다 중요한 것은 넷째, 팀 스피리트(team spirit)다. 통섭과 협업만이 더욱 창조적인 성과를 내는 시대에서, 팀워크 없이는 어떤 일도 결코 해낼 수 없다. 개성은 존중하되 개인주의는 절대 금물이다.

경영학의 아버지 피터 드러커는 『프로페셔널의 조건』이라는 책에서 이런 이야기를 한다.

"자기 계발 방식들을 실행에 옮기는 데에 있어 중요한 토대가 되는 것이 한 가지 있다. 그것은 바로 자신을 지속적으로 관리하는 것이다. 또한 계속적으로 성장하면서 시대 상황에 맞게 변혁을 꾀하는 개인, 특히 지식 근로자는 자기 자신의 계발에 대한 책임 그리고 자신이 한 일에 대한 책임을 진다는 것이다."

요컨대 프로페셔널로서 지속적으로 성장한다는 것은 자기 계발에 대한 책임, 그리고 자신이 한 일에 대한 책임을 지는 것이다. 프로는 '이름값'을 하는 사람이다. 그것은 자기 이름을 갈고 닦아서 그 이름에 책임을 질 수 있어야 한다는 뜻이기도 하다.

내가 누구인지 당당하게 말할 수 있도록

자타가 공인하는 프로 가수들이 자웅을 겨루는 TV 프로그램 「나는 가수다」가 장안의 화제가 된 적이 있다. 대중의 흥미를 유발하기 위해 서바이벌 게임의 형식을 취하긴 했지만, 내로라는 가수들의 경연은 그 하나하나가 압권이었다. 게임의 법칙 때문에 어쩔 수 없이 탈락한 가수조차도 우열을 매길 수 없을 만큼 대단했다.

진정 모든 것을 쏟아 부었다면 후회는 없을 것이다. 짐을 싸는 이도, 남아 있는 이들도 모두가 그랬다. 무대를 내려가는 후배에게 무대에 남게 된 선배가 속삭이는 소리를 들었다.

"끝까지 음악을 사랑하는 마니아로 살다 가자."

꽤 오래되었는데도 이 프로그램은 내게 여러 가지를 생각하게 했다. 진정성, 무엇인가를 잘한다는 것, 모두 쏟아 붓는다는 것, 프로페셔널리즘…. 이런 것들의 의미에 대해서 말이다. 그러다가 문득 '나는 가수다'라는 프로그램 제목이야말로 정녕 의미심장하지 않은가 싶었다.

이 명제는 '너는 누구냐'라는 실존주의적 질문에 대한 어떤 단호한 답변이자 존재 정체성의 선언이다. '너는 누구냐'라는 질문이 곤혹스러운 까닭은 타인이 묻는 게 아니라 내가 나 자신에게 묻는 것이기 때문이다. 그렇기 때문에 더욱 엄숙하며 비장하다. 사람은 자기 자신을 잘 부풀리기 마련이라서, 타인에게 비치는 나는 거품이기 쉽다.

객관적으로 나를 돌아보지 못하면 스스로 만든 거품에 갇혀 자기 자신을 기만하게 된다. 고대 그리스 델포이의 아폴론 신전 기둥에는 '너 자신을 알라'라는 문구가 새겨져 있었다는데, 소크라테스도 이 문구를 즐겨 인용했다고 한다. 그만큼 나 자신을 제대로 아는 것이 중요하다는 반증일 것이다.

이 질문과 마주하려면 자신에게 냉정하고 겸허하고 솔직해야 하는데, 쉬운 일은 아니다. 게다가 이 질문에 떳떳하게 대답할 수 있게 되려면 많은 인고의 시간을 견뎌야 한다.

그러니 "너는 누구냐?"라는 도발적인 질문에 "나는 프로다!"라고 거침없이 말할 수 있으려면 자존심으로 버무려진 '작은 나'를 버리고, 더 큰 비전을 바라보기 위한 자부심 가득한 '큰 나'로 우뚝 서야 하는 것이다.

갑의
정곡을
찌르는
'을의
비범함'

광고인들의 전장은 일차적으로 프레젠테이션(PT) 현장이다. 광고를 수주하기 위해 광고주 앞에서 아이디어를 펼쳐놓아야 하는데, 여러 광고회사가 하나의 광고주를 놓고 동시에 프레젠테이션을 하는 경쟁 PT는 그야말로 어떤 전쟁터보다 치열하고 피를 말린다.

프레젠테이션을 진행하는 그 짧은 시간 동안 광고주의 마음을 확 사로잡아야 한다. 그러기 위해서는 수많은 밤샘작업과 아이디어 회의도 필요악이다. 광고주가 원하는 것은 무엇인지, 이 광고를 통해 광고주에게 어떤 이득을 가져다줄 수 있는지 등등을 정확히 짚어내서 보여줘야 한다. 실로 갑의 욕망에 철저히 부응하는 '을의 노련함'이 필요한 것이다.

이렇듯 노련한 을의 정신 어떤 부분에 한낱 나를 치장하는 자존심이 들어설 여지가 있겠는가? 관심은 항상 광고주, 즉 클라이언트다. 오직 치밀함으로 클라이언트의 마음을 사로잡을 전략만 존재할 뿐이다.

이때 발휘되는 을의 전략은 기울인 노력만큼이나 실로 비범하다 하겠다. 비록 결과적으로는 탈락했어도 묻어버리기 아까운 아이디어가 한 가득이다. 그러니 실패는 실패가 아니요, 성패 여부를 떠나 자부심을 가질 만하다.

불리함을 극복할 때 비범함이 생긴다

비범한 을의 전략을 하나 이야기해보겠다. 경쟁 PT를 앞두고 전략 회의가 벌어졌다. 대형 광고주라서 광고회사 간에 피 터지는 경쟁이 이뤄질 게 뻔한데, 그 많은 경쟁자들 속에서 어떻게 시선을 사로잡느냐가 관건이었다.

프레젠테이션이 잡힌 날짜는 전 국민의 눈과 귀가 쏠린 WBC 야구대회 결승이 있는 날이었다. 누군가 아이디어를 냈다.

"우리가 프레젠테이션 할 시간과 야구 경기 할 시간이 겹치니까, 현장에서 WBC 결승전 결과를 바로 알려주는 건 어떨까요?"

타이밍도 잘 맞을 뿐더러 제품 속성과도 연결되는 좋은 아이디어였다. 그런데 문제는 야구 결승이 종료되는 시간과 우리 팀의 프레젠테이션이 시작하는 시간 사이의 간격이 너무 촉박하다는 것이었다. 파워포인트 자료는 현장에서 수정하면 되지만, 제본된 인쇄물은 어떻게 해야 할까? 결국 우리는 우승할 경우와 그렇지 않을 경우 두 가지 버전을 모두 만들어서 인쇄하기로 했다. 결과에 따라 해당 내용이 인쇄된 부분을 한 장만 조심히 잘라내면 감쪽같을 것이기 때문이다.

프레젠테이션 시간이 가까워졌다. 우리는 인쇄물을 쌓아놓은 채 커터칼을 들고 결과를 기다렸다. 그런데 문제가 생겼다. 도무지 야구 경기가 끝날 생각을 하지 않는 것이다. 팽팽한 접전 끝에 경기는 다시 연장전으로 이어졌고, 프레젠테이션 시간은 점점 다가왔다.

일단 프레젠테이션 현장으로 가는 차에 올라탔다. 현장이 가까워 오는데 경기가 끝나지를 않는다. 우리는 경기를 응원하는 관중들과는 조금 다른 의미로, 그러나 훨씬 초조하게 빨리 승패가 결정되기를 기다렸다. 두 가지 경우 모두를 준비했으니 완벽하게 대비했다고 생각했는데, 이런 경우가 닥칠 줄이야.

식은땀이 흐르는 가운데 현장에 거의 가까워졌을 때쯤 드디어 경기가 끝났다. 결과는 아쉽게도 한국의 패. 우리는 아쉽지만 동시에 안도의 한숨을 쉬었다. 부지런히, 그러나 조심스럽게 인쇄물의 한 페이지를 뜯어냈다. 현장으로 가는 차 안에서 '한국의 WBC 우승을 축하합니다'란 문구는 사라지고 '한국 야구의 선전을 축하합니다'란 카피가 살아남았다.

수많은 업체의 프레젠테이션 경합에 지쳐 있던 심사위원들은 갑자기 야구경기 결과가 실시간으로 전달되자 신기하게 생각했다. 한국이 우승을 놓친 것에 대한 아쉬움도 함께 나누면서, 멋진 경기를 펼친 국가대표팀을 칭찬하기도 하면서 잠시 지루함을 잊고 활기를 되찾았다. 그렇게 프레젠테이션은 성공적으로 마무리되었다. 우여곡절을 겪었지만, 갑의 심리를 정곡으로 찌르는 을의 비범함을 제대로 보여준 것이다.

갑이라고 어찌 비범함이 없겠는가? 그러나 갑의 비범함을 넘어서는 을만이 가질 수 있는, 을이라서 가지게 되는 비범함이 분명히 있다. 불리하고 어려운 상황일수록 더 치열하게 고민하게 되고, 더 보여줄 수 있는 것이 많기 때문이다.

최근 전 세계의 주목을 받는 중국 전자상거래 업체 알리바바 회장 마윈은 강연을 통해 자신의 성공 요인을 세 가지로 요약했다. 첫째는 사업자금이 부족했고, 둘째는 첨단기술에 대한 지식이 없었으며, 셋째는 계획이 없었다는 것이다. 온통 없었다는 얘기뿐인데 이것이 어떻게 성공 요인이 됐다는 것일까?

그는 이렇게 설명한다. 첫째, 자금이 준비되지 않은 상황에서 사업을 시작했기 때문에 한 푼이라도 아껴야 했다. 둘째, 첨단기술을 몰랐기 때문에 기술을 가진 엔지니어들과 협력할 수 있었다. 셋째, 계획이 없었기 때문에 틀에 박힌 비즈니스 모델 대신 끊임없이 변화를 모색해야 했다.

한 마디로 모든 조건이 불리했기 때문에 오히려 새로운 것을 만들어낼 수 있었다는 얘기다. "내가 을이라서 어쩔 수 없다"고 한탄만 하는 이들이 반드시 새겨들을 이야기가 아닐까?

을의 비범함을 만드는 5가지 요소

그렇다면 무엇이 을만의 비범함을 만드는가? 바로 실력이다. 실력이 뒷받침되지 않는 자부심은 허세에 불과하다. 그러므로 그 실력의 내용이 어떠해야 할지 알아야 한다. 내 나름대로 정리해본 것은 다섯 가지다.

첫 번째는 창발성(self-evolving)이다. 새가 껍질을 깨고 날아오르듯, 자가폭발적 진화를 해야 한다. 스스로 문제를 발견하고 해결해야 한다는 말이다. 임제종을 창시한 중국의 선승 임제선사는 "서는 자리마다 주인공이 되어라(隨處作主 立處皆眞)"라는 말을 남겼다. 자기가 처한 곳에서 전심전력을 다하면 어디서나 참된 진리를 얻을 수 있다는 뜻이다.

일의 주인이 되면 모든 것이 달라진다. 프로는 프로답게 생각하고 행동해야 한다. 스스로 책임의식과 문제의식을 가지고 해결하려고 나서야 프로다. "제가 뭘 어떻게 하면 될까요?"라는 말처럼 듣기 싫은 것도 없다.

두 번째는 '선빵(proactive)'이다. 싸움에서 주로 이기는 쪽은 힘이 센 쪽, 덩치가 큰 쪽이 아니라 먼저 선빵을 날리는 쪽이다. 끌려가지 말고 끌고 가야 한다. 클라이언트보다 먼저 고민하고, 클라이언트에게 먼저 제안해야 한다. 상식을 뛰어넘는 발상으로 상대에게 놀라움을 주어야 한다. 상대가 전혀 생각지도 않고 있을 때 당신이 신선한 선빵을 날려준다면 당신의 가치는 그만큼 높아질 것이다.

세 번째는 배짱(confidence)이다. 프로라면 프로의 자부심으로 당당해야 한다. 조금 부족할 수도 있지만, 괜찮다. 노력으로 메워주면 된다. 그러나 자신감을 표현하는 방식에서는 겸손함을 잃지 말아야 한다.

네 번째는 도전 정신(challenge)이다. 한번 물면 끝장을 보는 '싸움닭 정신'을 가져야 한다. 어렸을 적 시골 냇가에서 고기잡이를 하다보면 대부분의 아이들은 물살이 약하고 잔잔한 아래쪽에서만 몰려다니곤 했다. 그러나 그곳에서는 피라미밖에 잡을 것이 없다. 맛있고 큰 고기는 물살이 센 곳에 있기 때문이다.

물론 물살이 센 곳에서 물고기를 잡는 것은 그만큼의 노력이 더 필요하다. 대신 얻는 것이 많다. 목표는 언제나 20퍼센트씩 높게 잡는 것이 좋다. 불가능으로 기꺼이 나아가는 것이다. 그래야 100을 달성하는 것이 더 쉬워진다.

마지막 다섯 번째는 열정(passion)이다. 그야말로 미쳐야(狂) 미치는(及) 법이다. 하고 있는 일이 신나고 즐거워야 한다. 나는 회식자리에서 건배사를 할 때마다 늘 "패션 포 아이디어스(Passion for Ideas)!"를 외친다. 광고회사뿐 아니라 어떤 조직에서도 열정 없이는 아무것도 이룰 수가 없다. 열정이 아이디어를 만들고, 그 아이디어가 사람의 마음을 움직인다.

이 다섯 가지는 과거에 '제일기획 행동강령(Cheil way)'이라는 이름으로 직원들에게 전하기도 했던 나의 철학이다. 당연한 이야기 같지만 이 당연한 것들이 모여서 진정한 실력을 만든다.

절대 놓지 않겠다는 '업의 핵심'을 가졌는가

자부심이 있으면 모든 것이 가능하다. 그러나 자부심은 실력 없이는 지켜낼 수 없다. 무엇을 해야 하는지, 무엇이 나의 자부심을 계속 지켜가게 해줄 것인지를 고민하다보면 반드시 놓치지 말아야 할 핵심이 무엇인지 알게 된다. 그래서 자부심을 지키자는 말은 곧 '업(業)의 핵심'을 놓치지 말자는 말과 같은 것이다.

앞서 나는 리더에게 자존심이 위험한 이유가 눈을 흐리게 해서 핵심을 보지 못하게 하기 때문이라고 했다. 불필요한 감정이 이성을 덮어 버려, 예전 같으면 잘 볼 수 있는 사실들조차 보지 못하게 한다. 반면 자부심은 핵심을 더욱 명료하게 보여 주고 방향을 잡아 주는 북극성과도 같다.

핵심을 잡지 못하면 아무것도 정리되지 않는다. 반대로 핵심을 꽉 붙들고 있으면 다른 사소한 것들은 알아서 정리되기 마련이다. 뿌리 깊은 나무는 바람에 흔들리지 않는 법이다. 잔가지 몇 개쯤 흔들리는 것에 신경 쓸 필요 없다.

아랫사람 앞에서 비겁해지지 않는다는 것

비범한 을들이 계속 비범함을 발휘하도록, 그리고 평범한 을들까지 비범하게 변모시키려면 리더가 그들의 든든한 배경이 되어주어야 한다. 기업에서 사장의 위치란 한마디로 직원들의 자부심을 책임지는 자리가 아니던가?

CEO로서 실패하지 않는 길은 나 개인의 이름을 높이는 것이 아니라 회사의 이름을, 그리고 직원들의 자부심을 높이는 일이라고 생각했다. 그래서 선언한 것이 '브레이브 제일(Brave Cheil)'이라는 캐치프레이즈다. 한마디로 말하면 어디 가든지 당당해질 것을 주문한 것이다.

예를 들어 프레젠테이션 할 때, 프로라면 준비한 것을 당당하게 설득할 줄 알아야 한다. 클라이언트의 한마디에 생각의 꼬리를 내리거나 자신의 안목을 의심하면 프로라 할 수 없다. 비록 나에게 돈을 주는 클라이언트 앞이라도, 아닌 것은 아니라고 말할 수 있어야 한다.

우리는 본능적으로 용감한 사람들에게 끌린다. 셰익스피어가 그의 작품 『템페스트』에서 미란다의 입을 통해 외친 명대사 '멋진 신세계(Brave new world)'에서도 'brave'가 멋지다는 의미로 사용된다. 실제로 'brave'는 감탄사 'bravo'와 어원이 같다고 하니, 용감해진다는 것은 시대를 막론하고 멋진 일이었던 것 같다.

그래서 조금 더 나이든 사람으로서 조금 더 젊은 사람들에게 해주고 싶은 말이 바로 용감해지라는 것이다. 한 번쯤 사고 좀 치면 어떤가? 그것이 젊은이의 특권 아닌가? '승자는 한 번 더 시도해 본 실패자'이니까.

리더는 가장 맷집 좋은 사람이다

그러나 현실적으로 회사에 몸담고 있는 직원 입장에서, 지금 이 일이 잘못되면 어떻게 될지 걱정하지 않을 수가 없다. 윗사람이 나와 다르게 생각하고 있을 수도 있고, 혹시나 잘못돼서 나중에 내가 책임져야 할 수도 있으니 말이다. 아닌 걸 알면서도 차마 아니라고 말을 못한다.

"마음껏 크리에이티브를 저질러라! 뒤는 내가 봐주겠다!"

내가 이렇게 선언한 이유는 현실적인 문제 때문에 좋은 아이디어가 빛을 보지 못하는 것이 안타깝기 때문이다. 직원이 아무리 잘 대처해도 문제는 반드시 생기게 마련이다. 그것을 직원에게 책임지라고 하면 안 된다. 일도 적게 하는 윗사람들에게 더 많은 월급을 주는 이유는 바로 그런 문제를 해결하고 책임지라는 의미이니까 말이다.

사실 회사에서 가장 맷집이 좋은 사람은 사장이 아닌가? 클라이언트가 카운터 펀치를 휘두르면 직원들은 힘없이 획획 나가떨어지겠지만, 사장은 충분히 버틸 힘이 있다. 그러니 사장은 좀 깨져도 괜찮다.

나는 기꺼이 샌드백이 되겠다고 결심했다. 작업이 마음에 들지 않아서 클라이언트가 어딘가 기압골이 상승했을 때, 내가 나서서 그 화를 받아주는 게 더 효과적이라고 생각한 것이다. 클라이언트 입장에서도 '큰 놈'이 더 때릴 맛도 나는 법이다. 동네 식당에서도 손님이 화가 많이 나면 "사장 나와!"라고 소리치는 마당에 큰 회사라고 다르겠는가?

사장이 직접 깨져 주면 좋은 또 하나의 이유는 문제를 빨리 해결할 수 있기 때문이다. 해결책이 뻔히 보인다고 해도 직원들은 윗사람의 허락을 받고 움직여야 하기 때문에 쉽게 결정하지 못한다. 그러나 사장은 그 자리에서 바로 결정할 수 있다. 게다가 사장이 직접 나서면 클라이언트 쪽에서도 숨겼던 속내를 털어놓기가 더 쉬워진다. 그래서 리더에게는 나서야 할 때를 알고 재빠르게 나서는 센스가 필요하다.

아랫사람이 도무지 역부족이라며 도움의 손길을 청해오는 것은 귀찮은 일이 아니라 오히려 좋은 일이다. 아직 내가 실무 영역에서도 현역으로서의 영향력을 가지고 있다는 증거이기 때문이다. 그 사실을 깨닫고 나면 "자, 그럼 어디 한 번 나가볼까" 하며 기쁜 마음으로 일어서게 된다.

미국의 링컨 대통령은 남북전쟁 중 가장 치열했던 전투인 게티즈버그 전투 당시 마이드 장군에게 공격 명령을 내리면서 다음과 같은 편지를 보냈다고 한다.

"이 작전이 성공한다면 그것은 모두 당신의 공로입니다. 그러나 만약 실패한다면 그 책임은 모두 내게 있습니다. 만약 작전이 실패한다면 장군은 링컨 대통령의 명령이었다고 말하십시오. 그리고 이 편지를 모두에게 공개하십시오."

중요한 협상 테이블에 나가야 하는 직원이 윗사람으로부터 이런 편지를 받았다면 어떨까? 든든한 마음과 함께 감사하는 마음이 더해져 더욱 과감하게 돌진할 수 있을 것이고, 결국 승리를 가져올 수 있지 않겠는가?

내 사람은 내가 지킨다는 생각

『장자』에 보면 유명한 도둑인 도척의 이야기가 나온다. 어느 날 부하가 도척에게 물었다.

"도둑 세계에도 도(道)가 있습니까?"

도척이 말했다.

"어느 일엔들 훌륭한 도가 없다 할 수 있겠느냐? 들어가 보지도 않고 어느 집안에 어떤 물건이 있는지를 알아내는 것은 성(聖)이다. 도둑질하러 집안으로 들어갈 때 맨 앞에 서는 것은 용(勇)이다. 도둑질을 끝내고 빠져나올 때 맨 마지막까지 자리를 지키다가 나오는 것은 의(義)다. 도둑질한 물건의 가치를 정확하게 아는 것은 지(知)다. 각자의 몫을 공평하게 나누는 것은 인(仁)이다. 이 다섯 가지 덕을 갖추지 않고서 큰 도둑이 된 자는 천하에 아직 없었다."

도둑 세계에도 지켜야 할 도리가 있다는 '도역유도(盜亦有道)'라는 말이 우습게 들리기도 한다. 하지만 기업을 경영하는 리더라면 적어도 도둑보다는 도를 잘 지켜야 하지 않겠나 싶어 다시 한 번 생각하게 된다. 잘 지키는 것뿐만 아니라 도둑의 의리보다는 더 나은 의리를 갖춰야 하지 않겠는가 말이다. 도둑질을 끝내고 나올 때 먼저 부하들을 내보내고 스스로 맨 나중에 나오는 의를 보여주는 일, 이것은 위험한 일의 책임은 내가 지겠다는 자세를 나타내는 것이다.

한국 사회를 뒤흔든 세월호 사건에서는 선장과 선원들이 승객들을 내팽개치고 가장 먼저 탈출해서 전 국민의 공분을 샀다. 일반적으로 한 배의 선장은 해난사고로 배가 침몰 위기에 처했을 때 최후까지 선상에 남아 마지막 승객까지 모두 탈출한 후에 배를 빠져나오는 것이 원칙이다. 물론 생사가 오락가락하는 상황에서 희생정신을 발휘하기는 쉽지 않을 테지만, 그런 희생정신을 오래 전 도둑들조차 지키고 있었던 것을 생각하면 씁쓸해진다.

비록 도둑 두목이긴 하지만 도척의 용기와 솔선수범은 부하들에게 무한한 신뢰를 줄 것이다. 기업도 마찬가지다. 책임지는 모습을 보이는 사장이라야 직원의 신뢰를 얻고, 직원들의 자부심을 지킬 수 있다. 내 사람은 내가 지킨다는 책임 있는 자세가 직원들의 자부심을 높여 주는 것이다.

십여 년 전, 지금은 돌아가신 김수환 추기경을 직접 뵐 기회가 있었다. 이런저런 말씀 중에 자동차 얘기가 나왔는데, 당신이 운전을 배우지 못해서 운전기사의 도움을 받고 있다며 늘 미안한 마음이라고 하셨던 것이 기억난다.

당시 그분의 관용차는 낡은 국산차였다. 추기경이라는 지위에 맞게 더 고급차를 타시는 게 맞지 않나 하는 생각에 차를 바꾸실 생각은 없는지 여쭤 보려던 차에, 이 속인(俗人)의 마음을 읽으셨는지 추기경은 빙그레 웃으며 말씀하셨다.

"이 차가 5년 되었는데 아직 잘 달려요. 참 감사하지요."

그분이 그날 입고 계시던 새하얀 모시적삼 바지저고리가 아직도 눈에 선하다. 화려한 것보다 더 빛나는 것이 바로 화려하지 않은 아름다움이라는 귀한 배움을 얻게 된 날이다.

이 책의 주제 역시 '내려놓음'과 연결되어 있다. CEO에게 불필요한 권위나 과장된 액션 대신, 내려놓을 것은 무엇이고 반드시 가져가야 할 것은 무엇인지 다시 한 번 돌아보자는 생각에서 쓴 책이다. 그간 나를 채우고 있던, 알고 보면 필요 없는 것들을 비운다는 말이다.

요즘 들어 비움이란 말을 누구나 사용하고 있기는 한데, 그 말의 본질은 실로 엄혹하다. 오랜 세월 동안 '있음'에 길들여진 우리에게 '없음'의 알쏭달쏭함을 받아들인다는 것은 쉬운 일이 아니다. 있음에 현혹되는 것이 주류의 정신이라면, 없음에 충실한 것이 비주류의 정신 아닐까? 흔하지 않은 것, 광고인이 반드시 생각해야 할 것. 그래서인지 나는 없음에 대해 천착하는 경향이 있다.

부끄럽지만 나에게도 나름대로 '없음의 미학'이란 것이 있다. CEO 생활을 하면서 개인적으로 나를 이끌고 다독여준 나름의 원칙이라고나 할까? 일명 '김낙회 표 삼무주의(三無主義)'다.

일무(一無)는 '세상에 비밀은 없다'이다. 잘못을 저지르면서 그것을 아무도 모를 거라고 생각하는 헛된 안도감이야말로 얼마나 위험한 것인가? 아무리 감추고 가리려 해도 진실은 드러나게 되어 있다. 투명하고 정직하지 않으면 일가를 이룰 수 없다.

이무(二無)는 '세상에 공짜는 없다'이다. 뿌린 만큼만 거두고 땀 흘린 만큼만 얻는 법이다. 뿌리지도 땀 흘리지도 않으면서 열매 얻기를 기다리는 것은 염치없는 일일 뿐 아니라, 종국에는 나를 망친다.

삼무(三無)는 '세상에 영원한 것은 없다'이다. 일등과 꼴찌는 숫자에 불과하다. 어제의 적이 오늘은 동지가 된다. 내가 이룬 것도 영원하지는 않다. 그러니 오늘 내가 가진 것들에 자만해서는 안 된다는 것, 평범하지만 사뭇 비범한 말이 아닌가 싶다.

한마디로 말하자면 내려놓는 가치를 되새기자는 것인데, 내 인생에 성과라 할 만한 것들을 이룰 수 있었던 것도 행동하기에 앞서 이 세 가지를 생각했던 덕분이 아닌가 싶다.

2

【 원칙과 융통성 】

원칙 있는 융통성인가,
원칙 없는 방종인가

"절대적으로 가장 좋은 방법이라는 것은 없는 법이니,
때와 경우에 따라서 방법을 달리할 수도 있어야 한다.
그러나 사람들은 자신의 방법에 애착이 심하여
그 테두리에서 쉽게 벗어나지 못하는 단점이 있다."

−몽테뉴『수상록(Essais)』중에서 −

원칙과 융통성은 공존할 수 있을까

이른바 가장 '핫'한 기업으로 떠오르고 있는 중국의 전자상거래 업체 알리바바 그룹이 미국 뉴욕증시에 상장된 날, 마윈 회장은 언론과의 인터뷰를 통해 이렇게 말했다.

"10억을 벌면 그것은 내 돈이다. 100억을 벌면 문제가 생기기 시작한다. 1조를 벌면 그것은 내 돈이 아니다. 나에 대한 사람들의 신뢰다."

그의 말을 통해 알 수 있듯이 알리바바라는 기업은 '신뢰'라는 큰 원칙에 엄청난 무게를 두고 있다. 전자상거래라는 게 수천 킬로미터 떨어진 곳에 사는 생면부지의 사람에게 물건을 사는 것이니, 신뢰 없이는 애초부터 불가능한 사업이라는 그의 생각에도 일리는 있다.

신뢰라는 원칙을 지키는 데 있어서 그의 행보는 꽤나 고지식

했다. 2002년 그가 대규모의 투자를 받았을 때 주위에서는 그 돈으로 게임 산업에 투자하면 2년 안에 큰돈을 벌 수 있을 것이라고 권유했다. 그러나 마윈은 그 제안을 거절했는데, 이유는 '게임 산업이 활성화되면 사회에 악영향을 줄 수 있어서'라고 한다. 2005년에는 부동산 사업에 투자하라는 권유도 뿌리쳤다. 알리바바가 부동산 사업에 진출하면 항저우 전체의 부동산 가격이 오를 것을 염려했기 때문이라고 한다. 주주 입장에서 보자면 이러한 행보에 속이 터질런지도 모른다. 남들이 약삭빠르게 돈을 굴릴 때 마윈은 고집스럽고 융통성 없이 '그놈의 원칙'을 지키느라 기회를 놓치는 셈이니 말이다.

마윈은 정말 융통성 없고 고지식한 운영자인 것일까? 그러나 정말 그랬다면 알리바바가 오늘날 세계적 기업인 이베이를 꺾고 중국 최대의 전자상거래 업체로 떠오르는 것도 불가능했을 것이다.

오히려 알리바바는 원칙을 어기지 않는 부분에서는 놀라운 융통성을 보여주었다. 신용카드를 잘 사용하지 않는 중국인들의 성향을 고려하여 상품 배송이 끝날 때까지 현금을 제삼자가 보관해두는 시스템을 도입하는가 하면, 구매자나 판매자가 형식에 구애받지 않고 상품설명과 구매후기를 올릴 수 있게 함으로써 젊은 구매자들을 끌어들였다. 또, 다른 사이트와 달리 기업과 기업이 물건을 사고파는 것에 제약을 두지 않음으로써 알리바바 내에서 큰 단위의 제품 거래가 이뤄질 수 있도록 했다. 노동집약적 제조업이 많은 중국 시장에 딱 들어맞는 전략이다.

마윈 회장의 성공 비결에 대해 다양한 분석이 나오고 있지만, 나는 무엇보다 이 부분에 주목하고 싶다. 큰 원칙을 지키면서 동시에 다양한 방법을 활용할 줄 아는 융통성 말이다.

원칙과 융통성, 무엇이 더 중요할까

원칙은 있는데 융통성은 없는 회사, 그리고 융통성은 있는데 원칙은 없는 회사. 당신의 회사는 둘 중 어디에 속하는가? 가장 좋은 것은 역시 둘 다 조화가 이루어지는 것일 터다. 하지만 현실적으로 그런 회사는 별로 많지 않다. 만약 그랬다면 알리바바의 성공이 그렇게 특별해 보이지도 않았을 것이다.

원칙은 있는데 융통성이 없는 회사는 어떨까? 원칙에 입각해 일을 하므로 그에 따른 룰이 철저하게 지켜질 것이고, 앞으로 일이 어떻게 진행될지 예측이 가능하므로 업무 안정성이 높아지고 시간도 절약될 것이다. 반면, 쉽게 할 수 있는 일도 원칙에 따라야 하므로 효율성이 낮아질 수도 있다. 만약 원칙에 미리 규정되어 있지 않은 돌발변수라도 생기면 해결하기도 쉽지 않다. 아마 직원 입장에서는 속에 불이 날 때도 있고, 회사가 각박하게 느껴질 수도 있을 것이다.

반대로 융통성은 있는데 원칙이 없는 회사는 어떨까? 상황에 따라 일하는 방식이 달라지므로 유연한 대처가 가능할 것이고, 책임자의 순간적 판단에 따라 결정이 이뤄지므로 빠른 의사결정이 이뤄질 수도 있다. 그러나 원칙이 없다는 것은 기준도 없다는 뜻이고, 향후에 업무가 언제 어떻게 수정될지 모른다는 얘기가 된다. 당연히 업무의 완벽성이 낮아질 수밖에 없다. 게다가 책임자의 판단에 따라 결정이 내려지다보면 목표를 위한 업무가 아니라 책임자를 위한 업무가 될 가능성도 크다. 직원 입장에서 보면 회사가 참 인간적이라고 느껴질 수도 있지만, 미래성이 없다고 느껴질 수도 있다.

원칙과 융통성 둘 중에 어떤 것이 더 중요하다고 말할 수는 없다. 어떤 분야의 회사인지, 어떤 환경에 처해 있는지에 따라 다를 테니까. 다만 리더라면 원칙과 융통성이 왜 필요한지에 대해서는 한 번쯤 생각해볼 일이다.

원칙의 뼈대 위에 융통성의 근육을 입히자

원칙이 없으면 일을 할 때 적당적당 넘어가버릴 수 있다. 원칙이 없다면 시장조사도 대충대충, 기획안도 대충대충 생각나는 대로 만들어 버리면 그만이다. 그러면 협업에도 문제가 생긴다. 다음 작업을 진행해야 하는 사람이 내가 작업한 결과물을 도무지 알아보지 못하면 큰일 아닌가? 그러니 일을 하는 사람은 좋든 싫든 업무 원칙을 따르기 위해 노력하는 것이다.

그러나 그 과정에서 융통성이 없다면 회사는 기계처럼 돌아가는 메마른 조직이 될 것이다. 오늘까지 급하게 기획안을 올려야 하는데, 대세에 지장을 주지는 않지만 원칙상 포함되어야 할 자료가 하나 빠졌다면? 그 자료가 채워질 때까지 모든 업무를 중단시킬 것인가? 일단 처리하되 빨리 그 자료를 채워 넣게 하는 게 낫다.

사람은 항상 완벽할 수 없고, 업무에는 늘 돌발변수라는 것이 생긴다. 이럴 때 문제를 쉽게 해결하는 것이 융통성이다. 그래서 융통성은 인간 지향적이어야 한다. 당연한 말이지만, 가장 좋은 회사는 분명한 원칙이 있으면서 동시에 융통성을 발휘할 수 있는 회사다.

우리가 주목해야 할 사실은 원칙이 분명해야 융통성의 폭도 넓어진다는 것이다. 원칙이 뼈대라면 융통성은 근육이다. 뼈는 혼자서는 못 움직이고 근육이 움직여야 함께 움직인다. 그러나 근육은 뼈 자체의 방향과 한계를 벗어나서 움직일 수는 없다. 근육이 뼈의 원래 각도보다 더 큰 움직임을 요구하면 어딘가 한 군데는 부러지게 마련이다.

다만 사람마다 유연성이 달라서 뼈가 더 많이 꺾이는 사람도 있고, 덜 꺾이는 사람도 있다. 날마다 스트레칭을 통해 유연성을 높이다 보면 뼈가 부러지지 않고 더 많이 꺾일 수 있듯이, 조직도 훈련을 통해 융통성을 높여갈 수 있을 것이다. 조직에 튼튼한

뼈와 탱탱한 근육을 만드는 것이 CEO의 몫일 것이다.

위기 앞에서 흔들리지 않으려면

　　　　　　　　　　80년대까지 첨단기술의 이미
지를 강화하는 데 주력해 왔던 삼성전자는 1997년 새로운 메시
지를 담은 광고를 시작했다. 바로 '또 하나의 가족' 캠페인이다.

아직도 많은 사람들이 「마법의 성」음악이 펼쳐지면서 등장하
는 점토 인형들을 기억할 것이다. 온 동네 사람들이 모여서 TV
를 시청하고, 이장님 댁으로 아들 전화가 걸려오자 김을 매던 어
머니가 호미를 던지고 달려오던 옛 추억을 되살리며 이미 그때
부터 삼성전자가 우리 일상 속에 함께 해왔음을 보여 줬다.

이 광고는 집행 4개월만에 기업광고 호감도 1위를 기록하더
니 그해 말에는 대한민국 광고대상을 수상하는 쾌거를 이뤘다.
강한 기업을 넘어 사랑 받는 기업으로 거듭나자는 경영진의 의
지에 따라, 첨단기술에 인간적이고 따뜻한 느낌을 입힌 '휴먼
테크'의 메시지가 적중한 것이다.

4년 가까이 인기를 끌며 소비자들에게 '삼성은 또 하나의 가
족'이라는 인식을 확실히 심어주었던 이 광고는 2000년 들어
강력한 복병을 만났다. 밀레니엄이라는 새 시대의 흐름 속에서,
경쟁업체가 첨단 디지털 기술을 강조하는 광고 캠페인을 대규
모로 시작한 것이다.

삼성전자 내부에서는 갑론을박이 치열하게 벌어졌다. '또 하나의 가족'이라는 메시지는 밀 만큼 밀었다, 이제는 식상할 때가 되었으니 새로운 광고로 가자는 의견이 많았다. 경쟁업체의 공세가 워낙 거셌으니 충분히 나올 수 있는 이야기였다.

그러나 당시 삼성전자 경영진은 뚝심 있게 밀고 나가자는 결정을 내렸다. 광고는 일관성이 중요하므로 따뜻한 삼성전자의 기업 이미지를 지속적으로 끌고 가야 한다는 대범한 생각이었다. 광고인 입장에서는 매우 신선한 경험이었다. 대부분의 광고주들은 상황이 바뀌면 광고회사에게 파격적인 변화를 요구하곤 하는데, 오히려 광고주가 뚝심 있게 밀어붙이자고 하다니?

대신 크리에이티브에 있어서만큼은 요구가 복잡해졌다. 상황이 상황이니만큼 소비자에게 더욱 강력하게 어필해야 한다는 것이다. 그때까지의 광고는 디지털 제품을 꾸준히 소재로 활용하긴 했지만, 광고 내에서 등장하는 중요도는 상대적으로 적었다. 따뜻한 아날로그적 감성을 유지하면서 제품의 장점을 좀 더 정교하게 보여줄 필요가 있었다. 또, 캠페인이 장기화되면서 본래의 주제 의식이 다소 퇴색되었다는 반성도 생겨났다. 스포츠 선수 등 유명 인사를 등장시키면서 재미를 주려고 노력하다 보니 어느새 초심에서 멀어져 가고 있다는 반성이었다. 새로운 광고를 준비하면서 우리는 세 가지 원칙을 정했다.

첫째, 일관성 원칙(Principle of Continuity)은 기존의 느낌, 즉 가족처럼 친근한 이미지를 계속 유지한다는 것이다. 이를 위해 소비자들로부터 반응이 좋았던 애니메이션 기법을 계속 활용하기로 했으나, 내부적으로는 이견이 많았다. 소비자들이 싫증을 내지 않겠느냐는 것이다.

그러나 오히려 애니메이션 기법은 이 캠페인에 일관성을 주는 중요한 요소였기 때문에 포기할 수 없었고, 구체적 방법에만 변화를 주기로 했다. 처음에는 점토 인형을 이용한 클레이 애니메이션 기법으로 시작된 광고가 다양한 기법을 거쳐 마지막에는 3D 애니메이션으로까지 발전하게 되었다.

둘째, 테마의 원칙(Thematic Principle)은 캠페인의 주제를 어떻게 표현할 것이냐의 문제다. 광고에서 가장 중요하고 어려운 부분이기도 하다. 기업의 지향점은 물론 소비자의 트렌드 변화까지 반영해야 하고, 캠페인의 주제와도 매끄럽게 연결되어야 하기 때문이다. 캠페인의 지향점은 분명했다. '가족 같은 친근함', '디지털 네트워크', '머리는 디지털, 가슴은 아날로그'. 문제는 이것을 어떻게 표현할 것이냐였다.

우리가 선택한 큰 그릇은 '가족'이었다. 정과 사랑과 믿음으로 네트워크를 맺은 가족 공동체, 여기에 디지털 네트워크가 더해지면 더 큰 가족애가 만들어진다. 이러한 생각의 토대 위해 핵심 테마는 '마음까지 통하는 디지털 세상'으로 결정되었다.

셋째, 차별적 어울림의 원칙(Principle of Distinctive Fit)은 앞의 두 가지 원칙을 어떻게 색다르게 표현할 것이냐의 문제다. 일관성을 유지하고 분명한 테마를 전달하되, 더욱 다양한 방법으로 공감을 이끌어내야 한다. 이를 위해 광고 속에서 보다 다양한 상황을 전개해 나갔고, 등장인물들의 표정도 다양하게 만들기 위해 노력했다. 또 캠페인의 상징과도 같았던 배경음악 「마법의 성」을 계속 사용하되 각 편의 상황에 맞게 새롭게 편곡했다.

이러한 원칙으로 진행된 캠페인은 2007년 '훈이네 가족' 테마로 발전하기까지 꾸준히 뚝심 있게 진행되었다. 돌이켜보면 이 세 가지 큰 원칙을 소신껏 지키고, 그 위에서 융통성 있게 움직인 덕분에 10년이 넘는 시간 동안 하나의 캠페인이 성공적으로 진행될 수 있었던 것은 아닐까?

확고한 원칙 위에 풍부한 융통성을 가지자고 외치지만, 그것이 쉽지는 않다는 걸 누구나 안다. 나 역시 마찬가지다. 만약 내가 광고주였다면 같은 결정을 내릴 수 있었을까?

그러나 적어도 혼란스러운 일이 있을 때 잠시 숨을 고르며 생각해보기 위해 노력할 수는 있다. 우리가 반드시 지켜야 할 것은 무엇인가? 그리고 통 크게 넘어가 줄 수 있는 것은 무엇인가? 완벽한 리더까지는 못 되더라도, 실수를 조금 덜 하는 리더가 되게 해주는 것. 원칙은 바로 그런 것이다.

절대
변치
말아야 할
핵심가치

　원칙과 융통성은 둘 다 중요하지만, 리더가 더 신경 써야 할 부분이 있다면 아무래도 원칙을 세우는 일일 것이다. 원칙이 잘 세워지면 융통성의 범위도 분명해진다. 원칙을 깨지 않는 선에서 자유롭게 움직이면 되기 때문이다.

　대체 어떻게 원칙을 세워야 한단 말인가? 나는 이 질문이 '왜 원칙을 세워야 하는가'로 바뀌어야 한다고 생각한다. 원칙을 세워야겠다고 느낀다는 것은 뭔가 잘 돌아가지 않는다는 것을 알아차렸다는 뜻이다. 그 문제를 바로잡기 위해 지켜야 할 일들을 정하는 것이 곧 원칙 세우기에 다름 아니다.

　재미있는 사실은 원칙 세우기라는 작업이 기업들의 최대 화두인 혁신과 크게 다르지 않다는 점이다. 기업들이 혁신을 부르짖는 이유도 기존의 방법으로는 무언가 잘 돌아가지 않기 때문이 아닌가? 게다가 혁신을 함에 있어서 가장 중요한 것 역시 우리가 반드시 지켜야 할 핵심가치를 찾아내는 일이다. 이러한 맥락에서 생각해본다면, 결국 제대로 된 원칙을 세운다는 것은 근본적 혁신을 추구하는 것과 크게 다르지 않다.

혁신(innovation)이란 용어를 널리 퍼뜨린 사람은 미국의 경제학자 조지프 슘페터다. 그는 혁신을 '창조적 파괴'라는 의미로 사용했는데, 이 촌철이 조직에게 주는 메시지는 명확하다. 모든 것을 바꾸되, 창조적으로 바꾸라는 것이다. 여기서 혁신의 본질은 '파괴'가 아니라 '창조'가 된다.

그런데 우리는 이를 간과하기가 쉽다. 새로운 것에 대한 열망 때문에 무조건 기존의 것을 부수는 데 몰두하다가, 정작 우리가 무엇을 위해 새로움을 추구하려 하는 것인지 그 본질을 잊기 쉬운 것이다. 기업이 반드시 지켜야 할 본질을 구체적으로 천명하면 그것이 곧 원칙이 된다. 무엇을 지키고 무엇을 바꿔야 하는가? 그 치열한 고민의 결과가 바로 원칙인 것이다.

원칙을 세우기 위해 명심해야 할 세 가지

핵심가치를 찾아내고 원칙을 바로 세우기 위해 우리가 한 번쯤 생각해볼 것이 있다.

첫째, 원칙을 세우는 일은 우리의 약점을 들여다보는 것에서 시작해야 한다. 나의 가장 단점이면서 취약한 부분에 대해 기본을 세우는 것에서부터 원칙은 만들어진다. 원칙(原則)이라는 말의 원(原) 자는 '근원'이라는 뜻 외에 '언덕', '찾다'라는 뜻도 함께 가지고 있다. 언덕(原)에 올라 멀리 굽어보듯 자신을 살핀 후에 비로소 찾아낼 수 있는 법도(則)가 바로 '원칙'이라고 해석한다면 지나친 비약일까?

가장 못하고 있는 부분이 무엇이냐고 스스로 물어보자. 그 첫 단계는 역시 기본으로 돌아가는 것이다. 뒤돌아보는 것, 행마(行馬)를 복기(復碁)해 보는 것, 자문자답 하는 것, 삼가 반성해보는 것 말이다. 나는 이것을 '백 투 더 베이직(back to the basic)'이라고 부른다.

둘째, 원칙은 반드시 핵심가치를 담고 있어야 한다. 핵심가치는 기업이 추구하는 궁극적 목표의 다른 이름이다. 따라서 목표가 흔들린다면 아무리 열심히 돈을 벌어도 그 의미가 퇴색된다.

"페이스북은 돈을 벌 목적으로 서비스를 만들지 않습니다. 우리가 돈을 버는 이유는 더 훌륭한 서비스를 제공하기 위해서입니다."

페이스북 설립자 마크 주커버그의 말이다. 그도 기업가이니 이 말을 백 프로 신뢰하기는 어렵겠지만, 의미만큼은 두고두고 곱씹을 만하다. 이제 기업은 단순히 경제적 재화를 뛰어넘는 '그 이상의 가치'를 만들어내지 못하면 주목 받지 못한다. 점차 제품 광고에 비해 기업 캠페인 광고가 많아지는 것도 그들이 추구하는 것이 돈만이 아닌 사회적으로 의미 있는 일이라는 메시지를 전하기 위한 것 아니겠는가?

셋째, 원칙은 관리를 위한 것이 아니라 기업의 목표를 달성하기 위한 것이어야 한다. 우리는 가끔 목표와 동떨어진 원칙을 만드는 실수를 저지른다. 올바른 형식의 기획안이 아니라며 좋은 아이디어를 묵살해버리거나, 제대로 된 절차가 아니라며 업무를 멈춰 버리게 만드는 것 말이다. 이해는 한다. 복잡한 업무 과정 속에서 가끔 목표를 뒤로 한 채 앞으로 내달릴 수도 있다는 것을 말이다.

그러나 원칙이란 것은 일을 완벽히 하는 데에 그 목표를 두어야만 의미가 있다고 생각한다. 제일기획의 목표가 아이디어를 솔루션으로 만드는 '아이디어 컴퍼니'로 거듭나는 것이라면, 그에 맞는 원칙을 세우면 된다. 모든 것에 아이디어를 부여하고, 그 아이디어를 억누르지 않으며, 아이디어를 솔루션으로 발전시킬 수 있도록 생각하는 것. 그것이 원칙이 되어야 한다. 그 밖의 다른 것들은 그 원칙에 맞게 조정하면 된다. 원칙은 말 그대로 근원적인 것이어야지, 지나치게 많고 복잡해지면 잔소리에 다름 아니다.

좋을 때나 나쁠 때나 원칙은 한결 같아야

세계 최대 생활용품 기업인 P&G는 1837년 비누와 양초를 만드는 조그만 회사에서 출발하여 무려 200년 가까이 시장을 굳건히 지키고 있다. 그 오랜 시간 동안 소비자의 선택을 받을 수 있었던 데에는 P&G의 '3C 원칙'이 큰 역할을 했다. 3C는 'Consistency, Consistency, Consistency!'를 의미한다. 즉 첫째도 일관성, 둘째도 일관성, 셋째도 일관성이라는 뜻이다. 3C라고는 했지만 어디까지나 일관성 하나만을 강조한 셈이다.

P&G는 동일한 캠페인을 오래 지속하기로도 유명하다. 대표 상품 중 하나인 의류세제 타이드(Tide)는 1956년 출시되었다. 오래된 제품이니만큼 현재까지 70여 차례의 꾸준한 개량이 이뤄졌다고 한다. 그러나 초기에 만들어진 '다른 어떤 세제보다 깨끗이'라는 브랜드 콘셉트는 아직도 지켜지고 있다. 흔들리지 않는 경영을 위해 핵심가치를 지키는 것이 얼마나 중요한지를 잘 보여주는 사례다.

핵심가치는 좋을 때나 나쁠 때나 절대 변하지 말아야 한다. 의외로 많은 CEO들이 시절이 좋으면 핵심가치가 조금 상해도 그냥 넘어가 버리곤 한다. 그러나 시장 상황이란 것은 언제나 오르락내리락 리듬을 타는 법. 좋았던 시절에 느슨했던 원칙이 상황이 나빠졌다고 다시 제자리를 잡을 리 없다. 그러니 원칙을 조이는 고삐는 상황이 좋든 나쁘든 상관없이 항상 팽팽하게 유지해야 한다.

부분적이고 일시적인 현상에 매혹된 나머지 정말 중요한 큰 그림을 보지 못한다면 낭패도 그런 낭패가 없다. 중국 초나라 시대의 학자 갈관자는 이런 말을 남겼다.

"나뭇잎 한 장이 눈을 가리면 태산을 보지 못하고, 콩 두 알이 귀를 막으면 천둥소리를 듣지 못한다(一葉蔽目 不見泰山 兩豆塞耳 不聞雷霆)."

지금 우리 앞에 태산이 보이지 않는다면 태산을 찾아 나서기 전에 내 얼굴 위를 먼저 더듬어볼 일이다. 정말 태산이 없는 것일 수도 있지만, 작은 나뭇잎 한 장이 우리 눈앞을 가리고 있는 것일 수도 있으니 말이다.

본질 외의 모든 것은 바꿜 수 있다

1996년 '세계에서 가장 가치 있는 브랜드' 4위의 위용을 뽐내던 불세출의 필름 회사 코닥은 지난 2001년 132년 만에 수명을 마쳤다. 화무십일홍(花無十日紅, 열흘 넘게 피는 꽃은 없다)이요 권불십년(權不十年, 권세는 십 년을 가지 못한다)이라지만, 한 세기가 넘는 기간을 군림했던 왕조의 몰락은 망연자실했다. 코닥이 사라진 이유는 코닥 안에서 찾을 수 있다. 필름 카메라 시대를 제패했던 그들이지만 디지털 카메라 시장에는 제대로 적응하지 못했던 것이다.

그런데 재미있는 것은, 사실 코닥은 업계의 선구자답게 1975년에 이미 디지털 카메라 기술을 개발했다는 점이다. 하지만 코닥은 그 기술을 발전시키는 대신 기존 필름 사업을 강화하는 쪽을 택했다. 디지털 카메라 기술을 발전시킬 경우 코닥이 절대우

위를 점하고 있는 필름 카메라 시장이 잠식될 것을 염려했기 때문이다.

그 염려는 타당했지만 현명하지는 못했다. 시장은 잠식이 아니라 교체됐다. 코닥은 세상의 변화를 먼저 감지했지만 그 변화를 자기 안으로 끌어들이지는 못했다. 성공한 자들이 흔히 겪는 실수처럼 말이다. 만약 코닥이 좀 더 융통성을 발휘해서 필름 카메라 정책과 디지털 카메라 정책을 함께 가져갈 수 있었다면? 시장은 지금과 전혀 다른 방향으로 나아가고 있지 않았을까?

융통성은 때로 조직의 미래까지 좌우하기도 한다. 융통성과 혁신, 적자생존은 모두 같은 범주로 묶이는 개념이기 때문이다. 세계 최초 아날로그 휴대전화를 내놓고 승승장구하던 모토롤라는 스마트폰 시장에서 고전하다가 결국 구글에 인수됐다. 워크맨과 베가TV로 시장을 석권했던 소니도 MP3와 LCD로의 투자 전환이 늦어져 선도 기업들을 따라잡기가 버거워졌다. 연간 7조원 넘는 이익을 내며 열풍을 일으켰던 닌텐도 역시 스마트폰 게임에 밀려났다.

융통성은 원칙이 단단할 때만 생겨나는 것

"누구나 세상을 바꾸고 싶어 하지만 아무도 자신을 바꾸려 하지 않는다."

톨스토이의 이 말은 거인들의 추락을 목도할 때 더욱 묵직하게 다가온다.

누구나 변화에 빠르게 적응하고 싶어 한다. 그런데 왜 그게 안 되는 것일까? 여러 이유가 있겠지만, 중요한 이유는 '과연 그래도 될까'라는 염려 때문일 것이다. 중요한 변화가 감지되었고, 빠른 결정이 필요하다. 그렇지만 그 순간 과감한 결정을 내리기 어려운 이유는 무엇을 기준으로 판단해야 할지 알 수 없기 때문인 경우가 많다.

평소에 분명한 원칙을 세워두고 있다면 크게 망설일 일이 없다. 지금 내릴 결정이 원칙에 어긋나는지 아닌지만 판단하면 될 일이기 때문이다. 원칙에 어긋나지 않으면 받아들이고, 어긋난다면 물리치면 그만이다. 물론 모든 결정이 이렇게 무 자르듯 쉽게 내려질 리는 없지만, 적어도 큰 가이드라인은 될 수 있을 것이다.

그런데 이것은 뒤집어 생각하면, 원칙을 해치지 않는 것이라면 모든 가능성을 열어두라는 뜻이기도 하다. 말도 안 된다고 지레 쳐내버리지 말고 '정말 안 될까?'를 생각해보라는 것이다.

누구나 그렇겠지만, 나는 맛있는 음식에 유난히 잘 감동하는 편이다. 맛 자체에도 감동하지만, 똑같은 재료로 어떻게 이런 요리를 만들어낼 수 있는지 그 창의적 발상에 감동하기도 한다. 요리야말로 크리에이티브라는 것이 가장 극적으로 발현되는 분야가 아닐까 한다.

만약 누군가 "멜론 맛이 나는 캐비어(철갑상어 알)를 만들자"

라거나 "오이를 거품으로 만들자"라는 아이디어를 냈다면 당신은 어떻게 반응할 것인가? 아마 말도 안 된다고 비웃을 사람이 많을 것이다. 그런데 그런 일이 1988년 실제로 벌어졌다. 프랑스 화학자 에르베 티스와 헝가리 물리학자 니콜라스 쿠르티가 힘을 합쳐 분자요리(分子料理, Molecular Cuisine)를 탄생시킨 것이다.

분자요리란 식재료의 성질을 물리학적으로 연구해 새로운 식감의 음식을 만들어내는 것을 말한다. 예를 들어 액화질소나 염화칼슘 등을 이용해 급속냉동 시키거나 응고화 해서 아스파라거스 아이스크림, 푸아그라 캔디, 송로버섯 셔벗 등 전혀 새로운 메뉴를 창조해내는 것이다. 그야말로 요리와 물리학의 통섭이다.

이 분자요리로 유명한 식당이 바로 엘불리다. '음식계의 엘비스'라는 별명을 가진 엘불리의 오너 셰프 페랑 아드리아는 분자요리를 통해 스페인 북부에 자리 잡은 이 소박한 식당을 세계적인 명소로 만들었다. 엘불리는 최고의 권위를 지닌 음식점 보고서 「미슐랭 가이드」에서 14년간 최고 등급을 받았으며, 연간 예약자 수가 50만 명에 달해 예약한 후 최소 1년이 지나야 방문할 수 있다고 한다.

분자요리는 음식 조리법의 모든 가능성을 열어둔 결과물이다. 고정관념을 벗고 자기 방식 대로 자유로워질 때 크리에이티브는 생겨난다. 페랑 아드리아처럼 기득권에 안주하지 않고, 이질적인 개념을 기존 개념에 용감하게 접목시킬 때 비로소 새로운 것을 만들어내는 것이다.

레오나르도 디카프리오, 로버트 드 니로, 스티븐 스필버그, 마돈나 등 유명인사들을 단골로 둔 세계적인 초밥집 '노부'의 셰프 노부유키 마츠히사는 이렇게 말했다.

"패션은 매해 달라진다. 스타일도 형태도 변한다. 그러나 기본적인 건 변치 않는다. 그것이 패션이다. 요리도 그와 같다. 똑같은 소재를 써도 지금까지와 다른 방법을 쓰면 요리는 그때그때 새로워진다. '이걸로 좋다'가 아니라 '이렇게 하면 좀 더 좋아진다'인 것이다."

이 거장 요리사의 말은 변화라는 것이 무엇인지 매우 명료하게 이야기해주고 있다. 기본적인 건 변치 않지만 지금까지와 다른 방법을 사용하는 것. 그것이 크리에이티브다.

변하고 싶다면 변하지 않는 가치를 공유하라

그러나 그러한 변화를 직접 실현시키기까지 얼마나 힘든 과정이 있었을지는 보지 않아도 눈에 선하다. 일선 기업 현장을 생각해보라. CEO가 "혁신!"을 외치면 임원들은 박수를 치고, 실무를 담당하는 직원들의 얼굴은 불편한 표정을 감추느라 일그러지는 현상. 웃기면서 슬프지만 그것이 현실 아니던가?

여러 원인이 있겠지만, 여기에는 학습효과가 한 몫 했으리라고 본다. 그럴싸하게 모양을 만들어놓고, 비전 선포식을 개최하고, 보도자료를 뿌리고 나면 그 다음에는 별로 달라진 게 없다는 것을 직원들은 이미 여러 번의 경험을 통해 알고 있을 것이다. 그러니 '안 그래도 바쁜데 일만 늘어나는구나' 하며 속으로 한숨을 쉬는 것이다.

구성원의 교감이 없으면 변화는 불가능하다. 인간의 몸으로 따지자면 체질을 바꾸는 일인데, 세포 하나하나에 해당하는 직원들이 공감하지 못하면 아무 소용이 없는 것이다. 이렇게 말해놓으면 또 어떤 CEO들은 전사 세미나를 열고, 직원들에게 혁신의 필요성을 목 놓아 외치면서 '주입식 혁신'을 이루려 할 것이다. 그게 아니다. 우리도 이미 학창시절에 겪어보지 않았던가? 교장선생님이 아무리 좋은 훈화말씀을 길게 해주셔도 귀에 들어오던가 말이다.

등산복 소재로 유명한 고어텍스의 제조사 'W. L. 고어 앤 어소시에이츠'는 직위도, 보스도, 지시도 없는 독특한 경영 문화로 유명하다. 직원의 업무 영역이 고정되어 있지 않고, 명함에도 직급 대신 '동료(associates)'라고 적혀있다고 한다. 프로젝트 단위로 동료들이 주체가 되어 각자 알아서 일하는 시스템으로, 인사평가 역시 정해진 원칙에 따라 서로가 서로를 평가한다. 그야말로 원칙 위에서 모든 가능성이 열려있는 조직인 셈이다.

투표를 통해 선출된 이 회사의 대표 테리 캘러는 "가치 있는 혁신은 '다른 관점'과 '독특한 시각'에서 나온다"고 말한다. 다른 기업들도 이러한 경영이 가능할 것 같냐는 언론사의 질문에 그녀는 이렇게 답했다.

"만약 핵심 가치를 리더와 조직 전체가 공유하지 못한다면 시스템만 접목해봤자 소용이 없을 겁니다."

모든 기업이 이런 식으로 운영될 수 있다고 생각하지는 않는다. 그러나 적어도 CEO라면 회사의 핵심가치를 어떻게 직원들과 공유할 것인지를 늘 고민해야 한다고 생각한다.

우리의 미래를 어떻게 그릴 것이며 어떻게 성공할 것인가? 그에 대한 핵심가치가 확실히 정해진다면, 그 원칙 위에서 모든 가능성이 열릴 수 있을 것이다.

원칙과
현실이
충돌할 때

원칙과 융통성은 서로 상반된 말이지만 뗄 수 없는 개념이다. 그런데 우리는 현업에서 이 두 가지가 부딪히는 모습을 자주 본다. 내부에서는 CEO가 단속을 잘 하면 되니 크게 문제가 없지만, 외부 고객과 마찰이 생길 경우는 정말 난감한 문제다. 우리의 원칙이 이러하니 그쪽도 따라 달라고 무조건 우길 수는 없지 않은가?

어떤 분야에서 일하는지를 막론하고, 일거리를 주는 고마운 고객에게 함부로 할 수는 없다. 비즈니스는 실력만으로 해결되지 않는 부분이 반드시 존재하기 때문에 고객과 어떤 관계를 유지하느냐가 매우 중요하다. 고객과 부딪혔을 때 방법은 둘 중 하나다. 설득하거나 협상하거나.

설득은 원칙에 좀 더 무게를 둔 방법이다. 우리의 원칙은 이러한데 그 원칙은 어디에서 왔는지를 진실성 있게 이야기함으로써 상대방이 그 가치에 동의하게 하는 것이 설득이다. 반면 협상은 융통성에 좀 더 무게를 둔 방법이다. 우리가 양보할 수 있는 것을 내주는 대신 다른 것을 얻어내는 게 협상이다.

현실에서는 이 두 가지가 완전히 구분되는 경우는 없다. 설득을 하다가 우리가 양보할 수 있는 부분을 슬쩍 내줄 수도 있고, 협상안의 하나로 대의명분을 만들어줄 수도 있다. 상황에 맞게 적절한 방법을 사용하는 것도 프로의 덕목일 것이다.

다만 그 과정에서 중요한 것은 마지막까지 양보할 수 없는 무언가가 있느냐 하는 것이다. 이것저것 다 내주더라도 단 하나, 이것만큼은 내줄 수 없는 가치가 있을 것이다. 다만 그 가치를 지키기 위해 물고 뜯고 싸우는 것은 하수의 방법이다. 고수는 가치를 지키되 상대의 마음을 상하지 않게 요령껏 지켜낸다.

협상은 이기는 게 아니라 얻어내는 것이다

학창 시절에 배운 '서희의 담판'을 기억하는가? 고려 성종 12년 거란이 군사를 일으켜 쳐들어오자, 위협을 느낀 고려 조정은 서경(지금의 평양) 이북의 땅을 포기하고 화친을 맺으려 했다. 이때 서희가 나선다. 거란군 대장 소손녕과 담판을 짓겠다는 것이다.

기록에 남아있는 서희의 협상 과정을 살펴보면 실로 그 배포가 대단하다. 서희가 거란 진영에 도착했을 때 거란군은 "대국의 귀인에게 절을 올리라!"며 위협한다. 그러나 서희는 "신하가 임금을 대하는 것이라면 모르되, 양국의 대신이 대면할 때 절을 하는 법은 없다"며 오히려 자리를 박차고 나가버렸다. 아닌 건 아니라고 분명히 표현함으로써 기선을 제압한 것이다.

협상에서도 그는 꼼수 대신 정정당당한 논리로 상대를 설득했다. 소손녕이 고구려의 옛 땅은 우리 거란의 것이므로 돌려받아야 한다고 하자, 서희는 고려야말로 이름 그대로 고구려를 계승한 나라임을 주장한다. 오히려 거란의 옛 땅을 돌려받아야 한다는 말에 소손녕은 할 말을 잃었다.

그런데 만일 서희가 계속 뻣뻣한 고자세를 유지했다면 담판은 실패로 끝났을 것이다. 그의 비범함은 적당한 융통성을 발휘한 데에 있었다. 그는 처음부터 거란의 본심을 알고 있었다. 고려의 땅이 탐났던 게 아니라, 송나라와 전쟁을 앞두고 있는 시점에 고려가 송나라를 도울까 겁이 났던 것이다. 그 속내는 "고려는 거란과 국경을 접하고 있으면서 어째서 바다 건너 송나라와만 교류하는가?"라는 소손녕의 볼멘소리에서 드러난다.

서희는 여진이 길을 막고 있기 때문이라고 답한다. 만일 거란이 그곳에서 여진을 쫓아내주면 길을 만들어 거란과 교류하겠다는 것이다. 이것은 그 땅을 내주면 송나라와의 전쟁에 개입하지 않겠다는 암묵적 표현이었다. 결국 거란은 서희의 말을 받아들여 군사를 물린 것은 물론 오히려 여진이 머물고 있던 강동 6

주를 고려에 돌려준다.

서희는 두 가지 전략을 동시에 구사했다. 반박할 수 없는 명분으로 상대의 논리를 무력화시켰고, 동시에 상대가 원하는 것을 내주었다. 방법도 아주 세련됐다. 상대가 행동에 나서기 좋도록 적당한 명분까지 만들어준 것이다.

내 목소리가 더 컸고, 상대방이 조용히 꼬리를 내렸다고 협상에서 이긴 것은 아니다. 진짜 승리는 얼마나 실리를 챙겼느냐에 달려 있다. 목소리를 높이고 상대를 궁지에 몰아넣으면 당장은 기분이 좋겠지만, 그뿐이다. 반면 상대의 기분을 잘 맞춰주고 내가 필요한 것을 얻어냈다면 그것이 진짜 승리다.

"논쟁이나 반박을 하면서 상대를 이긴 듯한 느낌이 들 수도 있다. 그러나 그것은 헛된 승리다. 상대의 호의는 절대로 얻을 수 없으니까."

미국 건국의 아버지 벤저민 프랭클린의 말이다. 반드시 지켜야 할 핵심가치가 분명하다면 나머지는 융통성 있게 처리해야 한다는 논리가 여기에도 적용된다. 당신이 틀렸다고 반박하는 것보다는 부드럽게 의견을 관철시키는 것이 현명하다.

클라이언트는 항상 옳은가

광고회사에 입사하면 귀에 못이 박히도록 듣는 것이 "클라이언트는 항상 옳다(Client is always

right)"는 말이다. 이 말을 처음 듣는 후배들 중에는, 아무리 돈을 쥐고 있는 '갑'이라지만 현실도 모르면서 무리한 요구를 하는데 가만히 있으라는 말이냐며 분기탱천 따지고 드는 사람도 있다.

그러나 이것은 클라이언트를 무조건 떠받들라는 이야기가 아니라, 상황을 역지사지로 생각해 보라는 뜻으로 받아들여야 한다. 광고는 클라이언트가 처한 문제를 해결하는 솔루션이라고 했다. 클라이언트가 처한 문제를 가장 잘 알고 있는 것은 클라이언트 자신이다. 클라이언트가 항상 옳다는 말은 그런 뜻이다. 솔직히 말해서, 그 요구가 현실적으로 가능하냐 아니냐는 클라이언트가 고민할 게 아니라, 광고를 만드는 우리들이 고민해야 할 사항이다. 이 방법이 현실적으로 어렵다면 클라이언트를 설득하거나 다른 솔루션을 찾아내는 것까지가 우리들의 임무다.

그럼에도 불구하고 반드시 지켜야 할 것이 있다면 이야기는 달라진다. 예를 들어 주부들을 대상으로 하는 세제가 있다고 하자. 상황에 따라 다르지만, 주부가 주 수요층인 제품들은 대부분 연속극이나 아침 방송에 광고를 하는 게 효과적이다. 그런데 클라이언트가 "왜 우리 제품은 9시 뉴스에 광고가 안 나옵니까?"라고 항의한다면 이 경우에도 그는 옳은 것인가?

사실 그쪽이 원하는 대로 9시 뉴스에 광고를 내버리면 실무자 입장에서는 오히려 편하다. 그러나 그것이 진정한 프로의 자세라고 생각하지는 않는다. 싫은 소리를 듣더라도 합리적으로 설득해서 옳은 방향으로 가는 게 맞다.

일단 그 클라이언트가 광고를 바라보는 시각이 어떠한지를 파악해야 할 것이다. 어떤 회사는 광고를 돈을 들여 더 많은 것을 얻어야 하는 투자라고 생각한다. 또 어떤 회사는 광고는 어쩔 수 없이 비용을 지출해야 한다고 생각하고 별다른 기대를 하지 않기도 한다. 광고 자체가 입소문이 나서 화제로 떠오르면 그걸로 만족하는 회사가 있고, 그 광고가 판매수익으로 직접 이어지지 않으면 소용없다고 생각하는 회사도 있다.

미디어에 대한 의견 차이도 있다. 어떤 회사는 "그래도 TV 광고가 최고지!" 하며 이른바 ATL이라 불리는 전통적인 4대 매체(TV, 라디오, 신문, 잡지)를 중시한다. 반면 어떤 회사는 "요즘은 인터넷이 대세야!"라며 BTL이라 불리는 그 밖의 다른 매체들(인터넷 또는 SNS, 옥외광고, 프로모션 등)을 중시한다. 이처럼 클라이언트의 다양한 생각까지 고려해서 융통성 있게 솔루션을 만들어 내는 것이 프로다.

이것은 프로의 자부심과도 연결되는 문제다. 적당히 월급이나 잘 받으면 족하다는 이들에겐 할 말이 없지만, 스스로 '프로'라고 생각하는 이들은 다르다. 전문적인 경험을 바탕으로 의견을 제시해야 할 상황인데, 클라이언트의 눈치를 보고 있다면 진정한 프로라 할 수 있겠는가?

고객은 우리의 성격이 아니라 전문성을 산다. 생각해 보라. 우리가 성격이 좋고 착해서 클라이언트가 우리를 선택한 것일까?

아니다. 아무리 직원들이 좋다고 해도 실력이 없으면 절대 돈을 주고 일을 맡기지 않는다. 그러니 무조건 굽실거릴 것이 아니라, 프로로서의 전문성을 보여주는 것이 현명한 길이다.

프로다운 실력으로 보여줘라

그런데 전문성을 가지고 있어야 보여주지, 전문성이 없는데 보여줄 수는 없다. 다시 말하면 프로는 항상 전문성을 키우는 데 힘써야 한다는 것이다.

프로가 갖춰야 할 것들은 생각보다 많다. 열정적 업무 태도, 효율적 비용 관리 노하우, 새로운 뉴미디어 전략, 제품과 산업에 대한 이해도, 문제 해결력 등등 클라이언트에 뒤지지 않는 역량을 보여줘야 비로소 인정받을 수 있는 것이다. 그렇지 않으면 굽신대며 일을 받아오는 것밖에 도리가 없다.

같은 맥락에서, 클라이언트와의 관계를 부드럽게 만들기 위해 아이디어를 희생시키는 것도 안 될 일이다. 의견을 충분히 반영하는 것은 중요하다. 하지만 클라이언트의 화를 돋우지 않고 일을 쉽게 쉽게 처리하고자 하는 욕심에, 간혹 핵심 아이디어마저 클라이언트 뜻대로 바꿔 주는 후배들이 있다. 그러나 당신이 클라이언트라면 과연 그런 사람을 믿고 다음에도 다시 일을 맡기겠는가?

"일이 우선이다(Work comes first)."

후배들이 항상 기억해줬으면 하는 말이다. 중요한 것은 결과물이다. 클라이언트와 어떻게 지지고 볶든 상관없이, 결과물이 성공적으로 나오면 그는 당신을 신뢰하게 될 것이다. 이것이야말로 자부심을 지키면서 동시에 고객의 신뢰를 얻는 가장 확실한 방법이다.

사실 클라이언트가 쏟아내는 불만의 8할은 광고의 질이나 효과 때문이 아니라, 업무를 진행하는 과정에서 나온다. 왜 좀 더 적극적으로 아이디어를 제안해주지 않는가, 왜 사전준비를 철저히 해주지 않는가, 왜 시장조사나 효과 분석 결과를 알려주지 않는가, 왜 제 시간에 납기를 맞춰주지 않는가, 왜 제작비를 투명하게 알려주지 않는가 등등 업무를 추진하는 과정에 대한 불만이 더 많은 것이다.

그런 것들은 사실 아이디어를 만드는 것과 상관없는 문제들이다. 그러나 고객 입장에서는 그런 사소한 것들도 제대로 해내지 못하는 회사를 믿기는 어렵다. 그러니 고객이 불만을 터뜨릴 때 한 번쯤 반성해볼 필요도 있다. 우리가 전문성을 제대로 보여주었나? 중요한 메시지를 제대로 전달하고 설득했나? 고객의 기대를 충족시킬 만큼 열과 성을 다했나? 이런 질문에 자신 있게 "예"라고 답하지 못한다면 클라이언트가 현실을 모른다며 툴툴거릴 자격이 없다.

시작은
나를 위한
원칙에서부터

조직은 추구하는 목표를 달성하기 위해 혁신을 이루고자 한다. 그런데 조직을 혁신시키려고 하는 경우는 많아도, 내가 곧 조직이라는 점을 인식하고 스스로 혁신하려는 경우는 별로 없는 듯하다. 진정한 혁신을 위해서는 내가 바로 조직이 되어야 한다. 즉, 조직은 혁신의 객체가 아니라 주체인 것이다. CEO라면 더욱 그렇다.

"누가 물을 발견했는지는 모르지만 물고기가 아닌 것만은 분명합니다."

마샬 맥루한의 말이다. 내가 몸담았던 것에서 한 발 떨어져 새롭게 본다는 것은 엄청나게 어렵다. 스스로의 패러다임에 갇혀 있으면서, 정작 본인은 갇혀 있다는 것조차 알지 못하는 것이다. 그러므로 스스로 갇힌 패러다임을 깨고 나가기 위해서는 나 자신이 패러다임 속에서 살고 있다는 것을 자각하는 일이 먼저다.

하지만 '나로부터의 혁신'은 결코 쉬운 일이 아니다. 적극적으로 스스로를, 그리고 처한 상황을 객관적으로 판단하는 것은 정말 어려운 일이다. 오죽하면 『손자병법』의 명구 "적을 알고 나를 알면 백번 싸워도 위태롭지 않다(知彼知己 百戰不殆)"라는 말이 대대손손 여전히 우리의 폐부를 찌르고 있겠는가?

전사의 정신을 가진 리더라면 필히 이루어야 하는 소명이 적을 아는 것이고, 그 전에 나를 명확히 아는 일이다. 개인이나 조직에 문제가 생겼을 때 "상황이 어쩔 수 없었다"며 세상의 변화를 탓하는 것은 의미가 없다. 변화에 적응하지 못하는 개인과 조직에 문제가 있음을 깨달아야 한다.

귀를 열고 나를 돌아보는 것에서 시작하자

처음 CEO의 자리를 맡게 되었을 때 내가 개인적으로 세웠던 가장 큰 원칙은 '듣는 귀'를 키우는 것이었다. 내가 CEO랍시고 너는 이렇게 해라, 저것은 이렇게 바꿔라 지시할 것이 아니라 구성원들의 의견을 들으면서 조직 자체가, 그리고 CEO 자체가 바뀌어야 할 부분을 알고자 했던 것이다.

광고업은 커뮤니케이션, 즉 소통을 주업으로 하는 분야다. 하지만 광고업이 아니라도 모든 업무의 기본은 역시 소통이다. 고객과 소통하고, 사업 파트너들과 소통하고, 내부 직원들과 소통해야 한다. 그런데 소통의 기본 요소는 쓰기(writing), 읽기(reading), 말하기(speaking), 듣기(listening)로 나눠질 수 있다. 이 네 가지 능력 중에 어느 것이 기본 중의 기본일까?

한 인간이 태어나서 제대로 쓸 수 있기까지는 12년 정도, 읽을 수 있기까지는 6~8년 정도, 말할 수 있기까지는 1~2년 정도의 교육 기간이 필요하다. 그러나 듣는 것은 태아 때부터 가능하다. 뿐만 아니다.

학자들 연구에 따르면 인간의 의사소통 과정에서 실제로 사용되는 시간은 쓰기 9퍼센트, 읽기 16퍼센트, 말하기 30퍼센트, 그리고 듣기 45퍼센트라고 한다. 그러므로 나는 별도의 학습도 필요 없고 쓸 일은 가장 많은 수익성 좋은 기술인 듣기가 우리의 기본 중의 기본이라고 생각한다.

그런데 듣기를 'hearing'이 아니고 'listening'이라고 하는 것은 시사하는 바가 크다. 'hearing'은 물리적이고 수동적인 의미, 즉 그냥 '들리는 것'이다. 반면 'listening'은 정신적이고 능동적이며 학습이 필요한, 즉 '듣는 것'이다. 따라서 'listening'을 할 때에는 깊은 주의력을 동원해야 하며, 상대방이 말로 표현한 메시지는 물론 말로 표현하지 않은 메시지까지 재구성해내는 고도의 지적 통찰력이 필요하다.

그런 의미에서 'listening'은 그냥 듣기보다는 '경청'이라고 번역하는 것이 적절할 듯하다. 귀를 기울여 듣는다는 뜻이다. 경청은 귀로만 듣는 것이 아니라 마음과 머리로 듣는 것이며, 정성과 노력을 들여야 한다. 아무나 아무렇게나 도달할 수 있는 경지가 아니다. 원래 기본이라고 할 만한 것들은 쉬워 보여도 결코 쉽지가 않은 법이다.

경청은 상대를 향한 사랑의 고백과 마찬가지이고, 상대를 행복하게 만들어 무장해제 시키는 전략이기도 하다. 내가 진정으로 경청한다면 상대는 가장 중요한 이야기를 털어놓게 된다. 그게 문제를 찾아내는 시발점이고, 원칙을 세우는 실마리가 된다.

하지만 바쁜 CEO들에게는 세상에서 가장 괴로운 일이 '남의 말 듣기'가 아닐까? 사람을 만나고, 검토하고, 고민하고, 결정해야 할 것들이 산더미인데 가만히 앉아서 남의 말을 경청할 시간을 내기가 쉽지 않은 것이다.

그러나 경청은 작정하고 시간을 내서 이루어야 할 과업이 아니라 태도의 문제라고 본다. 바쁜 시간을 쪼개 누군가를 불러 앉혀놓고 말을 듣는 것이 아니라, 일상에서 늘 지니는 열린 마음이다. 이동하는 중간에, 또는 업무상으로, 아니면 우연히 만나는 사람들 모두가 무언가 말을 해 줄 것이다. 그 순간에 충실하게 듣는 것이 바로 경청이다.

경영의 지혜는 찰나의 순간에 뜻밖의 계기로 만들어지는 경우가 많다. 그러니 지금 이 순간 내가 맞닥뜨리는 모든 것에 소홀함이 없이, 눈으로 응시하고 귀로 듣고 마음으로 받아들이기 바란다. 그 자세를 유지한다면 새삼 어떻게 귀를 열지 고민할 필요가 없을 것이다.

CEO의 원칙이 경영의 원칙으로 발전할 때

해외 출장을 나가거나 국제회의에 참석할 때 만난 해외의 마케팅·광고 구루들에게 질문하고, 듣고, 또 들었다. 때론 삼성전자를 비롯해 시장을 주도하고 있는 광고주들에게도 우리에게 부족한 것과 필요한 것이 무엇인지 물으며 조언을 구했다. 그렇게 경청하고 고민한 결과 내가 발견해낸 제일기획의 과업은 크게 네 영역이었다. 나는 그곳에 네 개의 깃발을 꽂기 위해 노력했다.

그 첫 번째 깃발은 '글로벌화'다. 시대의 흐름에 귀를 맡기니 제일기획의 성장을 위해서는 국내 시장에 만족할 것이 아니라 해외로 나가야 한다는 판단이 섰다. 국내 광고시장은 성숙 단계에 접어들면서 더 이상 규모가 커질 것 같지 않았다. 반면 광고회사는 크게 늘어나면서 더 이상 국내 시장에서만 활동하기엔 경쟁이 너무나 치열해졌다. 그래서 '월드 와이드 제일'이 되어야 했고, 되기 위해서는 해외시장 구축이 급선무였다.

우선 인지도 높은 외국인 CEO를 제일기획의 부사장으로 영입했다. 내부적인 반발을 잘 달래고, 사장인 나보다도 더 많은 연봉을 주며 삼고초려하여 해외 광고시장의 전문가들을 모셔왔다. 이들은 제일기획이 현지 시장에 적응하는 데에 큰 도움을 주었고, 국내외 다양한 네트워크를 통해 제일기획의 신뢰도를 높이는 데 기여했다.

기술력 있는 현지 회사를 인수·합병하는 데에도 노력을 기울였다. 자체적으로 기술력을 보완하는 것도 좋지만, 이미 최고의 기술과 노하우를 갖고 있는 현지 회사를 인수하는 것이 효용성이 크겠다는 판단에서였다. 이로써 나타난 효과는 상당했다. 현재 회사 전체 매출액의 75퍼센트는 해외에서 창출되고 있다.

두 번째 깃발은 디지털이다. 지금이야 디지털이라는 말이 흔해졌지만, 당시만 해도 국내 기업들은 디지털 기술이 뭔지조차 제대로 이해하지 못하고 있던 시기였다. 그러나 해외의 여러 광고 구루들의 이야기를 경청해 보면 모두가 '디지털 시대'를 대비하고 있었다.

그래서 2008년 초 회사의 조직을 개편하면서 디지털본부를 신설했다. 그리고 아날로그에 익숙한 직원들에게 디지털에 대한 개념을 심어주기 위해 8시간짜리 교육 프로그램을 만들었는데, 이 교육을 제작팀은 물론이거니와 총무팀까지 모두 받게 했다. 예상은 그대로 맞아 떨어져, 지금은 디지털 분야의 매출 비중이 전체 매출의 30~40퍼센트를 차지하고 있으며 앞으로도 더욱 확장될 것으로 보인다.

세 번째 깃발은 통합이다. 광고 업계에서는 시선을 사로잡는 카피를 '섹시하다'고 표현하는데, 통합이라는 말보다는 통섭이라는 말이 더 섹시하기는 하다. 어쨌든 이 통합이라는 것은 모든 것의 경계를 허무는 것이다. 온-오프라인의 경계를 허물고, 컨베이어 벨트 방식의 제작 관행을 허물고, 팀 간의 경계를 허문다. 모두가 하나의 팀으로 움직이면서 서로의 아이디어가 넘나들게 해야 더욱 빛나는 크리에이티브가 만들어지는 것이다.

광고회사 조직은 무릇 아메바 같은 조직이 되어야 한다. 내일, 네 일의 영역이 확실히 구분되어 있는 제조공장 생산라인이 아니라, 필요하면 뭉치고 흩어지는 유연함을 가져야 하는 것이다. 사안에 따라 신속하게 태스크 포스(TF)팀을 구성할 수 있어야 하는데, 그러기 위해서는 팀 간의 장벽이 지나치게 단단하면 안 된다.

마지막 깃발은 리테일, 즉 유통이다. 실제로 판매가 이뤄지는 매장 내에서 판매를 활성화하기 위한 모든 방법을 모색하는 것이 리테일 마케팅이다. 과거의 소비자는 광고를 통해 어떤 물건이 좋다고 생각되면 매장에 가서 "그거 주세요"라고 말하고, 점원이 물건을 내주면 돈을 치르고 나오면 그만이었다. 하지만 오늘날의 소비자는 그렇지 않다. 온라인과 오프라인을 넘나들며 다양하게 경험하고, 느껴 보고, 비교해 본 후에 비로소 제품을 선택한다. 앞으로는 리테일이 더욱더 강화되어야 할 것이기에 여기에 쏟는 노력을 아끼지 않았고, 이는 점차 가시적인 실적으로 나타나고 있다.

그때 꽂았던 네 개의 깃발이 지금도 펄럭이는 것을 보는 감회는 남다르다. 내가 대단해서였다기보다는 직원들이 함께 땀과 열정을 쏟아부어준 덕분이고, 또한 끊임없이 경청의 자세를 견지한 덕분이 아닌가 싶다. 물고기인 나는 내가 속한 물을 볼 수 없기에, 다른 사람들이 알려 주는 것을 귀담아 들었던 것이다.

가장 중요한 혁신은 보이지 않는 곳에서 일어난다

제일기획의 주 업무는 커뮤니케이션이고, 우리만이 보여 줄 수 있는 가치는 '소통과 아이디어'라고 생각한다. 그래서 소통과 아이디어라는 가치에 맞춰 모든 것을 혁신하기 위해 방법을 만들어냈다. 나름의 성과도 있었지만 그 꿈은 아직도 현재진행형이다.

그런데 그 혁신이란 것이 반드시 요란하고 시끌벅적할 필요는 없다고 본다. 혁신은 스스로의 한계를 부수고 새롭게 태어나는 일이다. 처음부터 끝까지, 머리끝부터 발끝까지 바꾸고 새로운 거인으로 우뚝 서는 일이다.

하지만 가장 중요한 혁신은 눈에 보이지 않는 깊은 곳에서부터 이뤄지는 것이 아닐까? 마치 절인 배추가 맛있는 김치로 거듭나기 위해서는 보이지 않는 곳에서 미생물들이 부지런히 움직여야 하듯이 말이다.

기업이 새로이 도약하기 위한 단계는 크게 세 가지로 볼 수 있다. 명확한 방향 설정, 완전히 새로운 사고, 그리고 열정의 재점화가 그것이다. 이 세 가지 중에서 눈에 보이는 하나의 구호로 만들어낼 수 있는 것은 명확한 방향 설정 정도이고, 나머지는 행동하는 것에 달려있다. 많은 기업들이 혁신에 실패하는 것은 아마도 눈에 보이는 것에 집중하다가 눈에 보이지 않는 혁신을 놓쳤기 때문이라고 생각한다.

『무탄트 메시지』라는 책에는 호주 대륙에 살던 '참부족' 원주민들 이야기가 나온다. 그 중에서 인상 깊었던 이야기는 그들이 말하는 생일의 의미였다. 그들은 태어난 것을 축하하지 않는다. 태어났다는 것과 나이를 먹는다는 것은 별로 특별한 일이 아니기 때문이다.

대신 그들은 '나아지는 것'을 축하한다. 날마다 더 나은 사람이 되려고 노력하다가 내가 작년보다 더 나은 사람이 되었다고 느낄 때 스스로 축하파티를 열자고 요청한다. 이들에게는 그날이 곧 생일인 것이다. 더 나은 사람이 된 날이 바로 내가 태어난 날이라니! 현대인들이 배워야 할 훌륭한 통찰이 아닌가 싶다.

기업도 마찬가지일 것이다. 하나의 회사가 설립되고 근근이 유지되는 것은 어쩌면 당연한 일이다. 그저 어제보다 조금 달라졌다고, 조금 더 보기 좋아졌다고 해서 혁신이라고 하기는 어렵다. 진정한 혁신은 어제보다 '더 나아진 무엇'이 있어야 한다. 의미 있는 혁신을 만들 때 기업은 다시 태어나는 것이 아닐까?

변화의
시간을
버티면
기회가
찾아 온다

장자가 과일나무에 내려앉은 까치를 활로 쏘려는 데, 까치는 사마귀를 잡느라 정신이 팔려 자신이 죽을 줄도 모르더란다. 그런데 그 사마귀는 매미를 잡느라 자신의 목숨을 노리는 까치의 존재를 모르고 있고, 또 그 매미는 나무 그늘에서 우는 데 정신이 팔려 사마귀를 인식 못 했다.

『장자』「산목편(山木篇)」에 나오는 이 사마귀 우화는 무엇을 말하려는 것일까? 당장 눈앞의 물질적인 것에 사로잡혀 내가 처한 상황을 돌아보지 않으면 큰 위기를 겪는다는 경고일 것이다.

변화하는 세상을 돌아보는 것은 힘든 일이지만, 그 중에서도 자기 자신을 돌아보는 것은 더욱 힘들다. 이미 내 몸에 익숙해진 상태를 굳이 바꾸는 데에는 엄청난 노력이 필요하다. 실제로 우리 뇌의 편도체라는 부분은 급격한 변화를 거부하도록 설계되어 있다고 한다. 자연 상태에서 급격한 변화라는 것은 위험을 동반하는 경우가 많기 때문에, 생존에 유리하기 위해 본능적으로 편안하고 안전한 상태를 찾도록 진화했다는 것이다.

문제는 편도체란 것이 단순히 변화를 기피하는 기능만 할 뿐, 그 상황이 진짜 위험한지 아닌지를 판단하지는 못한다는 점이다. 담배를 습관적으로 피우는 사람은 담배를 끊으면 불안해진다. 그동안 담배를 피우는 데에 익숙해져 있었기 때문에 편도체는 담배를 끊는 것을 급격한 변화로 받아들이고 거부하려 한다. 실제로는 담배를 끊는 것이 생명을 지키는 일인데, 오히려 반대로 작용하는 것이다. 그래서 자꾸만 담배를 피우고 싶도록 전두엽을 자극한다.

그 유혹을 이겨내지 못하면 변화는 없다. 인간의 뇌는 동물의 뇌와 달라서 편도체 반응에 무조건 따르지 않고 전두엽을 통해 이성적으로 생각하며 행동할 수 있다. 오늘의 변화로 더 나은 미래를 만들 수 있다면 과감하게 동물 뇌의 유혹을 떨쳐버려야 한다. 혁신(革新)이란 말 자체가 '가죽(革)을 벗겨내 면모를 새롭게 한다'는 뜻이다. 그만큼 아픔이 뒤따르는 것이 또한 혁신이다.

오늘 할 혁신을 내일로 미루지 말라

나를 혁신하기 어려운 이유 중에 하나가 우유부단함이다. 사람들은 뭔가를 시작할 때 '내일부터', '다음주부터'라며 미루는 성향이 있다. 그런데 사실 날짜라는 것은 인간이 인위적으로 구분해놓은 것일 뿐 그 이상의 의미는 없다. 목요일에 뜨는 해와 월요일에 뜨는 해가 다르지 않으니 말이다. 그러므로 무언가 바꿔야겠다고 생각했다면 미루지 말고 당장 시작하는 것이 좋다.

나는 아직도 매일 새벽 네 시 반에 일어나 휘트니스 센터로 향하는 습관을 유지하고 있다. 나이 들면 새벽잠이 없어진다고 하는데, 일찍 일어나는 걸 자랑하겠다는 겐가? 아니다. 진짜 자랑은 어느새 30여 년을 그렇게 지냈다는 사실이다. 스스로 대견할 만도 하지 않은가?

그런데 사실은 이게 아직도 쉽지가 않다. 몸에 완전히 배어서 쉬운 일이 됐다면 굳이 스스로 대견해 하지도 않을 것이다. 따뜻한 이불 속에서 달콤한 아침잠을 더 자고 싶은 유혹을 뿌리치고, 매일 새벽 '나가기 싫음'과 '나가야 함' 사이에서 한바탕 전쟁을 치르면서도 30년간 그 전쟁에서 승리해온 것이 대견하다는 것이다.

대체 왜 그렇게 기를 쓰고 새벽길을 나서려는 것일까? 건강관리를 하겠다는 것은 그저 핑계인 것 같다. 사실은 귀찮고 싫은 새벽운동을 거르지 않고 지속하겠다는 그 결심, 그리고 그 결심을 실행하는 것이 결국 나 자신을 넘어서겠다는 테제(these)와 맞닿아 있기 때문이다. 나에게 아침운동이란 마치 아침 예불이나 새벽 기도와 같은 의식인 셈이다.

이러한 '의식'을 마치고 회사에 출근하면 여섯시 반쯤 되는데 이때는 확실히 몸과 마음, 좀 더 적극적으로 표현하자면 영육(靈肉)이 맑아져 있는 느낌이다. 이때부터 두 시간 남짓은 오롯이 나만의 시간이다.

세상은 아직 고요하고 만사는 아직 적막하다. 전화가 올 리도 없고 찾는 이가 있을 리도 없다. 차 한 잔 끓여 놓고 하루를 묵상하고 있으면 창밖으로는 아, 붉은 일출! 그 쾌감은 겪어 보지 않은 사람은 모를 것이다. 그래서 나는 습관으로 만들고 싶지만 아직도 습관으로 남지 못한 나만의 의식을 계속 치르고 있는 것이다.

습관이란 대뇌가 고민 없이 임무를 수행할 수 있을 정도가 된 상태다. 처음 운전을 배울 때는 대뇌가 매사에 간섭을 한다. 빨간불이니 브레이크를 밟으라, 좌회전 하려면 미리 차선을 바꾸라 따위의 지시를 계속 내리는 것이다. 그래서 집에 도착해서도 운전 상황이 모두 대뇌의 기억에 남는다. 하지만 운전이 습관이 되고 나면 어느 길로 어떻게 집에 왔는지 잘 기억이 안 난다. 뇌는 천성적으로 게을러서 일단 익숙해지면 대뇌가 개입하지 않아도 본능적으로 움직여지기 때문이다. 좋은 습관을 만들면 좋은 행위를 반복하게 된다.

그런데 뇌의 이런 효율적 행위가 창의성에는 대단히 나쁜 역할을 한다. 습관적 행위를 만드는 뇌의 게으름은 새로움을 거부한다. 다니던 길로만 운전하고, 새로운 길을 개척할 여지를 주지 않는다. 그러니 좋은 습관이 마냥 좋은 것만은 아닌 것도 같다.

남다른 성공을 원한다면 습관을 거부하는 한계상황을 스스로 만들어서 자기 자신을 이겨내는 수밖에 없다. 에베레스트를 최초로 등정한 힐러리 경도 말하지 않았는가?

"내가 정복한 것은 산이 아니라 나 자신이다. 하기 싫은 일을 반복함으로써 나를 정복할 수 있었다."

말하다보니 내가 힐러리 경도 아닌데 새벽운동이 뭔가 대단한 일이라도 되는 듯 반복하는 것 같아 쑥스럽다. 요점은 다만 힘들고 지칠 때마다 한계상황에 도전하는 것이라 생각하자는 것이다. 매일매일 습관대로 일하는 것을 넘어 나 자신을 극복해 가는 과정이라 생각하자.

오직 나에게만 허락된 절대적 시간 '기회'

변화의 가장 큰 적은 두려움이다. 성공하기 힘들 것이라는 낯선 두려움, 그리고 고통이 닥칠 것이라는 두려움 말이다. 그러나 사람은 어쨌든 한 번은 죽는다. 그것을 두려워하지 않으면 단 한 번만 죽을 뿐이지만, 매 순간 죽음을 두려워하면 매 순간 죽는 것과 같다. 두려움을 버리면 오히려 담대하게 이겨낼 수 있는 것이다.

변화의 주체는 자기 자신이다. 한 사람의 성공은 그가 모은 재산이나 명예로 평가 받는 것이 아니라, 스스로의 한계를 얼마나 극복했느냐에 따라 평가 받는 것이다. 사람의 타고난 재능과 그 릇은 모두 다르지만 자신이 본래 가진 것을 뛰어넘으려는 노력 과 의지는 누구나 가질 수 있다.

변화는 실행이다. 바보는 매일 결심만 한다고 하지 않던가? 변화의 목표를 정했으면 철저하게 실천에 옮겨야 한다.

희랍 신화에서 하늘의 신 우라노스의 아들 크로노스는 자기 아버지를 낫으로 베어 물리치고, 자기도 자식에게 죽임을 당할 까봐 아내가 자식을 낳는 족족 죄다 먹어버리는 엽기적인 신이 었다. 그 가운데서 살아남은 아들이 크로노스를 물리치는데, 그 가 바로 제우스다.

그리고 제우스의 아들, 즉 크로노스의 손자인 카이로스라는 신이 있다. 카이로스는 앞머리엔 머리칼이 무성했지만 뒷머리 는 머리칼이 전혀 없는 대머리였으며, 한 손에는 저울을 들고 다 른 손에는 칼을 들었고, 발뒤꿈치에는 날개가 달려 있었다. 대체 카이로스는 무엇의 신이었던 것일까?

그는 앞머리가 무성했기 때문에 사람들에게 다가갈 때 쉽게 붙잡힐 수 있었지만, 뒷머리가 대머리였기 때문에 지나간 뒤에 는 붙잡기 어려웠다. 게다가 발에 날개가 달렸기 때문에 빠른 속 도로 사라져버린다. 이제 아시겠는가? 카이로스는 바로 기회의 신이다.

기회의 신 카이로스는 누구에게나 다가간다. 다만 그가 다가 왔을 때 재빠르게 무게를 저울질해야 하고, 칼로 단번에 결단내야 한다. 그렇지 않으면 그를 붙잡을 수 없다.

제우스의 아버지 크로노스가 아비를 낮으로 베는 것이나 자식을 먹어 삼키는 것은 '시간은 이 세상에 태어난 살아 있는 모든 것을 소멸시킨다'는 가혹한 자연의 섭리를 상징한다. 크로노스와 카이로스, 이 두 신의 활약에 힘입어 헬라어(고대 희랍어)에서는 시간이라는 개념이 두 가지로 구분된다. 하나는 크로노스의 시간, 즉 객관적·물리적 시간이고 또 하나는 카이로스의 시간, 즉 주관적·감정적 시간이다.

모든 것을 소멸시키는 크로노스는 해가 뜨고 짐으로써 결정되는 천문학적 시간이자 춘하추동과 생로병사의 시간이다. 반면 카이로스는 오직 내게만 허락될 수 있는 특정한 절대적 시간, 즉 기회인 것이다. 크로노스는 세상 모두에게 공평한 시간이고, 카이로스는 나에게만 특별한 시간이다.

잊지 말 것은 크로노스를 오래 참고 견뎌낸 뒤에 비로소 카이로스를 얻을 수 있다는 점이다. 농부는 한 해 내내 뼛골이 빠지도록 농삿일의 크로노스를 견뎌낸 후에 추수라는 카이로스를 만난다. 학생은 강의와 독서와 시험이라는 크로노스로 불면의 밤을 지새야 졸업이라는 카이로스에 다다른다. 면벽의 수도승은 장좌불와(長坐不臥)의 크로노스와 목숨 걸고 싸워야 비로소 대오각성의 카이로스를 얻는다.

그렇다면 지금 이 순간, 우리들의 시간은 어떠한가? 우리는 어떤 카이로스를 희망하며 어떤 크로노스를 견디고 있는 것일까? 의미 있는 카이로스의 시간을 위해 매일 매일 견뎌야 할 크로노스의 시간은 나 자신을 극복해 가는 과정이라 생각하자. 리더인 당신, 또는 앞으로 리더가 될 당신은 지금 그 과정 위에 서 있다. 그러니 당신만의 특별하고 비범한 시간을 건설하기 위해 지치지 말고 매진할 일이다.

남이•인 나를 위한 '절대 청렴 원칙'

　매년 봄이면 안타까운 뉴스를 접한다. 등산객이 버린 담뱃불 때문에 대형 산불이 일어나서 아름다운 숲을 모두 태워버렸다는 뉴스다. 취사도구와 라이터는 원래 등산을 할 때 절대 가져가면 안 되는 물품이지만, 여전히 사람들의 눈을 피해 담배를 태우는 모습이 종종 목격된다. 작은 불씨 하나쯤이라고 가볍게 생각하는 것 같지만 그 결과는 이처럼 참혹하다.

　기업 조직 내에도 이 담뱃불 같은 못된 존재가 있다. 바로 부정(不正)이다. 아주 작은 부정이라도 그 전염성은 마른 산에 던져지는 담뱃불 못지않다. 작은 부정이 일어나면 순식간에 주위 사람들에게로 번지고, 곧 큰 부정으로 쉽게 옮겨갈 수 있다. TV나 신문에서 자주 접하듯이 아무리 명예가 있고 사회적 지위가 높은 사람이라도 한 번 부정에 빠져들면 쉽게 헤어나지 못하고, 결국은 재기가 어려울 정도의 치명적 상처를 입기도 한다.

　부정이 단지 금전적인 문제에 국한된 것은 아니다. 광고회사의 경우 저작권, 초상권, 아이디어 모방, 불공정거래, 담합, 성희롱 등 금전과 직접적 연관은 적지만 분명 그냥 두어서는 안 될 윤리 문제들이 널려있다. 이것은 다른 업종도 마찬가지일 것이다.

　기업은 실적이 부진하면 어려움을 겪지만, 목표를 다시 설정하고 역량을 모으면 충분히 극복할 수 있다. 그러나 아무리 잘 나가고 실적이 좋은 기업이라도 내부에서 부정이 발견되면 그 미래는 참담해질 수밖에 없다. 담배를 하루에 한 대 피우는 사람이든, 한 갑을 피우는 사람이든 둘 다 폐암에 걸릴 확률이 높아지는 것과 같은 이치다. 어떤 일정한 선을 넘었다는 사실은 그 자체로 심각한 결과의 신호일 수 있다.

뭘 그렇게까지 오버하느냐고 할 수도 있지만, 그럴 만한 이유가 있다. 기업 내의 부정이란 것은 단순히 한 사람의 윤리의식이 부족해서 발생하는 것이 아니라, 조직의 구조적인 취약점이 복합적으로 작용해 나타나는 문제이기 때문이다. 즉, 부정은 조직의 약점을 총체적으로 보여주는 상징적인 것이다. 그만큼 치유하기도 어렵고 시간도 오래 걸린다. 부정의 일차적 책임은 당사자에게 있지만, 동시에 다른 사람들도 책임에서 자유로울 수 없다.

두 소매 안의 맑은 바람

공원 벤치에 아무렇게나 던져진 지갑을 누군가 슬쩍 가져갔다고 치자. 일차적으로는 가져간 사람의 잘못이다. 그러나 지갑을 아무 곳에나 방치한 주인은 아무 잘못도 없다고 할 수 있을까? 마찬가지 이유로 부정의 유혹에 넘어갈 만한 상황에 구성원들을 방치한 경영진에게도 책임이 있다. 기업은 구성원들이 올바른 윤리관을 가질 수 있도록 제도와 교육으로 끊임없이 단련시켜야 하는 것이다.

명나라에 우겸이라는 사람이 있었다. 그는 황제의 신임을 받아 중요한 직책을 맡았지만 그 직책을 이용해 사리사욕을 채운 적이 없는 청렴한 관리였다. 당시에는 지방의 관리가 수도로 올라갈 때 재물이

나 지역 특산물을 들고 가 중앙고관들에게 상납하는 것이 관례였던 모양이다. 그런데 수도 북경에 갈 때마다 빈손으로 가는 우겸에게 친구가 특산품이라도 가져가라고 충고하자 그는 이런 시를 읊었다.

"두 소매에 바람만 넣고 천자를 뵈러 가서, 백성들의 입에 오르내리는 일은 면하리라(淸風兩袖朝天去 免得閭閻話短長)."

당시의 의복은 소매가 넓어서 재물을 넣는 주머니의 역할도 했는데, 우겸은 그 주머니에 맑은 바람만 넣어 가겠다고 한 것이다. 여기에서 깨끗하고 공정한 관리를 뜻하는 청풍양수(淸風兩袖)라는 말이 나왔다. 두 소매 안에 맑은 바람만 있다는 뜻이다.

이 고사는 단지 관리가 청렴해야 나라가 잘 된다거나 청렴한 사람이 출세한다는 내용으로 볼 수도 있지만, 내게는 '나 자신이 청렴해야 마음이 편하고 걱정이 없다'는 의미가 더 강하게 다가온다.

3

〔 자리와 자릿값 〕

고민하고 있는 것인가,
회피하고 있는 것인가

"우물쭈물하다가 내 이렇게 될 줄 알았지.
(I knew if I stayed around long enough,
something like this would happen.)"

-극작가 버나드 쇼의 묘비명 -

진짜 두려워해야 할 것

'끄트머리'라는 우리말은 참 재미있다. '끝'과 '머리'가 합쳐져 있지 않은가? 단어 하나에 근사한 통찰이 담겨 있는 것이다.

끝은 항상 또 다른 시작이다. 겨울의 끝은 봄의 시작이고, 내리막의 끝은 오르막의 시작이다. 사람 사는 이치는 동서양이 매한가지인 것인지, 영어의 'last'란 단어도 그렇다. '마지막, 최후, 끝'을 의미하기도 하지만 '계속되다, 존속되다, 지속하다'라는 뜻도 있다. 졸업식이라는 의미의 'commencement'는 '개시, 시작'이라는 말과 완전히 동의어다.

제일기획의 CEO로 새로운 시작을 하면서, 나는 회사가 글로벌 광고 그룹으로 입성하는 시점에서 가장 필요한 것이 변화라고 생각했다. 하나의 '끝'이 새로운 '머리'로 다시 시작되려면 그 사이에 변화의 의지가 힘차게 작용해야 하지 않겠는가?

하나의 끝이자 새로운 머리로서의 CEO는 오직 변화를 향해 나아가자는 결단을 내려야만 한다. 그런데 변화란 잘 알고 있는 곳에서 잘 모르는 곳으로 걸음을 옮기는 일이다. 대개는 위험이 따르고, 그렇기 때문에 용기가 필요하다.

그 용기의 다른 이름은 바로 '변화에 대한 열정'이 아니겠는가? 두려워할 것은 변화에 따른 리스크가 아니라 지금 이 상태 그대로 정체되는 것이다.

사실은 나도 CEO가 처음이지만

나는 일신우일신(日新又日新)이란 말을 좋아한다. 매일매일 스스로 변화해서 그 새로움으로 세상을 새롭게 만날 수 있다면 얼마나 좋겠는가? 매일 만나는 모든 것이 새롭게 느껴진다면 그야말로 가슴 뛰는 삶이 되지 않겠는가?

그런데 아무리 변화가 운명이라고 해도, 누구나 변화 앞에 서면 두렵다. 사실상 변화를 가로막는 가장 큰 적이 바로 이 두려움이다. 성공하기 힘들 것이라는 두려움, 낯선 고통이 닥칠 것이라는 두려움 말이다. 그러나 사람이란 매순간 죽음을 두려워하면 매순간 죽는 것이나 다름 없고, 죽음에 담대하면 딱 한 번만 죽을 뿐이다.

낯설기 때문에, 경험해 보지 못했기 때문에 두려운 것이다. 이런 상황에서 리더는 과감하게 결단을 내리고 용감하게 앞장서야 한다.

그런데 우리가 흔히 간과하는 사실이 하나 있다. 사실은 리더역시 이런 상황이 처음이라는 점이다. 두렵기는 마찬가지다. 그러나 그 길 위에서 담대해야 하는 것이 또한 리더다. 그래야만 변화를 이끌 수 있는 것이다.

사실은 나도 이곳에서 CEO를 처음 해봤다. 낯설고 두려울 수밖에 없었다. 그러나 광고인이 된 순간부터, 변화란 단순한 구호가 아니라 운명이라고 생각해 오지 않았던가? 게다가 우리 회사에게 변화는 선택의 화두가 아니라 생존의 화두이다. 생각해 보면 창조적 혁신과 도전, 이것을 한마디로 줄인 것이 바로 '변화'라 할 수 있다.

불교의 윤회설에 따르면 사람은 매번 생에서 자신을 갈고 닦아 더 높은 경지에 이르러야 한다. 그래야 다음 생에서 더 맑고 가벼운 영혼으로 태어나고, 결국 해탈에 이를 수 있다. 기독교에서도 마찬가지다. 저 높은 하느님의 나라에 이르기 위해서 끝없이 노력해야 한다는 것이다.

종교의 교리를 삶이나 일에 대입해보면, 끊임없이 스스로를 갈고 닦아야 비로소 목표에 다다를 수 있다는 당연한 진리가 만들어진다. 이것이 다른 말로 변화다. 그러니 '변화는 운명'이라는 내 말에도 나름 철학적 근거가 있는 셈이다.

그리고 변화는 곧 실행이라는 점도 철저히 깨달아야 한다. 에디슨은 "천재는 1퍼센트의 영감과 99퍼센트의 땀으로 이루어진다"고 말했다. 이 말을 빌려서 말해 보자면, 변화는 1퍼센트의 계획과 99퍼센트의 실행으로 이루어진다. 바보는 매일 결심만 한다지 않는가? 변화의 목표를 정했으면 철저하게 실천에 옮겨야 한다.

어제의 성공이 오늘의 성공은 아니다

노자는 『도덕경』 첫머리를 '도가도비상도(道可道非常道)'로 열었다. 모두가 길이라 하는 길이 사실은 길이 아니라는 말이다. 남들처럼 한다고 성공하는 것은 아니며, 어제의 성공이 오늘의 성공일 수는 없다는 점을 일깨우려는 것일까?

사람의 성공은 그가 모은 재산이나 명예가 아니라 스스로의 한계를 극복한 정도에 따라 평가되어야 한다고 생각한다. 사람의 타고난 재능과 그릇은 모두 다르지만, 타고난 한계를 뛰어넘으려는 노력은 누구나 똑같이 가질 수 있다. 의지가 없다면 그는 성공할 수 없기 때문이다. 결국 변화의 주체는 남이 아닌 나 자신이어야 하고, 변화의 기준 역시 남이 아닌 나 자신이어야 한다.

오늘날의 시대는 모든 순간이 변화의 변곡점이다. 이러한 시대에 우리에게 주어진 선택지는 단 세 가지뿐이다. 허덕이며 세상의 변화를 좇을 것인가, 스스로 변하며 세상을 이끌 것인가, 아니면 그저 은둔할 것인가? 두려움때문에 한 발짝도 움직이지 않는다면 지금 서 있는 곳이 바로 낭떠러지가 될 것이다.

결단의
근거를
만들어 주는
네 가지 조건

나 역시 결단의 과정에서 무수한 시행착오를 겪었고, 수많은 후유증을 앓았다. 그중 특히 기억나는 것이 '쿡(COOK)'이다. 쿡이란 Creative Optimizer by On-line Knowledge, 즉 제일기획이 운영하는 자체 지식경영시스템을 말한다.

쿡은 사내 모든 데이터베이스를 흡수 통합하고, 그 밖의 공유할 가치가 있는 모든 지식정보를 디지털화 해서 저장해놓는 시스템이다. 쿡을 통해 전 임직원이 각종 정보는 물론 업무성과 및 결과물들을 축적하고 공유한다.

쿡은 내가 CEO가 되기 전에 이미 구축되어 있었지만, 이 좋은 시스템의 활용도가 그다지 높지 않다는 것이 문제였다. 있으나 마나 한 시스템처럼 여겨지고 있었지만, 가만 보니 업무 효율을 높이기 위해 필수적인 시스템이라는 판단이 들었다. 광고를 만들 때에는 자료조사가 필수인데 이미 조사한 자료를 한 곳에 모아두면 효율성이 크게 올라갈 것이다. 게다가 프로젝트를 진행하는 과정에서 만들어지는 여러 가지 결과물, 경쟁사 및 시장 환경 정보, 나아가 실패했을 때 그 실패 요인까지 정리해놓는다면 다음 프로젝트를 진행할 때 시간과 노력이 훨씬 줄어들 것이 분명했다.

객관적인 시각에서 득이 실보다 커야 한다

쿡의 활용도를 높여야겠다고 생각했지만, 그 과정에서는 여러 단계의 결단이 필요했다. 먼저 공감하지 못하는 직원들을 설득하는 일이 생각보다 오래 걸렸다. 쿡 없이도 지금까지 잘 해왔다고 생각했는데, 이제 와서 쿡을 적극적으로 활용하라고 하니 아마 굳이 안 해도 될 일을 시키는 것처럼 느껴졌을 것이다. 반대가 심했지만, 이번 만큼은 억지로라도 밀어붙여야겠다고 결심했다.

우선 프로젝트를 진행하면서 만들어지는 모든 결과물을 쿡에 의무적으로 등록하도록 했다. 특히 프로젝트 하나가 마무리되면 성공이든 실패든 그 결과를 분석하도록 했다. 성공했다면 무엇 덕분인지, 실패했다면 무엇 때문인지를 뻔한 이야기가 아니라 실무적으로 분석하게 했다. 다음에 다른 사람이 이 자료를 찾아볼 때 도움을 받도록 하는 것이 중요했기 때문이다.

직원들 입장에서는 입이 댓발 튀어나올 일이다. 프로젝트 진행하는 것만도 바빠 죽겠는데 그 내용을 정리해서 문서화까지 해야 하다니! 쓸데없는 업무 증가라며 귀찮아하는 기색이 역력했다. 또는 '내 아이디어를 왜 공유해야 해?'라며 마땅찮아 하기도 했다. 이런 직원들을 설득하는 것이 쉽지 않았고, 주변 사람들도 이 정책은 철회하는 게 어떠냐고 권유해왔다. 그러나 나는 물러설 수가 없었다.

채찍과 함께 당근도 주었다.쿡 활용을 의무화하는 동시에 '올해의 베스트 쿡' 경진대회를 열었다. 쿡을 잘 활용한 사례를 뽑아 상을 주는 것이다. 지난 1년간 지식경영 참여 실적에 따라 쿡을 잘 활용한 팀과 개인을 선정, 상금과 상패를 수여했고 이를 인사고과에도 반영하도록 했다.

그렇게 시간이 지나면서 결과적으로 쿡은 이제 당연히 활용해야 하는 업무 시스템으로 자리 잡았다. 그런데 그 결정적 계기는 사실 내가 열심히 독려하고 경진대회를 통해 상을 마구 뿌렸기 때문만은 아니었다. 처음에는 억지로 시작했지만 시간이 지날수록 쿡 시스템이 조금씩 효과를 발휘하면서 직원들도 차츰 '아, 쿡이 있으니 좋긴 좋구나'라는 생각을 하기 시작했던 것이다.

갑자기 프레젠테이션을 진행해야 할 때라든가 지난 자료가 필요해질 때 쿡은 기대 이상으로 유용했다. 나보다 먼저 광고주를 상대해 본 누군가가 그때의 경험을 상세히 올려놓았으니 얼마나 큰 도움이 되었겠는가? 또 자료를 찾는 데에만도 며칠이 걸릴 뻔 했는데 관련 자료가 이미 저장되어 있으니 시간이 얼마나 절약되었겠는가?

쿡은 국내는 물론 해외법인에서도 인기다. 처음에는 귀찮고 불편했지만, 막상 활용도가 높아지며 유용하다는 게 증명되니 직원들도 스스로 도움을 주고 받으며 사용하기 시작한 것이다. 이제 제일기획 내 회사 공식 업무의 결과물은 반드시 쿡에 등재되는 시스템이 당연하게 자리 잡았다. 이제는 이러한 시스템이 없는 것을 상상할 수 없는 수준으로 활용도가 커진 것이다. 정보 유출에 대한 우려는 철저한 보안 시스템으로 방지하면 된다.

처음 쿡의 활용을 밀어붙일 때는 직원들에게 미안한 마음도 없지 않았지만, 지금 돌아보면 그때의 결단을 뚝심 있게 밀어붙이길 참 잘했다는 생각이 든다. 결단이 흐트러지지 않았던 이유는 확신이 있었기 때문이다. 직원들이 반대하는 근거가 '업무가 많아지기 때문'이었다면, 나의 근거는 '멀리 보는 효율성'이었다. 둘 중에 어떤 것이 더 중요한지는 너무나도 분명하다.

끊임없는 공부로 '촉'을 갈고 다듬다

후유증을 최소화하며 결단을 잘하기 위해서 어떤 특별한 능력이 필요한 것일까? 결단의 비결이라 할 만한 뭔가가 있는 것일까?

흔히들 말하는 것이 '촉', 그러니까 직감이다. 창의성으로 승부하는 사람들은 직감에 기대서 결정을 내리는 경우가 많다. 실제로 촉이나 직감으로 내리는 결정이 모든 상황을 고려해서 합리적으로 내리는 결정보다 훨씬 나을 때가 꽤 있다. 그런데 촉이나 직감으로 결정을 내린다는 것도 쉽지는 않다. 그 직감을 신뢰하기가 어렵기 때문이다.

나는 직감이 타고난 것이라기보다는 한 사람의 '지적 경험의 결과'라고 본다. 그가 살아오며 겪었던 온갖 경험을 바탕으로 키워진 것이 직감이라고 보는 것이다. 그래서 독서나 여행과 같은 삶의 경험이 중요한 것이다. 책 속에서 펼쳐지는 풍부한 은유의 세계를 접하면 단순한 지식의 축적을 넘어 지식의 연결이 가능해진다.

세렌디피티(serendipity)란 말이 있다. 완전한 우연으로부터 중대한 발견이나 발명이 이루어지는 것을 뜻한다. 특히 과학 연구 분야에서는 이 말이 실험 도중에 실패해서 얻은 결과로부터 중대한 발견이나 발명이 이뤄지는 것을 가리킨다. 실패한 의약품에서 콜라가 탄생하고, 잘못 만든 접착제 덕분에 포스트잇이 만들어진 것처럼 말이다. 이 괴이한 단어가 아이디어 현실화에서 대단히 중요한 역할을 하기도 한다. 감이나 느낌을 소홀히 하지 말아야 할 이유다.

세상을 남과는 다른 시각으로 보아야 직감은 성공한다. CEO들이 이른 아침 새벽잠을 줄여가며 인문학 특강을 듣는 이유가 무엇이겠는가? 바로 올바른 결정을 돕는 직감의 날을 갈기 위해서다. 결단은 어느 순간에 이뤄지는 것이지만, 잘 결단하는 능력은 이처럼 평소에 습관처럼 키워야 한다.

변화를 적극적으로 관찰하고 받아들이는 일

크리에이티브가 생명인 회사에 몸담게 되면 사실 변화란 것은 운명처럼 정해져 있는 것이다. 모든 성패는 그 변화를 인식하느냐, 그 변화에 대해 능동적이 되느냐 수동적이 되느냐의 문제라고 생각한다. 아이디어의 최전방에 서 있는 광고회사 입장에서 변화는 선택이 아닌 생존의 문제다.

"살아남는 것은 가장 강한 종도, 가장 똑똑한 종도 아니고 변화에 가장 잘 적응하는 종이다."

찰스 다윈의 말이다. 그는 이미 150년 전에 변화가 생존의 문제라는 사실을 알고 있었다. 150년 뒤에야 진화론을 접했을 빌 게이츠도 같은 얘기를 한다.

"나는 힘이 센 강자도 아니고, 두뇌가 뛰어난 천재도 아닙니다. 날마다 새롭게 변했을 뿐입니다. 그것이 나의 성공 비결입니다. 'Change(변화)'의 g를 c로 바꾸면 'Chance(기회)'가 됩니다. 변화 속에 기회가 있지요."

하루하루 변화에 대해 애써 눈감으며 모른 체하는 사람과 순간순간 변화에 깨어 있으면서 당당히 맞이하는 사람의 차이는 각도계의 눈금처럼 시간이 지날수록 더 벌어질 수밖에 없을 것이다. 결국 진심으로 옳은 방향을 향해 도전하고 변화해간다면 이루지 못할 것은 없다.

'알고 있는 지금'과 '알 수 없는 미래', 둘 중 어느 것이 더 중요할까? 대답하기가 어렵다면 다른 말로 해보자. 살아온 날이 중요한가, 살아갈 날이 중요한가? 변하려 애쓰지 않으면 그저 머무르게 될 뿐이다.

필요한 순간이 오면 거침없이 움직이는 것

어느 날 한 스님이 제자와 함께 탁발을 나갔다가 돌아오는 길이었다. 제자는 짊어진 바랑에 쌀이 한가득이니 흐뭇하긴 했으나 몹시 무겁기도 했다. 걸음을 옮길수록 바랑의 무게는 무거워졌다. 아직도 갈 길은 많이 남았는데 짚신은 헤져 발바닥엔 물집이 잡혔다. 제자는 스승에게 힘들어서 도저히 못 가겠다고 불평을 터뜨렸다.

이때 스승이 갑자기 지나가는 아낙네를 붙들더니 뺨에 입을 맞추는 것이었다. 여자는 비명을 질렀고 동네 사람들이 몰려왔다. 사내들이 "저 중놈 잡아라!" 하면서 금방이라도 죽일 듯 쫓아오자 두 스님은 죽기 살기로 도망치기 시작했다. 그렇게 십여 리 산길을 내달려 가까스로 봉변을 모면하고 절 입구까지 왔을

즈음, 한숨 돌린 제자가 스승에게 따져 물었다.

"스님, 도대체 무슨 짓을 하신 겁니까?"

그러자 스승은 빙그레 웃으며 답했다.

"자네, 아직도 그 바랑이 무거운가?"

조선 말기 침체된 한국 불교를 이끌며 삶 속에서의 깨달음을 추구했던 경허선사와 그의 제자 만공스님의 일화다. 듣다 보면 입가에 미소를 띠게 되는 이 이야기는 불가에서 모든 것이 마음먹기 달렸다는 일체유심조(一切唯心造) 사상을 이야기할 때 주로 인용된다.

하지만 나는 이 이야기가 '죽기 살기로 하면 못 이룰 것이 없다'는 뜻처럼 들린다. 그렇지 않은가? 죽기 살기로 변화하겠다는 마음으로 결단하고 달려간다면 다다르지 못할 곳이 어디 있겠는가?

2007년 KT의 새로운 이동통신 서비스 'SHOW'의 광고 캠페인이 화제를 모았다. 그 아이디어는 버나드 쇼의 저 유명한 묘비명에서 시작되었다.

"우물쭈물하다가 내 이렇게 될 줄 알았지."

이 캠페인의 목적은 우리가 세월의 격랑 속을 어떤 자세로 견뎌내야 하는지를 뒤집어서 이야기하는 것이었다. 관점이 생각과 태도를 결정하고, 행동을 결정하며, 결국 퍼포먼스로 돌아오게 된다. 우물쭈물하지 말자. 필요한 순간이 오면 거침없이 움직이는 것, 그것이 결단이다.

결단,
아무도
대신할 수
없다

"적어도 바다에서는 '전쟁은 많은 사람들의 일이 아닌 지휘관 한 사람의 일'이라는 나폴레옹의 말을 이순신보다 더 완벽하게 증명한 사람은 없었다."

영국 해군제독 조지 알렉산더 발라드의 말이다. 여기서 '지휘관 한 사람의 일'이라는 말이 가슴 정중앙에 화살처럼 내리꽂힌다. 전장에서 그 누구도 대신할 수 없는 '지휘관 한 사람의 일'이란 바로 '결단'을 의미하기에 그렇다.

요즘 이순신의 리더십이 인기다. "살고자 하면 죽을 것이요, 죽기를 각오하면 살 것이다"라는 사즉생(死卽生)과 불퇴전(不退戰)의 정신도 그렇지만, 공들여 가꿔놓은 조선의 수군이 하루아침에 잿더미로 변한 후에도 "신에게는 아직 열두 척의 배가 있습니다"라고 말할 수 있는 자신감과 긍정적 사고는 실로 대단하다고밖에 할 수가 없다.

그러나 무엇보다 이순신은 '고스톱'에 능한 인물이었다. 나아가야 할 때(go)와 물러서야 할 때(stop)를 간파하는 능력이 탁월했다는 말이다. 이순신이 열두 척의 배로 능히 수백 척의 적을 물리치며 23전 23승의 위업을 달성한 것은 단순한 기적이 아니라, 물러날 때와 나아갈 때를 알고 과감하게 실행한 그의 결단력이 이뤄낸 쾌거일 것이다.

'열두 척의 배이기에' 포기할 수도 있었다. 그러나 이순신은 '열두 척의 배이지만' 300척의 배를 향해 나아가기로 결단한 것이다. 가야할 때를 알고 가야하고, 돌아서야 할 때를 알고 돌아서야 한다.

중요한 것은 나아가든 포기하든, 때가 되면 리더는 결단을 내려야 한다는 점이다. 그리고 그에 따른 책임 역시 온전히 리더의 몫이다. 어찌 보면 리더라는 것은 참 억울한 자리다.

잘못된 결정보다 결정하지 않는 게 더 나쁘다

리더는 결단하는 자다. 결단하지 않으면 아무 일도 이룰 수 없다. 내 손 안에 든 것이 비록 한없이 비루한 무기일지언정 그것조차 크게 쓰는 것이 리더의 역할이고, 그러기 위해 필요한 것이 결단력이다. 시대는 바뀌었지만 오늘날의 CEO도 이순신처럼 그렇게 결단하고 승리의 위업을 달성해야만 한다.

그러나 그 결단이 항상 승리의 위업을 가져다주는 것은 아니다. 오히려 하지 말았어야 할 결단을 내리는 바람에 돌이킬 수 없는 실패를 자초하기도 한다. 아이러니는 뚜껑을 열어보기 전에는 이 결단이 좋은 것인지 나쁜 것인지 알 수 없다는 데에 있다.

당연하게도, 다른 사람이 대신해 줄 수 없는 '한 사람만의 일'을 짊어지고 있는 리더의 자리는 참 외롭다. 결단 이후의 공과를 다른 사람과 나눌 수 없으니 말이다. 아니, 오히려 공은 가능한 많은 직원들에게 돌리고, 과는 온전히 내 한 몸으로 짊어져야 한다. 리더도 결국은 하나의 인간인데 그런 책임의 무게가 어찌 달갑겠는가?

그럼에도 불구하고 겁이 나서 결단을 내리지 못하는 리더가 있다면 그것은 직무유기를 하는 셈이다. 리더에게 있어 잘못된 결단을 내리는 것보다 나쁜 것이 아예 결단을 내리지 못하는 것이라고 하지 않는가?

사실상 결단은 타이밍이다. 이것이 최선이라는 확신이 들지 않더라도, '최고의 차선'을 뽑아들고 문제와 맞서는 담대함이 있어야 한다.

물론 후유증이 없을 리 없다. 그렇다고 결단의 후유증을 염려하고만 있어서도 안 된다. 후유증을 각오하고 관리하기로 받아들이는 것 역시 결단의 과정에 포함되는 것이다. 피하면 안 된다. 살고자 하는 자는 죽고, 죽고자 하는 자는 사는 법이니까.

사즉생, 모든 것을 버리고 새로 시작하자

십여 년 전으로 거슬러 올라간 2003년, 지금은 KT로 합병된 KTF의 기업 캠페인을 진행할 때 그것을 뼈저리게 느낀 바 있다. 당시 제일기획이 주관하고 있었던 기업 캠페인 'KTF적인 생각'은 매우 성공적이었다. 그때 사용되었던 '나이는 숫자에 불과하다', '청바지와 넥타이는 평등하다' 등의 카피가 십 년이 지난 아직까지도 널리 사용될 정도이니 말이다.

그런데 상황이 달라졌다. KTF가 대대적인 기업 혁신을 단행하면서, 광고 캠페인 역시 혁신의 이미지를 보여줄 수 있도록 완전히 새로워져야 한다는 요구가 강해진 것이다. 단지 광고 콘셉트만 바꿔달라는 게 아니라 아예 광고회사 선정부터 원점에서 재검토하겠다는 것이었다. 기존 캠페인을 성공적으로 진행해온 제일기획이지만, 예외 없이 다른 광고회사와 동등한 조건에서 새롭게 경쟁 프레젠테이션을 해야 하는 상황이 됐다.

경쟁자가 생겼다는 것은 서운해 할 일이 아니다. 광고회사에 경쟁은 당연한 것이고, 경쟁을 통해 성장할 수 있으니 새로운 자극은 오히려 환영할 일이다. 그러나 진짜 문제는 따로 있었다. 이미 전국적으로 좋은 반응을 얻고 있었던 'KTF적인 생각' 캠페인이 오히려 걸림돌이 된 것이다.

프레젠테이션에 임할 때 이 캠페인을 살리되 약간 변형해서 가야 할 것인가, 아니면 버리고 새로 시작할 것인가? 그것이 가

장 큰 문제였다. 이미 탄탄하게 구축되어 있는 기존 광고의 가치
도 너무 아깝지만, 광고인으로서 자부심을 갖고 진행 중인 캠페
인을 버린다는 것은 그 자체로 제 자식을 내다버리는 것처럼 아
픈 일이다. 그렇다고 새로 만들 캠페인이 더 나으리라는 보장도
없지 않은가?

게다가 실무적으로도 큰 문제였다. 얼핏 생각하기에는 기존
캠페인을 성공적으로 이끌고 있는 우리가 경쟁 프레젠테이션에
서 다른 회사보다 우세할 것처럼 보인다. 하지만 오히려 그것이
불리하게 작용할 가능성이 크다. 표현을 아무리 창의적으로 바
꾼다 해도 전달하는 메시지가 같다면, 광고주는 분명 식상하다
고 생각할 것이다.

게다가 기존에 계속 캠페인이 잘되고 있었으니 아무래도 경
쟁사보다는 우리에게 거는 기대감이 더 클 것이고, 기대가 크면
실망도 클 수밖에 없을 것이었다. 그 기대를 충족시켜 줘야, 아
니 넘어서야 한다.

광고주 쪽 분위기도 두 가지로 갈렸다. 기존 광고가 잘 되고
있는데 굳이 바꿀 필요 있느냐는 입장과, 새 술은 새 부대에 담
아야 한다는 입장이었다. 몇날 며칠 회의와 고민이 이어졌다. 그
때 우리의 고민을 끝내게 한 것은 이순신 장군의 말이었다. 죽기
살기의 정신, 사즉생이었다.

"그래, 죽기를 각오해야 산다. 완전히 새롭게 태어나자!"

이미 구축된 가치를 포기하는 것은 쉬운 일이 아니지만, 어쨌

든 결단은 내려야만 한다. 대신 우리는 다른 결단도 함께 내렸다. 죽기를 각오했다면, 정말로 죽을 만큼 하자고 말이다. 눈에 불을 켜고 준비할 경쟁자들에 맞서 불리한 입지에서 경쟁하려면 절대 대충 해서는 안 된다.

2003년 당시의 휴대폰 시장은 과도기였다. 고객들은 더 이상 통화료가 1분에 얼마 더 싸고, 기지국이 몇 개이고, 얼마나 잘 터지는지 하는 메시지에 귀 기울이지 않았다. 그렇다면 이제 이전에 없던 새로운 영역을 찾아내는 수밖에 없다.

우리는 이동통신의 핵심가치가 제품에서 '다양한 고객경험'으로, 기업 중심에서 '고객 중심'으로 이동하고 있다고 생각했다. 시장이 어느 정도 성장한 시점에서, 이제는 기술보다 감성이 더욱 각광받게 될 것이다.

그렇다면 KTF가 새로 창출해야 할 핵심가치는 고객 만족에 있을 것이었다. 이것은 아직까지 기존 이동통신 시장에서 존재하지 않던 경쟁축이었다. 전화기의 성능이 아닌 고객의 삶을 바꾼다는 가치의 전환. 고객의 삶에 다가서는 그것을 어떻게 표현할 것인가?

광고주가 먼저 바뀔 것을 요구하다

고심 끝에 나온 것이 'Have a good time' 캠페인이다. 고객의 행복했던 순간들을 소중히 기억하고, KTF 역시 그러한 순간에 함께하겠다는 메시지를 담았다. 이를 위해 아기가 엄마 젖을 처음 빠는 순간, 연인의 첫 키스 순간, 첫눈이 내리는 순간, 민들레 홀씨를 불어 날리는 순간 등 작지만 소중한 경험들을 광고에 담았다. 당시 다른 이통사들의 캠페인이 첨단과 기술을 강조하고 있었던 것을 생각해보면 매우 파격적이었다.

결과는 놀라웠다. 광고주가 제일기획의 손을 들어주었을 뿐 아니라, 고객들의 호응도 상당했다. 그 이후부터는 한국에서도 기술보다 휴머니티를 강조하는 광고들이 많아지기 시작했고, 10년이 지난 지금은 오히려 이러한 트렌드가 일반화되었을 정도다.

그런데 우리가 죽기를 각오하고 내다버린 것은 비단 우리 머릿속의 생각뿐만이 아니었다. 발칙하게도 우리는 광고주에게 "그쪽도 모든 것을 바꾸시라"고 요구했던 것이다. 이왕 혁신을 할 거라면 'Have a good time' 캠페인과 발맞춰 진행하자고 제안한 것이다. 고맙게도 KTF에서는 이 발칙한 제안을 받아들여 주었다. 그것이 바로 '굿타임 경영'이다.

먼저 경영자가 고객만족 전문가로 거듭나야 한다고 강조하며, CEO를 '굿타임 전도사(CSO)'로 명명하자고 했다. 이름만 그런 것이 아니라 실제로 굿타임 경영 선포 이후 6개월 만에 전국 130여 개 지점과 대리점에서 CEO와 직원들의 만남이 이뤄졌다. CEO의 대내외 강연은 물론 임직원 행사에서는 기타를 연주하고 바텐더 쇼를 하는 등의 행사도 이뤄졌다. 목적은 단 하나, 직원들에게 '굿타임'을 만들어주기 위해서다.

이번에는 고객들 차례다. 우리의 권유에 따라 KTF는 '굿타임 요금제'를 신설해서 고객들에게 각종 혜택을 주었다. 말로만 하는 고객만족이 아니라 진짜로 고객을 만족시키기 위해 노력 중이라는 것을 보여주기 위해서다.

이처럼 'Have a good time' 캠페인은 고객에게만 놀라움을 준 것이 아니라, 광고주 내부에도 변화의 바람을 몰고 왔던 흔치 않은 경험이었다. 광고주가 우리의 취지를 이해해 주고 함께 해주지 않았다면 그때의 캠페인이 그렇게까지 성공할 수는 없었을 것이다.

사람으로 비유하면, 몸을 움직이는 핵심은 머리이고 손발은 그에 따라가는 것이라고 생각하기 쉽다. 그러나 거꾸로 손끝에서 일어난 자극이 생각을 바꾸고 행동을 하게 만들기도 한다. 하나의 소비자 캠페인이 기업 문화와 경영 이념까지 변화시킨 사례는 당시로서는 굉장히 생소한 일이었다.

물론 우리가 죽기를 각오하자며 잘나가는 기존 캠페인을 완전히 내다버릴 결심을 했을 때, 이러한 결과가 나오리라고 예상했던 것은 아니다. 그러나 만일 그때 그런 결단을 내리지 않았다면, 과연 이 캠페인은 성공할 수 있었을까? 그때의 경험을 바탕으로 나는 지금도 가끔 생각한다. 머무를 수도 물러날 수 없다면 결론은 단 하나, 오로지 사즉생이다!

숙고는 짧게, 그러나 무섭도록 깊게

말은 쉽지만 사즉생의 결단이 쉽게 내려지는 것은 절대 아니다. 깊고도 치열한 숙고의 시간 없이는 불가능하다.

'된다, 안 된다' 또는 '이 길이다, 저 길이다'를 매일매일 판단하기 위해 나는 숙고의 시간을 최대한 짧게, 그러나 깊게 가지기 위해 노력하는 편이다. 그 짧고 굵은 숙고의 시간은 주로 새벽이다. 아직 많은 사람들이 잠자리에 있을 시간에 홀로 깨어 어스름한 길을 헤치고 운동을 하러 가는 것은 마치 종교의식을 치르는 것과 같은 기분이다. 절로 명상이 된다. 새벽미사, 새벽예불, 새벽기도 가는 기분이 이와 같지 않을까?

운동과 샤워를 마치고 그렇게 영육(靈肉)이 맑아진 느낌으로 7시에 출근하면 오롯이 나만의 시간을 갖는다. 이때가 바로 하루 일의 60~70퍼센트를 결정하는 시간이다. 마치 선(禪)을 하는 기분으로 방해 받지 않고 숙고하는 시간이다.

사실대로 말하면, 이 시간이 온전히 즐겁고 상쾌하지만은 않았다. 결정을 내려야 하는 무게감 때문이다. 어깨가 휠 것 같은 책임의 무게. 그러나 나는 이 시간을 놓칠 수가 없었다. 그 무게감은 '큰 나', 즉 우리를 위한 생산적 고통이면서 동시에 CEO이기에 누릴 수 있는 특권이기도 하다. 그런 생각 때문에 나는 무게감을 즐거이 견디려고 했다. 어쨌든 나는 리더였으니까 말이다.

그러나
혼자서
결정하지는
말자

리더는 필연적으로 외로운 자리라고 했다. 그런데 어찌 보면 리더들 중에는 일부러 외로워지려고 작정을 한 사람들이 많은 것 같다. 리더들이 저지르기 쉬운 잘못 중 하나가 정보와 지식의 독점이다. 모든 것을 혼자 끌어안은 채 직원들이 알아 봐야 시끄럽기만 하다고 생각하는 것이다. 그러나 그렇지 않다. 기업이 건강하게 생존하려면 직원들과 지식·정보를 공유해야 한다.

아무도 대신해 줄 수 없는 일이라는 결단의 영역도 그렇다. 결단을 내려야 하는 것은 리더이지만, 그 결단이 올바르게 이뤄지도록 도와 줄 사람은 많다. 오히려 결단에 앞서 가능한 폭넓게 타인의 지혜를 구하는 겸손이 실수를 막는 가장 훌륭한 안전벨트가 될 것이다.

나관중의『삼국지』에는 이런 대목이 있다. 촉의 재상 제갈공명이 직접 장부를 조사한 일이 있었던가보다. 이때 하급직 관리인 양과라는 사람이 정색을 하고 건의했다.

"통치에는 체통이 있습니다. 상하관계라도 고유권한을 침범해선 안 됩니다. 사내종은 밭 갈고, 계집종은 밥 짓고, 닭은 새벽을 알리고, 개는 도둑을 지키는 이치이지요. 이 모든 일을 주인 혼자서 할 수 없는 노릇인데 어찌하여 지체 높으신 군사께서 이리 하십니까?"

이 말을 들은 공명은 양과에게 예를 갖추고 물러나왔다고 한다. 옳은 말이었기 때문이다.

사람은 누구나 완벽해지고 싶은 욕심이 있다. CEO도 마찬가지다. 그런데 이것이 바로 CEO의 자충수가 되기도 한다. 사람이 모든 일에 완벽할 수는 없는 법인데도, 너무 잘해보려고 혼자서만 끙끙대거나 혹여 만인의 만사를 다 간섭하려 하는 것이다.

그러다보면 쉽게 지치고 후유증만 커질 뿐이다. 새벽부터 밤중까지 쉬지 않고 공무를 처리했다는 워커홀릭 제갈공명은 결국 기력이 쇠해 죽지 않았는가?

함께 결정해줄 사람을 만들어라

제갈공명처럼 모든 일을 직접 다 챙겨야 직성이 풀리는 리더, 하나에서 열까지 직접 챙기는 만

기친람(萬機親覽) 형 리더가 되면 곤란하다. 말단직원 업무까지 결재하려는 사장의 모습은 불편하고 어색할뿐더러 효율성도 낮다. 직원들의 업무는 많아지고 성과는 적어진다.

불필친교(不必親校)! 최고 지도자가 굳이 직접 해야 할 필요는 없다. 윗사람은 아랫사람을 믿고 일을 맡기되 필요할 때 결정을 내려주고, 결과를 공정하게 평가하면 그것으로 훌륭하다.

언젠가 다른 광고회사의 프레젠테이션을 참관할 기회가 있었다. TV 광고 시안을 광고주에게 보여 주는 자리였는데, 광고회사 대표와 실무자 두 사람만 참석한 것이 매우 흥미로웠다. 꽤 중요한 광고라서 나는 당연히 그쪽의 대표가 프레젠테이션을 할 줄 알았다. 그런데 순서가 오자 젊은 실무자가 앞으로 나서더니 힘차게 프레젠테이션을 하는 것 아닌가?

그 모습은 "모든 것은 내 손 안에 있다"고 말하는 듯 당당해 보였다. 그쪽 대표는 아무 말 없이 그 모습을 흐뭇하게 지켜보고 있었다. 참으로 멋져 보였다. 적어도 이 프로젝트에 있어서만큼은 그 젊은 실무자가 곧 회사 대표 못지않은 힘을 가지고 적극적으로 일하고 있다는 느낌을 받았다.

임파워먼트(empowerment)라는 말을 들어 보았을 것이다. 권한이양, 즉 말 그대로 파워(power)를 넣어준다(em-)는 의미이다. 이때의 파워는 권한(authority)과 능력(ability)이라는 두 가지 의미를 가지고 있다. 임파워먼트란 단순히 권한을 아래로 이양하는 것이 아니라 구성원들이 가지고 있는 잠재력 및 창의력을 최대한 키워 주는 방법이다.

임파워먼트 역시 그 자체로 리더의 결단이다. 모든 권한을 틀어쥐려 하지 않고 일부를 내려놓는 결단, 직원들이 스스로 능력을 키우고 성과를 내게 하는 결단이다. 이를 통해 정말 중요한 결단, 리더가 내려야 하는 궁극의 결단은 더욱 빛날 수 있다.

결단의 순간에 과감히 나서는 것은 리더지만, 힘을 실어줄 사람 또는 함께 고민하고 응원할 사람이 있으면 그 순간은 찬란하게 빛난다. 이런 의미에서 결단은 리더만의 몫이지만, 그 과정에서는 혼자가 아닌 것이다.

리더의 결단은 구성원의 지혜를 합한 결과물이다

결단의 순간은 리더가 혼자 마주서야 하는 것이지만, 모든 결단이 혼자만의 머릿속에서 탄생하는 것은 아니다. 그 결정적 순간에 다가서기까지 많은 의견을 만나고, 많은 정보를 얻어야 한다.

문 밖에 나서면 모두가 스승이라지 않던가? 마주치는 사람 모두가 결단의 단서를 줄 수 있다. 저 사람의 입장과 판단에서는 어떤 결과가 나올지 궁금해 해야 하는 것이다. CEO라면 직원들에게 이 말을 자주 던져야 한다.

"자네 같으면 어떻게 하겠나?"

사실 이 말은 내가 CEO가 되기 전에 가장 많이 듣던 말이기도 하다. 1990년 즈음, 당시 제일기획에는 신세길 사장님이 계셨다. 나는 신 사장님 밑에서 2년 동안 기획실장으로 일하면서 국제업무팀장, CI추진팀장을 겸임하며 전사적 개혁 프로그램을 진행하게 됐다. 외국 광고회사와 합작회사를 만들고, 주요 도시에 해외사무소를 내고, 국내에는 부산지사를 만들고, 회사 내부적으로는 이메일 시스템을 처음 도입하는 등 그야말로 일에 파묻혀 살았다. 몸은 고되었지만 성취감을 만끽했다. 아마도 내가 제일기획에서 가장 재미있게 열심히 배우며 일했던 시기가 아니었나 싶다.

매주 월요일 오후 네 시는 사장님과 독대하면서 업무를 상의하는 시간이었다. 그때마다 사장님이 말씀하신 게 있다.

"너 같으면 어떻게 하겠냐? 네가 사장이라고 생각하고 하고 싶은 일이 무엇인지 말해 봐라."

사장을 어려워하지 않는 직원은 없을 것이다. 그러나 이렇게 진지하고 성실하게 의견을 구하는 사장에게 마음을 열지 않을 직원 역시 없을 것이다. 그때 나는 내가 정말로 CEO라도 된 듯이 성심성의껏 고민하고 아이디어를 짜냈다. 사장님은 그 아이디어를 진지하게 듣고 계시다가 보탤 것은 보태고, 뺄 것은 빼주셨다. 그 모습을 접하다 보면 이번에는 자연스럽게 그 아이디어를 실현하기 위해 고군분투하게 된다.

그 일을 기억하고 있는 나는 CEO가 된 이후 직원들에게 자주 묻곤 한다. "자네 같으면 어떻게 하겠나?"라고. 임원이 아닌 팀장급이나 팀원들의 의견도 많이 듣기 위해 노력했다. 중요한 결정을 해야 할 때에는 그 업무와 관련된 사람에게 물었다가 혹시나 부작용이 생길까 싶어 조심하지만, 중요한 것은 의견을 구하는 데에 위아래가 없어야 한다는 것이다.

다양한 사람에게 들어야 균형 있는 생각이 나온다. 회사에는 얼마나 똑똑한 인재들이 많은가? 그들에게 먼저 답을 구해야 한다. 리더의 결단은 알고 보면 모든 직원들 의견의 총합으로 이루어져야 하는 것이다.

리더는 상의할 사람이 없어 외롭다고 하지만, 사실은 없는 것이 아니라 보지 않는 것일 뿐이다. "이러시면 아니되옵니다"라는 직원들의 소신 발언이 넘치는 회사야말로 결단하는 리더의 위엄은 더욱 커지는 법이다. 자신들의 의견을 리더가 듣고 있다는 사실을 알기 때문이다.

실수의 위험을 분산하다

춘추시대 제나라 경공이 공자에게 어떻게 하면 정치를 잘 하는지 묻자 이렇게 답했다고 한다.

"임금은 임금다워야 하고, 신하는 신하다워야 하며, 아버지는 아버지다워야 하고, 아들은 아들다워야 합니다(君君 臣臣 父父 子子)."

이것이 각자가 자신의 위치와 명분에 맞게 행동해야 한다는 정명(正名) 사상이다. 공자의 말은 오늘날까지도 변치 않는 교훈이 되고 있다.

그렇다면 리더는 리더다워야 하리라. 리더답다는 것은 무엇일까? 리더만이 할 수 있는 궁극의 역할, 즉 결단과 책임을 미루지 않으면서도 다른 직원의 권한을 지켜 주고 능력을 키워 주는 일일 것이다. 결국 이 말은 리더란 자리가 혼자서 만들어지는 게 아니라 다른 직원들이 있어야만 만들어지는 자리라는 것을 뜻하기도 한다. 공자는 또 이런 말도 했다.

"가난하면서도 원망이 없기는 어렵고, 부유하면서 교만이 없기는 어렵다(貧而無怨難 富而無驕易)."

그 말대로 조직의 정점에 있는 CEO가 겸손해지기란 여간 어려운 일이 아니다. 그러나 위로 올라갈수록, 잘나갈수록, 자신이 똑똑하다고 생각할수록 자기를 돌아보고 주변사람의 이야기를 들어야 한다.

영향력이 크다는 것은 그만큼 치명적 실수를 할 위험이 높다는 것이다. 투자할 때만 위험 분산이 필요한 게 아니라, 의사결정에서도 마찬가지다. 영향력을 나누고 권한을 나누라. 그러면 잘못된 선택을 할 위험성도 줄어들 것이다.

리더에게는
항상 플랜B가
필요하다

"위기는 한 번으로 끝나는 것이 아니라 3~4년에 한 번꼴로 반복된다. 극단적인 경우 우리는 1년 안에 망할 수도 있다."

빌 게이츠는 평소 직원들에게 자주 이렇게 말했다고 한다. 매사에 최악의 상황을 대비하라는 것이다.

그의 이러한 사고방식 때문에 벌어진 '악몽메모' 사건이라는 것이 있다. 1991년 6월 17일부터 나흘간 마이크로소프트의 주식이 무려 11퍼센트나 급락한 것이다. 원인은 빌 게이츠의 메모 한 장이었다. 마이크로소프트를 위협하는 경쟁자들, 지적재산권 문제, 마이크로소프트의 고객 지원 서비스 문제 등 미래에 벌어질 가능성이 있는 악몽 같은 시나리오로 꽉 채워진 그의 메모가 유출되었기 때문이었다. 온갖 가상의 위기 요소들로 빼곡한 메모를 다른 사람도 아니고 창업자이자 회장인 빌 게이츠가 작성했다고 하니 투자자들이 공포에 사로잡힌 것은 당연하다. 그런데 역설적이게도 이 메모가 작성된 때는 회사가 급성장하던 시기였다고 한다.

빌 게이츠의 행적을 아는 사람들은 크게 놀라지 않았을 것이다. 사실 빌 게이츠가 마이크로소프트를 통해 세계에서 손꼽히는 부자가 될 수 있었던 것은 이처럼 미래에 닥칠 수 있는 위기에 항상 대비하는 성격 덕분이다. 그는 이렇게 말한 바 있다.

"우리는 앞으로 2년 뒤에 닥쳐올 변화에 대해서는 과대평가하지만, 10년 뒤에 올 변화는 과소평가하는 경향이 있다."

긍정의 힘을 갖는 것은 중요하다. 하지만 부주의와 편협성은 오만의 치명적인 부산물일 뿐이다. 지혜로운 토끼는 세 개의 굴을 판다고 하지 않던가? 모름지기 전략적인 리더라면 교토삼굴(狡兔三窟)의 지혜를 갖춰야 한다. 앞날을 예측하는 것뿐 아니라 만약의 위험에 대비해야 하는 것이다.

최악을 피하려면 최악을 상상하라

리더의 결단에는 항상 리스크가 따른다. 그 리스크를 그저 두둑한 배짱으로만 극복할 것인가? 과감한 결단이 있기 위해서는 과감함의 근거가 필요하다. 고민의 안전장치, 즉 플랜 B를 만들어야 하는 것이다. 불리한 상황에서 유리한 조건을 찾아내고, 유리한 상황에서 불리한 요소를 예견하는 것. 통찰이란 그런 것이 아닐까.

"작전을 세울 때 나는 세상에 둘도 없는 겁쟁이가 된다. 상상할 수 있는 모든 위험과 불리한 조건을 과장해보고 끊임없이 '만약에'라는 질문을 되풀이한다."

나폴레옹의 말이다. 프로라면 어떤 상황에서나 가능한 돌발 상황을 예상하고 그에 대한 대비책을 세워두어야 한다. 이것이 플랜 B이다. 예상치 못한 문제로 데이터가 손실되는 것을 방지하기 위해 백업 시스템을 마련해 두는 것과 같은 이치다.

자신 있다면 한 가지 안으로 외통수 전법을 쓸 수 있다. 그러나 경쟁 상황이라거나 중요한 프로젝트라면 광고인에게 플랜 B는 기본 중의 기본이다. 프레젠테이션을 할 때에도 항상 플랜 B를 준비한다. 광고 콘셉트가 정해지고 나면 일단 광고주가 원하는 안을 하나 준비하고, 이와 별도로 우리만의 안을 만든다. 두 개를 보고 객관적으로 선택하게 하는 것이다. 플랜 B가 없이 하나의 안만 들이밀면 성공 확률은 50퍼센트다. 그러나 첫 번째 안이 채택되지 않았을 때 대안이 있다면 성공률은 훨씬 높아진다. 대안이 다양할수록 성공률은 100퍼센트에 가까워진다.

언젠가 어떤 광고주 측에서 도움을 요청해온 적이 있다. 오디션 프로그램을 통해 한창 주가를 올리고 있는 출연자를 광고 모델로 쓰고 싶은데, 방송국에서 허락해 주지 않는다는 것이다. 아직 프로그램이 마무리되지 않은 시점이라 다른 출연자들과 형평성을 맞춰야 한다는 것이 이유였다. 광고주는 방법이 없겠느냐고 의견을 물어왔다.

나는 광고주에게 물었다. 따로 제안할 수 있는 조건이 있느냐고. 방송국을 설득하려면 대안이 있어야 하지 않겠느냐고 했다. 숨겨둔 안이 있으면 상대의 거절에도 당황하지 않고 대처할 수 있다. 그것이 내가 원하는 것을 손에 쥐는 가장 좋은 방법이다.

광고주를 돕기 위해 방송국에 두 가지 안을 제시했다. 첫째는 형평성을 맞추기 위해 그 프로그램에 출연하는 모든 뮤지션들을 함께 광고 모델로 활용한다는 안이었다. 둘째는 원하던 뮤지션의 음악만 활용하고, 나머지는 애니메이션 기법으로 광고를 만든다는 안이었다.

두 가지의 대안과 첫 번째의 원안을 포함해, 세 가지의 안은 모두 일장일단(一長一短)이 있다. 뮤지션들이 광고에 출연하게 되면 당사자들에게도 당연히 좋지만, 방송국에도 이익이다. 자연스럽게 프로그램 홍보가 되기 때문이다. 그런데 모든 뮤지션을 출연시키면 형평성은 맞출 수 있겠지만 방송국에서 관리가 쉽지 않을 것이었다. 그렇다고 모두 다 출연하지 말라고 하면 뮤지션들이나 방송국이나 좋은 기회를 놓쳐버리는 셈이 될 터였다.

수많은 논의와 설득 끝에 결국 원안대로 우리가 생각했던 뮤지션을 광고모델로 쓸 수 있었다. 결과적으로 보면 원래 안으로 돌아간 셈이 됐지만, 만약 우리가 추가로 두 가지의 대안을 제시하지 않았다면 결론은 달라졌을 것이다. 현실적인 다른 안들과 비교해보고 나서야 원래의 안이 가장 좋았다는 것을 깨닫는 경우가 많다. 따라서 플랜 B는 유사시 대안이 될 뿐 아니라, 설득을 위한 기술이 되기도 한다.

설득의 달인들은 언제나 상대방이 'No'라고 할 것에 대비해 그 다음의 제안을 마련하기 마련이다. 플랜 B뿐 아니라 플랜 C, 플랜 D까지 만들어놓는 치밀함을 보이기도 한다. '반드시 이긴다'는 믿음은 필요하지만, 최악의 상황까지 염두에 두는 것도 동시에 필요한 자세다.

모험하는 리더가 반드시 훌륭한 건 아니다

미 해군의 제임스 스톡데일은 베트남전쟁에서 포로가 되어 8년간 20여 차례나 고문을 당하며 수감되었지만, 기적적으로 살아남아 마침내 3성 장군이 되었다.

지옥 같은 그 곳에서 어떻게 그 긴 시간을 버틸 수 있었을까? 그는 말한다. 풀려날 가능성이 없다고 포기한 비관론자들은 수감 생활을 견디지 못했다. 그러나 견디지 못하는 것은 낙관론자들도 마찬가지다. 크리스마스에는 나가겠지, 부활절에는 나가겠지, 추수감사절에는 나가겠지 하는 헛된 희망에 목을 매다가 결국은 울부짖으며 죽어간다는 것이다. 냉혹한 현실을 받아들이면서도 한편으로는 최후의 승리에 대한 믿음을 가지고 현실을 이겨낸 스톡데일 장군의 이중성을 스톡데일 패러독스 (Stockdale Paradox)라고 한다.

이것은 매우 중요한 이야기다. 절대 양보할 수 없는 마지막 신념을 잃지 않고 버티는 것과 아무리 가혹하더라도 현실을 직시하고 받아들이는 것은 전적으로 별개라는 것이다. 시장 상황이 나쁘다고 미리 두려워하는 것은 아무 짝에도 쓸모없는 비관론일 것이다. 그러나 무턱대고 "다 잘 될 거야"라며 안주하는 것도 바람직하지는 않다.

리더가 결단하기에 앞서 무섭도록 깊은 숙고가 필요하다고 한 것은 바로 이 때문이다. 최악의 상황을 가정하고, 그 리스크를 최대한 줄일 수 있어야 한다. 결단이 결단으로만 끝나서는 성과로 이어질 수 없다. 결단 후에는 언제나 그 결단의 사후 처리에 최선을 다해야 한다. 예상되는 문제점의 징후가 나타나면 신속히 대응할수록 적은 노력으로 문제를 최소화할 수 있는 것이다.

우리는 주변의 만류에도 불구하고 모험하는 CEO를 높이 평가하는 경향이 있다. 모두가 아니라고 할 때 흔들리지 않는 믿음으로 홀로 성공하는 CEO라니, 얼마나 매력적인가? 그러나 나는 개인적으로 그러한 CEO가 되고 싶지는 않았다. 지나치게 과감한 결단을 하려다 보면 때로는 나를 따르는 직원들의 인생까지 걸어야 할 때가 생기기 때문이다.

위험할 것을 알면서도 세상 끝까지 나를 따르겠다며 믿고 따라와 준다면 리더로서 얼마나 행복하겠는가? 그러나 현실은 영화나 소설이 아니다. 직원들 중 상당수는 아마 어쩔 수 없이 끌려오는 경우가 많을 것이다. 그것을 알기 때문에 나는 고수익을 바라기보다 리스크를 최소화하는 CEO가 되고자 했다.

사원이나 간부 시절에는 마음껏 모험을 해도 좋다. 그러나 리더가 되었을 때는 다르다. 직원들이 마음껏 모험을 해서 위험을 감수하더라도 그 위험까지 감싸줘야 한다. 집으로 따지면 CEO는 가장과도 같다. 더 맛있는 것을 먹이는 것도 좋지만, 그보다 먼저 굶어죽지 않는 것이 중요하지 않겠는가? 아이들이 마음껏 꿈을 펼치게 하려면 가장은 항상 중심을 유지해야 하는 것이다.

결단은 숙고를 통한 통찰의 결과여야지, 모험의 수단이 되어서는 안 된다. CEO는 개인이 아니라 기업의 수장이기 때문에 그렇다.

동시에 CEO의 가슴에서는 언제나 직원들이 염원하는 희망의 빛이 뿜어져야 할 것이다. 항상 최악의 상황을 고려한다고 해서 생각까지 부정적으로 가질 필요는 없다. 오히려 가능하면 낙관적인 CEO, 희망의 빛을 보여주는 CEO가 되자. CEO는 직원들의 든든한 배경이 되어야 한다. CEO가 오늘도 새벽에 홀로 앉아 고심을 거듭해야 하는 이유가 바로 여기에 있다.

생각을 생각하는 연습

결단은 고민과 생각의 결과다. 그런데 점점 그 '생각'이라는 것이 잘 되지 않는 경험, 여러분도 하고 있지는 않은가? 책을 읽어도 읽을 때뿐이고, 그 내용이 무엇을 의미하는지 남에게 전달하려면 아무 생각도 나지 않는 경험 말이다.

나는 이것을 어쩔 수 없는 나이 탓으로만 여겼다. 그런데 니콜라스 카의 책 『생각하지 않는 사람들』을 보다가 무릎을 치지 않을 수 없었다. 주의산만, 기억력 및 논리력 감퇴 등 우리가 자주 경험하는 '지적 불편함'은 단순히 노화 때문이 아니라 IT 기술이 주는 편리함의 부작용이라는 것이다. 이것은 IT 기술에 점령당한 세상에 던지는 강력한 경고문이다.

카에 따르면 우리가 인터넷을 서치, 스킵, 스캐닝하는 동안 이런 일을 관장하는 말초신경은 강화되는 반면 깊이 사고하고 분석하고 통찰하는 능력은 현저하게 감소하고 있다고 한다.

그는 뇌가소성(腦可塑性) 이론으로 인터넷 서핑이 뇌의 구조에 미치는 영향까지 진단해냈다. 즉 트위터나 페이스북 같은 소통의 도구들이 정보와 의사소통을 단순화 하고 분절화 하는데, 그러면 뇌는 생각하는 방법 자체를 잊어버리게 된다는 것이다. 결국 생각하는 일마저도 인터넷 없이는 불가능하게 된다. 내가 궁금한 일이 생길 때마다 인터넷 검색창에 물어보는 것처럼 말이다.

자, 그럼 어디 한번 이 책의 다음 구절을 읽고 그 의미를 직접 '생각'해 보시라.

새로운 장기기억을 저장할 때 우리는 정신적인 힘을 제한하는 것이 아니라 오히려 강화한다. 기억을 확장할 때마다 지적 능력은 향상된다. 인터넷은 개인적인 기억에 편리하고 매력적인 보조물을 제공하지만 인터넷을 개인적인 기억의 대안물로 사용하면서 내부적인 강화 과정을 건너뛴다면 우리는 그 풍부함으로 가득 찬 우리의 마음을 텅 비게 하는 위험성을 안게 되는 것이다.

니콜라스 카는 퓰리처상을 받은 IT미래학자이며 인터넷의 아버지라 불리는 인물이다. IT 분야에 종사하는 사람이 이런 얘기를 한다는 것이 신선하면서도, 그래서 더 섬뜩하다.

공룡은 몸집에 비해 뇌가 작아서 멸종되었다고 한다. '생각'이 없으면 뇌가 작아진다. 내 삶을 이끄는 리더로서 나는 어떤 삶을 살아야 하는지, 여러분 머리로 직접 생각해보길 바란다.

정보만 보는가,
그 너머를 통찰할 수 있는가

—————————————

"아무 맛도 모르는 냄비 속 국자처럼 겉돌지 말고
다르마(達磨)의 맛을 아는 혀가 되라."

–위빠사나 성자 아짠 문의 마지막 설법 중에서–

정보의
홍수 속에서
본질을
찾아내기

똑같은 현상을 놓고 남들이 보지 못한 가능성과 의미를 찾는 일은 어떻게 벌어질까? 우리에게 가장 친숙한 과일인 사과를 통해 살펴본 이야기가 있다. 사과는 사회적으로 여러 가지 상징적 의미를 갖는데, 그 중에서 인류 역사에 길이 남을 상징적 사과는 세 개가 꼽힌다고 한다.

우선 첫 번째 사과는 성경에 등장하는 선악과다. 뱀이 여자에게 말했다.

"너희는 결코 죽지 않는다. 너희가 그것을 먹는 날, 너희 눈이 열려 하느님처럼 되어서 선과 악을 알게 될 줄을 하느님께서 아시고 그렇게 말씀하신 것이다."

여자가 쳐다보니 그 나무 열매는 먹음직하고 소담스럽고 슬기롭게 해줄 것처럼 탐스러웠다. 그래서 여자가 열매 하나를 따서 먹고, 남편에게도 주자 그도 그것을 먹는다. 그러자 그 둘은 눈이 열려 자기들이 알몸인 것을 알고, 무화과나무 잎을 엮어서 몸을 가린다.

물론 성경에 등장하는 선악과가 반드시 사과라고 하기는 어렵다. 다만 라틴어에서 '선악'을 의미하는 단어 'malum'이 '사과'라는 뜻도 가지고 있었던 까닭에 흔히 선악과를 사과 모양으로 많이 그렸다고 한다. 어찌 되었든 사람들은 선악과를 따 먹은 후 신의 노여움을 사 땀 흘려 흙을 일구어 농사를 지어 먹으며 종족을 퍼뜨리게 된다. 이 첫 번째 사과로 인해 '신의 세상'에서 비로소 '인간들의 세상'이 분리되기 시작했다.

두 번째 사과는 물리학자 아이작 뉴턴의 그것이다. 뉴턴은 1642년 잉글랜드의 시골마을에서 태어났다. 아버지가 이미 사망해 불우한 소년시절을 보내고 1661년 케임브리지에 입학해 수학을 공부한다. 1664년 학사학위를 받지만 흑사병이 창궐해 대학이 폐쇄된 후, 낙향해서 사색과 실험에 몰두한다.

그리고 1666년 과수원의 사과나무 아래서 졸고 있던 그의 머리 위로 사과 하나가 떨어진다. 그는 사과가 왜 아래로 똑바로 떨어지는지 의아했고, 마침내 사과가 땅으로 떨어지는 데에는 어떤 힘이 작용하며, 그 힘은 행성을 포함해 우주의 모든 만물에 적용된다는 사실을 알아낸다. 아이작 뉴턴의 두 번째 사과는 '사람들의 세상을 둘러싸고 있는 우주라는 것이 도대체 어떻게, 그리고 왜 지금과 같이 작동하는가'라는 문제를 풀어냈다.

세 번째 사과는 스티브 잡스의 사과, 즉 애플 사(社)와 애플 컴퓨터를 의미한다. 흔히 스티브 잡스는 세상을 일곱 번 바꾸었다고 하는데, 우선 애플2 컴퓨터로 개인용 컴퓨터 시대를 열었고, 매킨토시로 그래픽 기반의 운영체제 시대를 열었으며, 매킨토시와 포스트 스크립트 그리고 레이저 라이터를 결합시켜 전자출판 혁명을 일으켰다. 또 애니메이션 회사인 픽사로 자리를 옮긴 뒤에는 3D 컴퓨터 애니메이션 시대를 열었고, 아이팟과 아이튠스로 음악 산업을 뿌리부터 바꿨으며, 아이폰으로 휴대폰 시장에 파란을 불러일으켰고, 아이패드로 태블릿 컴퓨팅 시대를 열었다.

불필요한 것들을 걷어내다

재미있는 사실이 있다. 소년기가 불우했던 스티브 잡스는 비틀스에 심취했고 그에 커다란 영감을 받았다. 그가 음악 산업에 관심을 가진 이유가 그 때문이라는 주장도 있다. 그런데 비틀스는 잉글랜드 출신, 즉 잡스처럼 소년기가 불우했던 아이작 뉴턴의 후예다. 그리고 스티브 잡스의 아버지는 시리아 사람이다. 시리아는 메소포타미아, 즉 바빌로니아 근방으로 에덴동산과 멀지 않은 곳으로 추정되는 지역이다. 세 개의 사과가 시공간을 넘어 이렇게 서로 면면히 이어지고 있다는 사실이 우연치고는 너무나 재미있지 않은가?

그리고 우리가 주목해야 할 더 중요한 사실이 있다. 첫 번째 에덴동산의 사과를 통해 인간이 독립적인 존재로 우주 한가운데에 던져졌다면, 두 번째 뉴턴의 사과를 통해 인간은 우주의 문제를 풀어내게 됐다. 그리고 세 번째 스티브 잡스의 사과를 통해 세상 사람들은 저마다 풀어낸 문제에 관해 서로 소통할 수 있게 되었다. 말하자면 세 개의 사과는 인류가 정보를 발견하고, 통찰하고, 소통하는 과정을 함축한다고나 할까?

나는 세상을 바꾼 이들의 힘이 '본질에 대한 통찰력'이라고 생각한다. 그것은 우리 비즈니스에 긴요한 힘이기도 하고, 한 사람이 온 우주를 마주할 수 있는 힘이기도 하다.

"모든 것은 죽음 앞에서 무의미해지고 정말 중요한 것만 남는다. 죽는다는 사실을 기억한다면 잃을 게 있다는 생각의 함정을 피할 수 있다. 잃을 게 없으니 가슴이 시키는 대로 따르지 않을 이유도 없다."

스티브 잡스의 이 말은 "더 적어도 될 때에 더 많은 것은 낭비다. 자연은 단순함을 좋아하고, 쓸데없는 원인의 허식을 싫어하기 때문이다"라는 아이작 뉴턴의 말과 통한다. 모든 것을 다 버리고 마지막으로 남겨야 할 단 하나, 그것이 바로 본질이다. 그리고 그 본질을 찾아내는 능력이 바로 통찰력이다.

모든 것을 최대한 단순화하는 미니멀리즘(minimalism)의 신봉자로, 아이폰의 하나뿐인 버튼조차 없애고 싶어 했다는 스티브 잡스도 비슷한 생각을 가졌을 것이다. 그러고 보니 뉴턴과 잡스는 모두 눈에 보이는 현상에 사로잡히지 않고, 그 이면에 담긴 본질을 꿰뚫어보는 통찰력이 뛰어난 인물들이었던 것 같다.

통찰력은 그 누구도 밝히지 않았던 '내일'을 여는 능력이다. 그러한 통찰력을 기르는 것이 바로 지금 우리 주변을 가득 메운 무수한 정보의 나뭇가지들을 한데 아울러 숲으로 일궈내는 일이 될 것이다.

그 시작은 본질로부터

사실 스마트폰이야말로 슘페터가 말한 '창조적 파괴'라는 것을 제대로 보여준 분야가 아닐까? 스마트폰 혁신은 단순히 전화 기능에 매몰되어 있던 기존 휴대전화의 진부한 가치를 파괴하고 손안의 컴퓨터라는 새로운 가치를 창조해냈기에 가능했다.

휴대전화의 핵심가치는 '전화'일까, 아니면 '휴대'일까? 전화에 무게를 둔다면 집 전화와 다를 바 없지만, 휴대에 무게를 둔다면 달라진다. 언제 어디서든 세상과 소통하는 새로운 채널이 생긴 것이다. 이것이 핵심이다. '휴대'라는 본질적 가치 위에 가능한 모든 기능을 펼쳐 보인 것이 바로 스마트폰이다. 이것을 통찰했던 애플과 삼성전자가 순식간에 시장을 장악하는 동안, 통찰하지 못한 다른 회사들은 몰락했다.

그런데 요즘의 스마트폰은 또 다시 더 깊은 본질을 추구하는 듯 보인다. 이제는 스마트폰의 '스마트'라는 것 자체를 고민하기 시작했다. 모두가 스마트를 말하지만 무엇이 스마트한 것인지는 제대로 모르고 있었음을 깨달은 것이다.

몇 년 전까지만 해도 스마트폰이 무엇인지 몰랐던 우리가, 이제는 손바닥만 한 기계 하나에 의지해 일하고, 놀고, 소통하며 하루를 보내고 있다. 이것이 옳은가에 대한 고민이 생겨난 덕분일까? 사람들은 점차 아날로그를 그리워하고 있다. 전기가 사라지면 아무것도 아니게 될 사이버 세상, 그보다는 손에 잡히는 현실 세계야말로 진짜라고 생각하기 시작했다.

최근에 론칭된 삼성전자 갤럭시 노트의 S펜 광고에서 그러한 고민의 결과가 보이는 것 같다. S펜이 내세운 카피는 '스마트, 그 시작은 펜으로부터'. 광고에서는 다양한 사람들이 한 손에는 갤럭시 노트를, 다른 손에는 S펜을 쥔 채 골똘히 '생각하는' 모습으로 등장한다.

신나게 즐기는 게 아니라 무언가를 고민하고 생각하고 있다는 사실에 주목할 필요가 있다. 이들은 지금 펜으로 무언가를 적으려 하는데, 그것은 또 하나의 역사나 예술이나 문화로 남을 것이다. 마우스나 키보드로 만드는 것과는 다른 그 무엇이다. 기계에 의해 가공되기 이전의, 내 손 끝에서 바로 만들어지는 날것 그대로의 결과물이다.

인간이 보고, 듣고, 느끼고, 생각하고, 말하는 것들을 펜으로 기록할 때 비로소 역사가 되고, 예술이 되고, 문화가 된다. 인류의 위대한 발명품 중 하나로 종이를 꼽지만, 따지고 보면 종이 곁에 다양한 형태의 펜이 존재하지 않았다면 그것이 가능했을까?

모든 것의 시작으로 돌아가자는 갤럭시의 전략은 성공을 거뒀다. 2011년 출시된 S펜은 9개월 만에 1,000만 대 판매를 돌파했고, 현재까지 여러 번의 개선을 거쳐 진화해 왔다. 손가락 끝에서 일어난 혁신에 열광했던 사람들조차 아직은 펜이 주는 그 본질적 감촉을 잊지 않고 있었던 것이다.

본질로 돌아가는 것이 곧 혁신이라는 사실을 또 한 번 깨닫는다. 소비자들은 알고 있다. 첨단기술이 가져온 삶의 변화에 쫓기듯 몰려가는 게 아니라, 일상을 즐기며 아날로그적 가치를 따르는 것이 진정한 스마트라는 것을 말이다.

수많은 정보와 데이터 속에서 바쁘게 살고 있지만, 가끔은 모든 것을 접고 본질에 대한 사색을 해보길 권한다. 용기를 내어 떠나보자. 우리 눈을 가리고 있는 상식(常識)으로부터, 우리 자신도 모르게 차곡차곡 쌓여서 고질병이 되어버린 고정관념으로부터, 늘 그렇게 해왔기 때문에 그렇게 할 수밖에 없을 것 같은 관행으로부터, 새롭지 않은 아이디어로부터.

그렇게 주변적인 것들을 걷어내면 비로소 본질이 보일 것이다. 누가 아는가? 휴식하고 있던 뉴턴에게 사과가 떨어졌듯이, 새로운 네 번째 사과는 나에게 찾아올지 말이다.

아는 것보다 생각하는 것이 중요하다

친한 후배 한 사람은 '좋은 아버지 클럽' 회원인데, 중학생 아들의 학교 숙제를 아들과 함께 하는 것이 취미라고 한다. 그런데 도저히 풀기 어려운 수학문제가 있어서 그 문제를 트위터에 올렸단다. 불과 몇 분 사이에, 생각지도 못한 여러 가지 해법들이 날아오더란다. 단순히 문제의 답을 구하는 수준을 넘어 그 답을 구하는 여러 가지 방법론들을 아들에게 두루 설명할 수 있어서 아버지로서 정말로 행복했다고 소감을 밝힌다.

인터넷과 소셜미디어의 활용은 이토록 놀랍다. 사람들이 이런 지식들을 어떻게 알아내서 올리는지는 몰라도 인터넷을 이용하면 과거보다 훨씬 빠르게, 더 많은 정보를 얻게 된 것은 분명하다. 도서관에 가지 않고 인터넷만 뒤져도 웬만한 보고서 하나쯤은 만들어낼 수 있는 세상이 됐다.

타고나는 직감, 길러지는 직관

「동물의 왕국」 같은 TV 프로그램을 보면 사자가 최대한 발소리를 죽이고 다가오는데도 풀을 뜯으며 망중한을 즐기는 듯 보이던 얼룩말들이 어느새 쏜살같이 도망치는 장면을 볼 수 있다. 사자가 다가오는 것을 얼룩말은 직감적으로 느끼는 것이다. 동물들은 자연현상의 변화도 예민하게 감지한다. 그래서 우리 인간은 쥐나 뱀, 두꺼비 등이 떼지어 출몰하는 것을 보고 지진의 전조라 여기기도 하는 것이다.

이렇듯 동물의 직감은 상당한 위력을 발휘하지만, 안타깝게도 인간의 직감은 그 감도가 다른 동물에 비해 떨어지는 것이 사실이다. 하지만 상대적으로 약한 동물적 직감을 압도하는 인간만의 능력, 그래서 직감보다 더 큰 힘을 발휘하는 것이 바로 직관이다.

직관(直觀)은 감각이 아니라 사고 능력이다. 직감이 시각·청각·후각·미각·촉각을 나타내는 오감 외에 몸이 느끼는 미세한 감각을 뜻한다면, 직관은 이러한 감각 밖에서 감각 이상의 능력을 갖는 것이다. 내 안에 축적된 지적·심리적 데이터를 통해 자신이 알아야 할 바를 바로 알게 하는 그 능력이자, 어느 순간 아득한 절벽을 마주한 듯 암담해진 우리의 마음속에 섬광처럼 길을 밝히는 그 능력이다. 그러니 직관이야말로 리더가 갖춰야 할 능력 아니겠는가?

이러한 직관의 다른 이름은 바로 통찰력(insight)이다. 무수히

산재해 있는 정보의 숲에서 하나의 빛나는 의미를 추출해내는 통찰력이야말로 우리에게 절실히 요구되는 힘인 것이다. 정보의 홍수가 일어나고 있는 오늘날의 시장 환경에서 예전처럼 정보를 축적하는 것만으로는 더 이상 의미가 없다.

쌓으려 하지 말고 통찰해야 한다. 정보가 아니라 그 속에 담긴 의미를 볼 수 있어야 한다. 머릿속에 쌓이기만 하는 정보는 한낱 쓰레기일 뿐, 그것이 의중으로 진입하여 행동을 일으키지 않으면 아무 의미가 없다.

그러니 정보의 소용됨과 쓸모없음, 일말의 가치와 일고의 가치 없음을 꿰뚫을 수 있도록 통찰의 날을 벼리는 일이 무엇보다 중요할 것이다. 눈에 보이는 것들 속에서 보이지 않는 가치를 발견하는 나만의 안목이 바로 리더의 무기인 것이다.

통찰력은 어디로부터 오는가

에릭 슈미트 구글 회장의 책『새로운 디지털 시대』를 보면 그가 생각하는 새로운 디지털 시대는 한마디로 '연결성'이라는 말로 집약된다.

그가 '디지털 기술로 인한 연결성의 확대'를 미래의 가장 중요한 특징으로 지적한 이유는 그것이 국가나 기득권층의 권력을 개인에게 나눠주는 역할을 한다는 데 있다. 즉, 국민 개개인에게 국력을 분배하는 디지털 혁명인 것이다. 물론 이런 연결성 때문에 우리가 치러야 할 대가도 있다. 사생활과 보안 문제가 그렇다. 그럼에도 에릭 슈미트는 새로운 시대를 낙관하며 이렇게 말한다.

"우리가 예상하는 미래는, 인류 역사상 가장 빠르게 움직이면서 가장 흥분된 시간과 약속, 도전으로 가득 찬 멋진 신세계다. 우리는 과거 그 어느 세대보다 빠르게 일어나는 변화를 더 많이 경험할 것이다."

그가 펼쳐 놓는 디지털 시대의 전망을 보며 경영자로서 많은 생각이 들었지만, 또 다른 관점의 씨앗도 보게 된다. 그 씨앗이란 새로운 시대의 인간 존재 방식에 관한 것이다. 세상이 하나로 연결되었다는 것은 나는 너에게 너는 나에게, 사소하든 중요하든 영향을 미치는 사회가 되었다는 것 아닌가? 인터넷이라는 미디어 환경에 노출된 이상 단독자로서의 삶은 존재하지 않는 것이다.

이러한 삶의 양상을 불가에서는 일찍이 '인드라 망(Indra 網) 세계'라고 표현해 왔다. 인드라 망은 우리 세상을 뒤덮고 있는 넓고 큰 그물을 말하는 것으로, 각 그물코마다 구슬이 달려 있어서 서로가 서로를 비추고 있다. 인드라 망에서는 그물코 하나의 움직임이 전체를 출렁이게 한다. 인드라 망은 한 사람 한 사람이 구슬처럼 빛나는 존재이면서 동시에 이 세상은 독자적 존재로 사는 것이 아니라 서로가 이웃해 의지하면서 존재할 수밖에 없음을 표현하고 있다.

언젠가 읽은 정현종 시인의 산문집에서 이에 관한 놀라운 통찰을 발견하고 감탄한 적이 있다. 시인은 숲속에서 돌 하나를 주워 던진 후 그 돌의 움직임으로 인해 우주가 달라졌다는 느낌을 받는다. 그리고 말한다.

"내가 던진 돌 하나가 우주의 균형을 바꾼다!"

시인의 통찰과 불가의 '인드라 망', 그리고 에릭 슈미트의 '연결성'은 모두 통하고 있는 셈이다. 이러한 관점을 우리가 내일의 통찰력을 벼리기 위한 거름으로 삼아야 하는 것이 아닐까 생각한다. 우리가 존재할 수 있는 조건을 제대로 바라보고, 그 달라진 조건 위에서 새로운 가능성을 볼 수 있어야 한다. 그것이 곧 통찰력이 아니겠는가 말이다.

내가 숨 쉬고 있는 이 시공간의 실체, 그 모습을 가능한 확실하고 또렷하게 보려고 노력하자. 그리고 이 시공간 속에 존재하는 것들의 양식, 즉 사람과 사람이 어떤 관계를 맺고 살아가는지 바라보자. 하나의 시대 속에 살아 움직이는 '존재들'을 바라보는 것. 그것이 곧 통찰력의 시작일 것이다.

통찰을
찾으러
인문학
속으로
들어가다

세상의 모든 것이 연결되어 있는 통섭의 시대에 사유의 진폭은 크고 넓고 깊을수록 유용하다. 리처드 바크의 소설『갈매기의 꿈』에는 명민하고 지혜로운 갈매기 조나단이 나온다. 평범한 갈매기들이 '먹는 것'을 고민할 때 조나단은 '나는 것'을 고민했다. 선도적 지혜, 통섭에 걸맞은 지혜를 갖춘 조나단은 결국 갈매기들의 선구자가 된다.

통섭가로서의 리더는 조나단과 같이 더 근원적인 고민, 더 깊이 있는 안목을 가져야 한다고 본다. 조직의 선두에서 조직을 이끌고 나가는 것은 모두와 함께 해야 하지만, 그렇게 하기 위해서 리더는 누구도 방해하지 못하는 '마이 웨이'를 찾아야만 한다. 그런데 그것은 수많은 길이 내다보이는 저 높은 상공에서 찾아낼 수 있는 것이지 당장의 생존을 위해 갈급한 탐욕을 부릴 때는 절대 찾을 수 없다.

하지만 어느 길이 진정한 마이 웨이인지 구분하는 일이 어디 쉽겠는가? 그러니 해법은 모든 것의 기본과 원칙과 탁월함이 있는 지혜의 보고에서 길어 올릴 수밖에 없다. 앞에서도 강조했듯이 나는 그 보고가 바로 '인문학'이라고 생각한다.

일찍이 네덜란드 인문주의자 에라스무스는 "아드 폰테스(Ad Fontes)!", 즉 "원천으로!"를 외쳤다. 그 뜻은 역시 기본에의 충실함이다. 현재 향유하고 있는 문화의 원천이 어디인지에 시선을 돌리자고 주장한 에라스무스의 이 외침이 고대 그리스 문물에 대한 관심을 낳았고, 결국 르네상스 시대를 열었다. 바로 이정신, 즉 모든 것을 기본에서 다시 시작하고 점검하고 발견하는 '처음처럼'의 정신은 결국 늘 새롭게 '나'와 '우리'를 재무장하는 것에 다름 아니다.

르네상스를 맞이하고 싶은가? 그렇다면 오래된 지혜에 눈을 돌려보자.

인문학은 '사람·삶·이야기'다

인문학이 내공을 만든다. 인문학적 소양이 길 잃은 이들의 어둠 속에 길을 내는 것이다. 수천 년의 시간 동안 살아남아 차곡차곡 경험으로 축적되어온 인문학 속에는 무궁무진한 이야기가 담겨 있다. 상상력의 진폭이 무한

한 그 속에서라면, 지금의 현실과 병치되고 일치되는 수많은 사례들과 빛나는 해법들을 찾을 수 있지 않을까?

그런데 여기서 노골적인 질문을 한번 던져 보자. 인문학이란 게 도대체 무엇인가? 사전에서 인문학을 찾아보면 '인간의 언어, 문학, 예술, 철학, 역사 따위를 연구하는 학문'이라고 나온다. 아무래도 '학(學)' 자가 붙어 있으니 어려울 것 같기도 하다. 왠지 동양의 제자백가들을 아우르고 서양의 사상가들을 섭렵해야 할 것 같은 부담감이 생긴다.

하지만 그렇지 않다. 인문학으로 박사 학위를 딸 생각이면 모르되, 우리가 원하는 것은 다만 그 속에 녹아 있는 시간을 초월한 지혜의 단편 아닌가? 그러니 우리는 '인문학'에서 '학'이 아닌 '인(人)'과 '문(文)'에 집중해보자. 사람과 문화. 그러니까 인문학이란 사람의 문화, 그 오래된 삶의 무늬를 들여다보는 일에 다름 아니다.

다시 말해 켜켜이 쌓여진 우리들 '삶에 대한 이야기'를 들여다보는 것이 인문학이다. 그것은 책을 통한 것일 수도 있고 한 편의 영화, 한 장의 사진을 통한 것일 수도 있다.

중요한 것은 그것이 지적 성찰을 가져와야 한다는 것이다. 우리들 내면에 소소하나마 어떤 돌풍을 몰고 와서, 오늘 나의 행동을 미세하게나마 변화시킬 수 있는 것이면 무엇이든 인문학적 경험이 된다. 반면 별다른 지적 성찰 없이 표면적인 것만 접하고 말았다면, 아무리 대단한 인문학 고전을 읽었다 해도 가벼운 잡지책 한 권 읽는 것과 무엇이 다르겠는가?

그러니 인문학은 책 속에 존재하는 무엇이 아니라 삶을 바라보는 하나의 시각이라고도 할 수 있겠다. 인문학적 관점을 키우면 삶의 모든 것이 의미를 갖게 되고, 나만의 창조 대상이 되는 것이다.

창의성이라는 것도 결국 사물을 새로운 관점에서 보는 데서 출발한다. 그동안 학교나 학원에서 배운 지식과 경험만으로는 새로운 해석과 새로운 아이디어를 더 이상 창출하기 어렵다. 실용학문인 경영학이나 공학에 역사·문학·철학 등을 바탕으로 새롭고 넓은 관점이 더해질 때 개인과 기업의 창의성을 높일 수 있는 새로운 무언가가 생겨난다.

통찰이란 결국 '인간'으로 돌아가는 것

그대 / 사랑이란 / 어찌 우리 둘만의 사랑이겠는지요 / 그대가 바라보는 강물이 / 구월 들판을 금빛으로 만들고 가듯이 / 사람이 사는 마을에서 / 사람과 더불어 몸을 부비며 / 우리도 / 모르는 남에게 남겨줄 / 그 무엇이 되어야 하는 것을 / 구월이 오면 / 구월의 강가에 나가 / 우리가 따뜻한 피로 흐르는 / 강물이 되어 / 세상을 적셔야 하는 것을 안도현 시인의 「구월이 오면」이라는 시다. 염천(炎天)에 지쳐 탈진을 부르는 팔월을 보내고, 미풍이 불어 시나브로 살아날 것 같은 구월이 오면 마음이 한결 평온해진다. 팔월은 전쟁 같았고, 구월은 평화 같다. 팔월은 열렬했지만, 구월은 단정하다. 팔월은 격문(檄文)처럼 갔고, 구월은 시(詩)처럼 온다.

광고쟁이인 나는 이 시에서 평온함 외에 다른 것을 함께 본다. 관계, 전략, 커뮤니케이션이다. 좋은 시 한 편을 앞에 두고 무슨 소리인가 싶겠지만, 실제로 그렇다. 2012년 미국PR협회(PRSA) 는 PR이라는 것을 다음과 같이 새롭게 정의했다고 공표했다.

"PR은 조직과 공중 사이에 상호유익한 관계를 구축하는 전략적 커뮤니케이션 과정이다.(Public Relations is a strategic communication process that builds mutually beneficial relationships between organizations and their publics.)"

이 문장에서 중요한 세 가지의 키워드가 바로 관계(relationships), 전략(strategy), 커뮤니케이션(communication)이다. 안도현 시인이 노래한 시는 어떤가? '사람이 사는 마을에서 사람과 더불어 몸을 부비며'는 관계일 것이고, '모르는 남에게 남겨줄 그 무엇이 되어야'는 전략일 것이며, '강물이 되어 세상을 적셔야 하는'은 커뮤니케이션일 것이다.

시인은 광고업에 종사하기라도 했던 것일까? 아마 아닌 것으로 안다. 하지만 비즈니스라는 것의 본질이 사람과 사람 사이에서 오고가는 것이고, 시 역시 사람과 사람 사이의 일을 노래하는 것이라면 두 가지는 서로 맞닿아 있다. 바로 이런 것이 인문학적 통찰, 인문학적 시각이다.

요컨대 인문학적 통찰이란 이것저것 다 내려놓고, 우선 사람의 이야기로 돌아가는 일이 아닐까? 시인이 바라보는 강물이 구월의 들판을 금빛으로 만들듯이, 우리가 만나는 사람들과 함께 빛나는 무언가를 창조해내도록 말이다.

연결하는 것이 힘이다

제2차 세계대전이 한창이던 1941년, 영국은 독일 잠수함 U보트에 속수무책으로 당하며 패색이 짙어지는 상황이었다. 전함 수백 척이 U보트가 쏜 어뢰에 침몰하면서 대서양 보급로가 완전히 끊긴 것이다. 그런데 감쪽같이 전세가 역전됐다. 영국이 비밀리에 세운 특수조직 '블레츨리 파크'가 독일군 암호 대부분을 해독하는 데 성공한 덕분이었다.

독일군은 '에니그마'라는 암호 생성기를 이용해 교신하고 있었는데, 에니그마는 '악마의 발명품'이라 불릴 정도로 어려운 암호 체계를 가지고 있었다. 이것을 해독해낸 것은 블레츨리 파크가 개발한 세계 최초의 연산 컴퓨터 '콜로서스'였다. 콜로서스는 독일군의 교신 메시지를 1분당 2개의 속도로 풀어냈고, 덕분에 연합군은 독일군의 교신 내용을 대부분 손쉽게 확인했다.

암호 해독으로 U보트의 위치를 파악해낸 영국은 더 이상 두려울 게 없었다.

그런데 여기서 중요한 것은 암호 해독을 위해 블레츨리에 모인 사람들 수가 무려 1,000여 명이라는 것이다. 이들의 직업과 학문적 배경은 그야말로 다양했다. 과학자, 기술자는 물론이고 체스 챔피언, 낱말 맞추기 전문가, 대기업이나 백화점 간부까지 참여했다. 전공도 수학, 이집트학, 고전, 역사, 현대언어학 등으로 천차만별이었다.

블레츨리 파크의 성공 비결은 한마디로 다양성의 힘이었다. 다양성이 능력을 이길 수 있음을 보여주는 사례다. 만약 블레츨리 파크가 배경이 엇비슷한 암호 해독의 천재들로만 구성됐다면 이와 같은 성과가 나오지는 못했을 것이다. 다양한 배경과 지식을 가진 이들이 다양한 관점에서 문제를 바라본 덕분에 서로가 미처 생각하지 못한 부분을 보완할 수 있었던 것이다.

오늘의 시대도 마찬가지다. 하나의 위대한 지식보다 힘 모은 여러 지식이 각광받는 시대다. 그것이 통섭이다.

R&D를 넘어 C&D의 시대로

사회의 패러다임이 변하고 있다. 무수히 많은 데이터가 넘쳐나지만 정작 가장 중요한 통찰력을 뽑아내기는 버거운 빅 데이터 시대가 도래했다. 고도로 분업화

된 시스템 때문에 더 이상 혼자서는 무언가를 제대로 알기가 어려운 시대가 되었다. 게다가 이상기후, 환경오염, 식량문제 등 전 세계적 공동 이슈가 발생하면서 이제 경쟁을 넘어 협업이 더 중요한 시대로 변하고 있는 것이다.

한 명의 천재보다 집단지성이 중요해졌다. 다수의 개인지성이 서로 협력하거나 경쟁을 통해 얻게 된 지적 능력의 결과로 얻어진 집단적 능력, 즉 집단지성은 단순한 개인지성의 합을 넘어서는 그 이상의 능력이다.

많은 회사들이 R&D(Research and Development) 즉 '연구개발'에 집중하던 것에서 이제 지금은 C&D(Connect and Development) 즉 외부와 결합해서 더욱 뛰어난 제품을 개발하는 일에 집중하게 되었다. 스티브 잡스는 C&D를 재발명이라고까지 했다. 이제는 가능한 많은 뇌의 결합이 더 좋은 결과물을 만드는 시대인 것이다.

할리데이비슨 면도기를 아시는가? 면도기로 유명한 질레트가 오토바이로 유명한 할리데이비슨의 디자인을 적용해 만든 면도기다. '질레트 퓨전 바이크 팬텀'이라는 이 제품은 할리데이비슨 특유의 엔진 진동 느낌을 가질 수 있는 미세진동 시스템이라고 한다. 면도기와 오토바이가 남자들의 필연과 로망이라는 공감대를 통해 하나의 스토리로 엮은 것이다.

초콜릿 브랜드 길리안과 LG생활건강의 색조 화장품 브랜드 VDL의 협업 사례도 있다. 길리안 초콜릿의 상징인 조개 모양과

마블링을 VDL의 아이섀도와 블러셔에 적용시켰더니 이색적이면서 새로운 조합이 나왔다. 초콜릿과 화장품의 주요 소비자는 둘 다 젊은 여성으로, 추구하는 감성이 일치한다.

이것이 통섭이다. 문화와 문화가 만날 때 그 결과물은 물리적인 것이 아니라 화합적인 것이다. 즉, 서로 다른 경험이 만나 두 개의 경험을 만드는 것이 아니라 전혀 다른 또 하나의 경험을 만들어낸다. 이처럼 통섭은 사고의 전환을 만들고, 제품의 질적 전환을 만들고, 소비자 생활의 전환을 만든다.

트랜스 시대, 트랜스 마케팅, 트랜스 경영

사실상 지금의 현실을 단지 변화하는 시대라고 말하는 것은 너무 진부하다. 요즘 시대의 변화는 '변화'라는 말로 포괄하기에는 그 의미의 깊이와 폭이 깊고도 넓은 탓이다. 그래서 등장한 것이 '트랜스(trans)'다. 트랜스는 가로지르고 통과하는 횡단의 의미에서 더 나아가 '초월'의 의미를 지니는 말이다.

하여 예측 불허 디지털 시대의 마케팅 키워드가 '트랜스 마케팅'이다. 트랜스 마케팅이라고 하면 '마케팅을 초월한 마케팅'이라고 할 수 있다. 새로운 디지털 시대에는 기술적 부분에서뿐만 아니라 소비자의 생활 자체가 디지털화 되어 있으므로, 그에 최적화된 마케팅 해법을 제시해야 하는 것이다.

장대련 교수의 『트랜스 시대의 트랜스 브랜딩』이란 책에서는 트랜스 시대를 맞이해 사회 전 분야에서 나타나고 있는 8가지 변화의 키워드를 이렇게 정리했다.

"아날로그에서 디지털로, 고정된 모습에서 이동성을 띤 모습으로, 개인에서 다수의 네트워크로, 직접적인 방법에서 간접적인 방법으로, 고체 형태에서 유동적인 형태로, 수직에서 수평으로, 제로타임에서 시간축 경쟁으로, 상업적인 것에서 오픈 소스로."

이것이 어찌 마케팅에만 해당되는 것이겠는가? 오늘날의 시장 환경은 유연한 자율성이 중시되고, 딱딱한 위계질서 대신 평평한 관계와 시간의 중요성이 강조된다. 이런 상황에서 주목해야 할 패러다임은 파괴적 혁신, 기술적 융합, 소비자 중심의 요구, 변화 관리라고 한다.

트랜스 시대, 트랜스 마케팅, 나아가 트랜스 경영의 세상이다. 그 변화의 최전방에 서있는 CEO는 다양한 정보와 지식과 경험을 스스로 쌓고, 그것을 바탕으로 새로운 패러다임을 정착시키기 위해 몸부림쳐야 한다. 기존의 방식에 젖어 있는 CEO에게는 그야말로 뼈를 깎는 노력 없이는 불가능한 일일 것이다.

한때 '제조업의 꽃'으로 불리던 자동차 산업은 이제 기계제조업을 넘어 IT·전자·화학 등 이종(異種) 영역의 기술이 집약된 통섭형 산업으로 거듭나고 있다. 운전자 없이 주행하는 무인자동차, 친환경 이슈로 주목받는 전기자동차 등 미래형 자동차들을 현실화하기 위해서는 테크놀로지 혁신이 필요하고, 이 혁신은 자동차 메이커들만의 몫이 아니라 전자회사와 화학회사들이 함께 견인하고 있다.

세계적 자동차 메이커인 GM은 GPS와 이동통신이 결합된 플랫폼 '온스타(OnStar)'를 제공하고 있고, 국내에서도 기아자동차와 SK이노베이션이 전기차 개발 및 보급을 위한 포괄적 업무 협약을 맺었다고 한다. 미국의 자동차 회사 포드의 빌 포드 회장은 자동차 기술 연구소를 다른 곳이 아닌 IT 업계의 심장 실리콘밸리에 새로 열면서 이렇게 토로했다.

"지난 100년간 포드는 스스로 혁신을 창출했지만, 앞으로는 포드 자체만의 독자적 혁신 창출은 불가능하다는 것을 인정하지 않을 수 없다."

자동차와 IT, 자동차와 화학, 그리고 IT와 화학이 만난다는 사실은 흥미롭다. 물론 과거에도 기업 간 제휴가 없었던 것은 아니다. 하지만 과거에는 이미 개발된 기술을 공유하면서 시장 지배력을 높이려는 제휴가 대부분이었다. 반면 최근에는 미래 생존을 위한 핵심 기술을 공동 개발하기 위한 제휴가 많다. 목적 자체가 다른 것이다.

모든 만남 앞에서 주저하지 마라

과거에는 자기 제품에 들어가는 하나부터 열까지를 기업 자체 기술로 만들어내는 것이 진보의 상징이고 자랑이었다. 하지만 소비자의 기대가 상상할 수 없을 만큼 높아지고 기술의 발전 속도가 무한대로 빨라지면서 더 이상 한 기업의 내부 역량만으로는 시장을 주도하기 버거운 세상이 되었다. 기업 간의 합주(合奏)는 시장 지배력의 조건을 넘어 기업 생존의 조건이 되어 가는 듯하다.

이러한 '이종 간의 합주'는 사실 요즘 기업만의 화두는 아니다. 아주 오랜 옛날부터 세상은 서로 다른 요소들 사이의 관계를 이해하고, 결합하고, 완전히 새로운 아이디어로 만들어낸 사람들이 주도해왔다. 그런 태도와 역량을 가진 문화는 흥했고, 그렇지 않은 문화는 쇠퇴했다. 다만 지금 시대에서는 그런 경향이 더욱 뚜렷해지고 있을 뿐이다.

어디 물질적인 것뿐이랴. 함께 함으로써 얻는 이익은 정신적·심리적으로도 상당한 것임을 오늘날의 사회는 가르쳐주고 있다. 함께 하지 못해 외로운 현대인의 삶, 반대로 함께 하는 것만으로도 충분히 행복해질 수 있는 삶이 바로 요즘의 모습이다. 그러니 일이든 사람이든 기술이든, 모든 만남을 앞두고 주저할 이유가 없다.

통찰의
결과를
'이야기'로
재창조하기

2013년 칸 라이언스 수상작인 도브의 '리얼 뷰티 스케치(Real Beauty Sketches)'의 영상을 본 적 있는가? 실제 FBI의 몽타주 전문가가 세 명의 여성들을 그린다. 첫 번째 몽타주는 여성 스스로가 자신의 모습을 묘사하는 것에 따라 그리고, 두 번째는 다른 사람들이 그 여성을 묘사하는 것에 따라 그린다.

그리고 두 개의 몽타주를 나란히 보여주는 순간, 여성들은 감격의 눈물을 흘린다. 스스로 묘사한 자신의 얼굴보다 다른 사람이 묘사한 자신의 얼굴이 훨씬 아름다웠기 때문이다. 이때 흐르는 카피는 '당신은 당신이 생각하는 것보다 아름답습니다(You are more beautiful than you think)'.

흔히 여성들은 자신의 외모를 필요 이상으로 비하하는데, 이 광고는 그런 여성들의 공감을 이끌어내고 자존감을 살려 준다.

172

이것은 세계 광고인들의 축제인 칸 라이언스 페스티벌에서 최근 두드러지게 나타나는 특징이기도 하다. 그 어느 때보다도 광고에 담긴 이야기, 그 가치에 열광하는 것이다.

이제는 광고 자체가 하나의 매력적인 콘텐츠가 되어 소비되는 것이 중요해졌다. 이는 곧 광고에서조차도 소비자, 즉 인간에 대한 깊이 있는 통찰을 바탕으로 아이디어를 내는 것이 더욱 중요해졌다는 것을 의미한다.

재미있는 사실은 이 광고가 인간의 아름다움과 자아존재감이라는 인문학적 주제를 중요하게 다루면서도, 그 형식은 아주 직접적으로 와닿는 '이야기'의 형태를 띠고 있다는 점이다. 이 광고를 학문적으로 설명하자면 아주 많은 이론이 등장할 것이다. 나는 나를 제대로 볼 수 없다는 데카르트의 철학에서부터, 외모는 생존을 위한 경쟁력이라는 진화심리학의 이론 등등.

그러나 이 광고는 어려운 말을 사용함으로써 고객들을 혼란에 빠뜨리지 않았다. 대신 누구나 공감할 수 있는 이야기를 통해 겸손하게 접근했다. 인간 본연의 마음, 그러니까 여자라면 누구나 예뻐 보이고 싶어 하는 마음에 직접 다가간 것이다.

인간의 삶을 들여다보고 공감하는 능력이야말로 그 어떤 이론보다 훌륭한 인문학적 시각이라고 말하고 싶다. 그동안 많은 철학자들이 '당신 자신을 사랑하라'고 말했지만, 도브의 이 광고처럼 확실하게 그것을 깨우쳐 준 경우는 없지 않았는가?

이야기의 힘은 생각보다 세다

나 자신의 인문학적 통찰력을 키우는 것도 중요하지만, 그 통찰의 결과를 다른 사람에게 보여줄 때 가장 좋은 방법은 바로 이야기가 아닌가 싶다. 누구나 이야기를 좋아한다. 골치 아픈 '이론'보다는 공감할 수 있는 '이야기'가 더 와 닿는 법이다. 정말 많이 아는 사람의 설명은 명쾌하지만, 어설프게 아는 사람의 설명은 어딘가 앞뒤도 안 맞고 알아듣기도 어려운 것처럼 말이다.

오늘날의 산업은 단순히 창의적인 아이디어를 절묘하게 결합하는 것만으로 성공할 수는 없다. 그것을 실제로 적용시켜 활용하는 실용성이 있어야만 빛을 발한다. 아이디어가 솔루션이 되지 않으면 소용없듯이, 통섭과 인문학으로 얻은 통찰도 실제 활용되지 않으면 소용없는 것이다. 이야기는 이를 가능하게 해주는 매우 강력한 무기다.

당신이 집을 한 채 사려고 한다. 그런데 어떤 부동산 중개소에 가니 가격과 사양만 간단히 적어 놓았을 뿐이고, 다른 부동산 중개소에서는 그 집에 관련된 이야기를 들려준다. 예를 들어 이렇게 말이다.

"이 집의 주인 부부께서는 1976년에 이 매혹적인 집으로 이사를 왔습니다. 그들은 이 집의 세세한 부분들 즉 견고한 참나무 바닥, 커다란 유리 창문, 정원에 가꾼 앵두나무 등을 사랑했고 한결같이 정성스럽게 관리했습니다.

처음 이사 왔을 때 단꿈에 부푼 젊은 부부였던 이분들은 이곳에서 그 소박한 꿈들을 대부분 이루었지요. 자녀들은 따뜻한 심성을 가진 어른으로 성장했고, 이제는 모두 가족을 꾸려 분가했습니다. 그리고 주인 내외는 부부만의 단출한 공간을 찾아 이사하셨지요. 선생은 제게 이 보석 같은 집을 팔아달라고 부탁하셨습니다. 제게는 큰 영광이었죠. 우리는 선생의 지시에 따라 집을 깨끗이 청소하고 집 안팎을 새로 단장했습니다. 이제 이 집은 새로운 주인을 기다리고 있습니다.”

당신은 어떤 부동산 중개소와 계약하고 싶은가? 허름한 단독 주택도 이렇게 ‘인간이 살아가는 이야기’가 얹어지는 순간 아름답고 유서 깊은 공간으로 거듭나게 되는 것이다.

최근 들어 기업이 인문학적 소양을 가진 인재를 찾고 있다. 인문학적 ‘지식’이 아니라, 인문학적 ‘소양’을 가진 인재다. 그 인문학적 소양이 넘치는 사람이라면 어느 분야에서도 이처럼 충분히 나름대로의 이야기를 만들어낼 수 있기 때문이다.

미래를 향한 이야기를 설계하는 ‘역진 미래학’

그런데 이야기는 단순히 통찰력으로 만들어진 결과에 불과할까? 그 반대는 불가능할까? 그러니까, 이야기가 통찰력의 결과가 아니라 원동력이 될 수는 없느냐는 말이다. 그 가능성을 나는 얼마 전 소설책을 읽으면서 찾아냈다.

끊임없이 변하는 시장 상황에서 CEO 노릇을 제대로 하려면 솔루션에 대한 고민을 끊임없이 해야 한다. 대체 어떻게 해야 미래를 합리적으로 예측하고 소비자를 사로잡을 수 있을지가 늘 화두였다.

그런데 궁하면 통한다더니, 밤낮 끙끙대던 중에 우연찮게 읽게 된 베르나르 베르베르의 소설 『카산드라의 거울』에서 실마리를 얻었다. 그것은 '역진(逆進) 미래학'이라는 개념이다. 우리는 흔히 현재를 기반으로 미래가 어떻게 달라질지를 상상하곤 한다. 하지만 베르베르는 그 반대로, 미래를 기반으로 현재를 설계한다는 기상천외한 역발상을 이야기하고 있었다.

"각자 돌아가면서 이상적인 사회를 하나씩 만들어 봐요. 그런 다음 그것을 목표로 삼아서, 거기에 이르기 위해서는 어떤 중간단계들을 만들어 가야 하는지 함께 생각해 보자고요. 뭐랄까, '역진 미래학'이라고 표현해 볼 수 있을까요?"

그러니까 이런 것이다. 진심으로 이루고 싶은 아름다운 꿈, 이상적인 미래를 하나 상상해 보자. 그런 다음 거기에 이르기 위해서 무엇이 필요한지, 어떻게 만들어 가야 하는지 생각해 보자. 꿈꾸는 미래가 펼쳐지려면 어떤 일들이 일어나면 되는지를 상상해서 하나의 시나리오를 만들어 보는 것이다.

그리고 그 이야기를 구체화해서 현실로 만들기 위해 노력한다면? 시나리오에 맞춰 꿈꾸던 미래가 어느새 현실로 다가오지 않겠는가? 작은 노력들을 꿰어서 하나의 완결된 과정으로 만드는 것이 바로 우리가 그토록 찾는 솔루션의 다른 이름이다. 흔히 '생생하게 꿈꾸면 이뤄진다'는 말을 하는데, 완전히 허황된 이야기는 아닌 셈이다.

모든 창의적인 아이디어에는 숨겨진 이야기가 한둘쯤 있기 마련인데, 나는 그것이 우연이라고 생각하지 않는다. 아이디어를 만들고 솔루션으로 발전시켜 결국 실현해 가는 과정을 한 발 떨어져 바라보면 그것이 곧 하나의 완결된 이야기가 되니까 말이다.

어려운 시절, 난국을 돌파하는 것은 새롭게 생각할 수 있는 능력이다. 그러니 상상하자. 가능하면 구체적으로, 사람을 향해, 인문학적으로. 그리고 그것을 실현하기 위해 궁리하자. 길이 막히면 다시 돌아가 본질을 되새기면서. 이것이야말로 힘들고 버거운 오늘을 사는 데에 희망의 기운을 불어넣는 발상이 아닐까?

한 사람은 여러 사람의 생각을 이기지 못한다

한동안 모바일 게임 '애니팡'이 열풍이었다. 같은 동물 그림 세 개를 줄세우면 팡팡 터지는 게임 말이다. 집이든, 학교든, 지하철이든 모두들 팡팡 터뜨리는 재미에 빠졌고 사람들은 일종의 게임머니와 같은 빨간색 '하트'를 서로서로 날려 댔다.

사람들이 하트를 주고받는 데는 시도 때도 없었다. 오래전 헤어진 애인에게 하트를 날려 안부를 묻는 사람이 있는가 하면, 새벽 네 시에 며느리에게서 하트를 받고 당황한 시아버지도 있다고 한다. 애니팡은 하나의 게임을 넘어서 대한민국 사회를 아우르는 전천후 놀이판이 되었던 것이다.

기업 CEO로서 그리고 광고 만드는 사람으로서 문득 이 열풍의 비결이 궁금해졌다. 단순하게만 보이는 이 작은 놀이판 하나에 2,000만 명이 열광하게 된 데는 분명 이유가 있을 것이다. 조금 시각을 달리해서 보니, 작게는 친구 사이에서 크게는 국가 경영에 이르기까지, 인간관계의 구심점을 만드는 데 필요한 교훈이 애니팡 열풍에 다 들어 있는 듯했다.

다음은 나름대로 정리해 본 애니팡의 성공 요인이다.

첫째, 경쟁과 협력 관계 조성이다. 애니팡의 필수 자원인 하트는 내가 만들 수는 없고, 채워질 때를 기다리거나 친구가 보내준 것만을 쓸 수 있다. 게임을 계속 하려면 하트가 필요하기 때문에 친구는 나의 점수 경쟁자이면서 동시에 자원 협력자가 된다. 라이벌이 실은 나의 성장을 돕는 촉매가 된다는 인생의 아이러니를 고스란히 보여준다. 이 얼마나 철학적인가?

둘째, '제로섬 게임'이 아닌 '윈윈 게임'이다. 제로섬 게임은 누군가 하나를 얻으면 다른 사람은 하나를 잃어야 하지만, 윈윈 게임은 그렇지 않다. 애니팡 하트를 친구에게 보낸다고 해서 내 하트 수량이 줄어들지는 않는다. 그저 내가 보내기만 하면 상대방에게는 하트 한 개가 새로 생겨난다. 나누어 쓰는 시스템이 아니라 만들어 쓰는 시스템이다. 그러니 세상에는 하트를 통한 호의와 배려가 고갈되지 않고 흘러넘칠 수 있다. 사람들 마음은 풍요로워진다. 주겠다는 메시지가 달라는 메시지를 압도하는 사회, 어찌 즐겁지 아니한가?

셋째, 과거를 잊고 새로 출발하는 힘이다. 애니팡은 게임 점수를 주간 단위로 초기화하여 도전과 성취 욕구를 계속 자극한다.

이번 주 점수가 좋아도 다음 주에는 무의미하고, 이번 주 점수가 나빠도 다음 주를 기약하면 된다. 사람들이 마냥 만족하거나 좌절하지 않도록 매주 새로운 기회와 동기를 부여하는 것이다. 의욕적인 삶을 위해서는 새로운 목표를 갖는 것이 필요하다. 그 사실을 이렇게 캐주얼하게 알려주는 게임도 드물 것이다.

애니팡 제작자들이 실제로 이렇게 철학적인 생각을 바탕으로 게임을 만들었는지는 확인할 수 없으나, 애니팡 덕분에 '판'을 잘 만드는 것이 참 중요하다는 것을 새삼 깨달았다. 잘 짜인 놀이판만 있다면 그 위에서 사람들은 누가 뭐라하지 않아도 서로 알아서 놀며 질서를 세우고 스토리를 만들어내기 때문이다.

대중이 뭉치면 전문가만큼 똑똑해진다

다양한 구성원이 생각을 나누고 아이디어를 뭉치면 조직의 미래가 혁신된다. 누구라도 접근해서 정보를 더하고 뺄 수 있는 개방형 웹 백과사전인 위키피디아를 보라. 전 세계 네티즌이 저자이자 편집자로 참여하는 위키피디아의 항목 수는 380만여 개로 브리태니커 백과사전의 12만여 개를 완전히 압도한다. 이제 더 이상 브리태니커 백과사전을 집에 진열하고 들춰보는 사람은 없을 것이다.

그렇다면 '평범한 사람들'이 만든 위키피디아의 정보가 '엄선된 4,000여 명의 전문가'가 저술한 브리태니커의 정보보다 신뢰도가 낮을까? 2005년 과학전문지 「네이처」가 42개 항목을 검토한 결과 위키피디아에서 발견된 오류는 항목당 평균 4개, 브리태니커는 3개였다. 질적인 면에서도 얼추 대등하다고 할 수 있다. 전문가 못지않은 '똑똑한 대중'이 출현한 것이다.

브리태니커의 위기는 단순히 종이책의 위기 정도로 생각되기 쉽지만, 이것은 역사적으로 중대한 의미가 있는 사건이다. 21세기 들어 지식을 생산해내는 주체가 소수 전문가에서 다수 대중으로 전환되었다는 뜻이다. 대중은 오랫동안 전문가들이 만들어낸 지식을 수용하는 역할만 했다. 그런데 이제는 인터넷을 통해 지식의 생산자로 탈바꿈했다. 위키피디아는 그 과정에서 탄생한 혁신적인 지식 플랫폼이다.

어디 위키피디아뿐이랴. 글로벌 스타가 된 싸이의 「강남 스타일」 역시 크라우드 소싱(crowd sourcing)을 활용한 재미있는 예다. 대중의 아이디어를 모아 이를 제품과 서비스에 적극 반영하는 크라우드 소싱을 활용해 제작 과정에서 상금을 걸고 안무 아이디어를 받았다. 그렇게 발굴한 것이 전 세계를 강타한 '말춤'이다. 그렇게 발굴된 말춤은 또 '대구 스타일', '아줌마 스타일', '교회 스타일' 등 각지에서 다양한 패러디 영상으로 만들어졌다. 미국의 「제이 레노 투나잇 쇼」 오프닝에서는 대선후보 롬니의 얼굴을 합성한 패러디 영상을 방영하기도 했다. 이러한 폭넓은 참여가 전 세계적 히트작을 만든 것이다.

강연의 패러다임을 바꾼 테드(TED)는 어떤가. 테드는 한 명의 전문가가 일방적으로 강연을 하던 딱딱한 형식을 깨고 기술·오락·디자인 등 다양한 분야의 전문가들이 한자리에 모여 딱 18분간 동안만 지식을 공유한다. 이것이 다시 유튜브를 통해 전 세계로 공유되면서 공전의 히트를 기록했고, 강연 문화의 트렌드로 자리 잡았다.

이제 나누고 뭉치는 힘을 이용하지 않으면 아무것도 이룰 수 없는 세상이다. 기업은 내부 자원뿐만 아니라 외부적으로 그 '똑똑한 대중'을 활용하는 일에 적극적이어야 한다. 수많은 기업들이 크리에이티브 워크숍을 하거나 외부 자문단을 활용해서 핵심 아이디어를 갈고 닦는 것도, 또한 대중을 제품이나 창작물 생산 과정에 참여시키는 것도 그러한 노력의 일환일 것이다.

이제 우리가 얻을 수 있는 지혜는 분명해진다. 기업·소비자·제품이 한데 어울려 신나게 놀 수 있는 판을 만드는 것이 바로 지금 시대의 경영인 것이다. 그러기 위해서는 선언이나 강요가 아닌 이심전심 전략이 필요하다고나 할까. 이것은 상술로서의 마케팅을 넘어, 소비자와 함께 놀면서 기업의 마음을 그들에게 전달하는 '초(超)마케팅'과도 연결된다 하겠다. 대중과 가까이 할수록 새로운 아이디어는 풍부하게 샘솟는다.

혼자 꿈꾸면 망상, 함께 꿈꾸면 현실이 된다

어느 날 석가세존

이 설법을 청하는 제자들에게 둘러싸였다. 세존은 손가락으로 연꽃 한 송이를 집어 그것을 제자들에게 말없이 들어 보였다. 제자들은 세존의 그 행동이 무엇을 의미하는지 알 수 없었다. 그러나 오직 한 사람 가섭만은 그 뜻을 깨닫고 빙그레 웃었다. 세존도 빙그레 웃으며 "불립문자교외별전(不立文字敎外別傳)을 네게 전하노라"라고 하였다. 이렇게 하여 불교의 진수는 가섭에게 전해졌다. 말이나 글이 아니고 마음으로써 마음을 전하였다 하여 이심전심(以心傳心)이라고 했다.

애니팡이 하트(心)로 마음(心)을 전한 것처럼, 사람들의 뜻은 문자 그대로 이심전심으로 전해진다. 구체적인 형태가 없는 것이다. 그런 소비자와 이심전심하는 것이 답이라면, CEO는 지금 이 시간을 함께 누리는 사람들의 마음속 풍경을 잘 읽어내기 위한 지혜를 찾아야 한다.

그런데 CEO가 독심술가도 아닌데 대체 어떻게 마음속 풍경을 읽어낼 수 있단 말인가? 어떤 CEO는 일부러 심리학을 공부한다는데 그러면 점쟁이라도 되란 말인가?

내가 보기에 그보다 더 쉽고 확실한 방법이 있다. 바로 나와 다른 사람들에게 귀 기울이고, 그들의 입장에서 생각하며, 열린 마음으로 받아들이는 것이다. 이 책에서 거듭 강조한 다양성의 힘이 여기서도 똑같이 적용된다.

그러니 튀는 인물을 꺼리지 말지어다. 규격품을 좋아하는 우리 사회는 튀는 인물을 잘 못 받아주는 특성이 있다. 하지만 조금 덜 똑똑해도 다양한 구성원을 가진 조직이 오히려 문제 해결 능력이 높다. 조직에는 심사숙고하는 햄릿도 필요하고, 행동에 강한 돈키호테도 필요하다. 이 모든 구성원이 함께 있어야 한다. 집단 지성을 넘어서는 '집단지혜'는 이렇게 다양한 구성원들로부터 나오는 것이다.

어떤 이는 역사가 소수의 영웅에 의해 발전해 왔다고 말한다. 하지만 옛말에 '일인불과이인지(一人不過二人智, 한 사람은 두 사람의 지혜에 미치지 못한다)'라 했고, '십시일반(十匙一飯, 밥 열 술이 한 그릇이 된다)'이라 했으며, '백지장도 맞들면 낫다'고 하지 않았던가? 이제 자신의 경험과 지혜와 능력을 세상에 더하려는 수많은 사람이 있으니, 앞으로 열릴 미래는 나 홀로 상상하는 것보다 얼마나 더 놀라울 것인가?

혼자 꿈꾸는 것은 망상이 되기 쉽지만 함께 꿈꾸는 일은 현실이 되기 쉽다. 그러니 하나를 꿈꾸지 말고 여럿을 꿈꿀 일이며, 혼자 꿈꾸지 말고 함께 꿈꿀 일이다. 물론, 여럿을 꿈꾸는 여럿이 동시에 함께 한다면 더 좋겠다.

안타깝게도, 지능지수(Intelligence Quotient)를 의미하는 아이큐
(IQ)를 높이기에 지금 우리 나이는 좀 늦은 것 같다. 하지만 다행히도
나이에 상관없이 개선 가능한 다른 아이큐들이 많이 있다.

먼저 상상력지수(Imagination Quotient)가 있다. 창의력이 중시되
는 요즘 사회에 꼭 필요한 능력이다. 아인슈타인은 "상상력은 지식보
다 중요하다"고 했고 빌 게이츠도 "마이크로소프트의 유일한 자산은
상상력이다"라고 말한 바 있다.

그리고 통찰력지수(Insight Quotient)가 있다. 통찰력은 요즘 실무
에서 가장 많이 쓰이는 말 중의 하나다. 많이 쓰인다는 것은 그만큼
긴요하다는 뜻이겠지만, 사실은 제일 갖기 어려운 능력이다. 이성과
직관이 섬광처럼 합쳐지는 바로 그 순간! 애써 오래 공부하지 않으면
가질 수 없는 순간이다.

다음으로는 정보력지수(Information Quotient)가 있다. 소프트뱅크
손정의 회장은 "인간에겐 좌뇌와 우뇌 그리고 외뇌(外腦)가 있다"고
말한 바 있다. 손 회장의 외뇌, 즉 또 다른 뇌란 트위터를 의미하는 것
인데, 그만큼 빠른 정보를 전해준다는 뜻이다. 취득해야 할 정보의 질
과 양은 초(超)기하급수적으로 늘어나고 있으니 정보력지수를 높이
기 위해서 얼마나 노력해야 할 것인가?

마지막 한 가지는 정체성지수(Identity Quotient)다. 나는 누구인가,

나는 무엇인가, 나는 어떠한가를 깨닫는 능력이다. 자기 자신을 과대평가해서 자아도취에 빠지지 않는 능력이기도 하고, 의기소침해 있다면 자신의 잠재력을 믿고 슬럼프를 탈출할 줄 아는 능력이기도 하다.

이 아이큐들은 어느 하나 빼놓을 수 없는 중요한 능력이다. 그런데 중요한 것은 이 모든 아이큐를 함께 사용하지 않으면 아무 소용이 없다는 것이다. 네 가지 아이큐가 갖는 힘을 실제 행동으로 옮겨서 성과로 만들어내려면 용기가 필요하다. 익숙한 길로 가는 안이함이 아닌 새로운 길을 향한 모험을 택할 때 우리의 다양한 아이큐는 빛날 것이다.

아이디어일 뿐인가,
실현 가능한 솔루션인가

──────────────────

"기업은 혁신적인 아이디어를 개발하고
평가하는 데 많은 힘을 쏟아 붓는다.
하지만 갖가지 대담한 아이디어를 보유하더라도
그 아이디어 자체가 바로 정곡을 찌르는 전략이 될 수는 없다."

−번트 H. 슈미트, 『빅 씽크 전략(Big Think Strategy)』 중에서−

그냥 아이디어가 아니라 '팔리는 아이디어'

'고양이 목에 방울 달기'. 자신들의 영역을 침탈당한 쥐들이 고양이를 방어하기 위해 고양이 목에 방울을 달기로 결정하지만, 그 쥐들의 왕성한 논의는 결국 헛된 공론으로 마감한다. 왜? 누가 어떻게 달 것인지에 대한 솔루션이 없기 때문이다.

사실 방울을 달아서 고양이가 오는 것을 미리 눈치 채도록 하자는 아이디어는 얼마나 빛나는 아이디어인가? 모든 쥐들이 감탄해 마지않았다. 하지만 문제는 그 아이디어의 실행력인 것이다.

광고회사에서 '아이디어'가 갖는 위치가 정확히 이와 같다. 누구나 독특하고 참신한 생각을 할 수는 있지만, 그 생각이 항상 쓸모 있는 것은 아니다. 실제 효과가 있어야 하기 때문이다. 문제는 아이디어가 아니라 '솔루션'이다.

광고주는 늘 호소한다. 신제품을 알릴 경우 그 제품의 성능과 특장점을 어필할 수 있는 광고 아이디어를 만들어 달라고, 노후화된 제품 이미지를 바꿀 수 있는 참신한 아이디어를 생산해달라고, 혹은 적은 예산으로 효율성 있는 매체광고 방법을 강구해달라고. 광고주가 무엇을 원하는지는 광고주가 처해 있는 상황과 겪고 있는 문제에 따라 달라진다. 이때 광고회사는 그 방법을 제시하는 진중한 협력자가 되어야 하는 것이다.

결국 하나의 과제가 주어졌을 때 그것을 해결하는 솔루션을 내장한 아이디어만이 살아 있는 아이디어인 셈이다. 그렇게 광고주들의 욕망을 만족시키는 아이디어를 창출해서 그것을 실행시키는 프로세스가 광고회사의 업무가 된다.

이처럼 아이디어가 아닌 솔루션으로 승부해야 하는 일은 이제 우리 모두의 일이 되었다. 고객은 아이디어가 솔루션으로 발전할 때 기꺼이 돈을 지불할 것이다. 잊지 마라, 아이디어가 서 말이라도 팔려야 보배다.

무엇을 위해 아이디어를 내는가

사실상 솔루션으로 빛나지 않을 곳이 어디인가? 이는 광고회사의 일만이 아닌 모든 기업의 일이고 한 사람 한 사람 모든 개인의 일이다. 모든 기업이, 모든 개인이 광고 회사 못지않게 '문제 해결'이라는 과제에 매달려야 하는 시대다.

성공적 삶을 이야기하는 미국의 사상가 에머슨은 "세상은 자기가 어디로 가고 있는지 아는 사람에게 길을 내어준다"고 했다. 수만 개의 방향이 아닌 명확한 솔루션을 이정표로 둔 인생이어야만 '성취'를 이룰 수 있다. 안타깝게도 제아무리 자체 발광하는 아이디어라 할지라도 솔루션으로 비상하지 않으면 곧 추락하는 길밖에 없는 것이다.

솔루션이란 한마디로 아이디어의 부화다. 닭이 아침마다 달걀을 낳듯 우리도 아이디어를 쑥쑥 뽑아 놓을 수는 있다. 하지만 그 달걀이 병아리로 부화되는 데에는 좀 더 많은 것이 필요하다. 여기서 병아리, 즉 성과의 결과를 담보한 모든 것이 솔루션이다. 이때는 실행력을 내장한 빛나는 아이디어 자체가 솔루션이기도 하고 그 아이디어 실행 과정이 솔루션이기도 하다.

그리고 솔루션을 담은 아이디어란 마케팅적으로 '팔리는 아이디어'를 말한다. 그런데 마케팅은 내가 팔고 싶은 것을 파는 게 아니다. 상대방이 내가 가진 것을 원하고 필요로 하기에 팔 수 있는 것이다. 실행력 있는 아이디어를 갖기 위해서 가장 먼저 생각해야 할 것이 이것이다. 나 중심이 아닌 소비자 중심의 사고 말이다.

소비자 중심의 사고가 어떻게 솔루션을 만들어낼 수 있는지를 살펴보자. 많은 사람들이 즐겨 마시는 커피 이야기다. 다방커피에서 원두커피로, 믹스커피에서 커피 전문점 커피로 한국인의 커피문화는 선진 커피문화를 빠르게 흡수했고 기존 인스턴트 커피 시장은 위기를 맞기 시작했다. 그렇다면 위기를 타개할 솔루션이 나와야 한다. 솔루션은 문제를 찾는 것에서부터 시작된다.

"원두커피를 좋아하는데 매번 비싼 돈을 내고 커피전문점에 가기가 부담스러워요."

"원두를 사다가 집에서 핸드 드립으로 내려 먹는데 꽤 번거롭습니다."

이 문제를 해결하기 위해 만들어진 솔루션이 원두커피의 맛은 그대로 살리면서 간편하게 물에 타 마시는 인스턴트 커피 '카누(KANU)'였다. 동서식품 카누의 아이디어는 30여 년 전 커피 타는 것의 불편함을 해소하고 간편하게 커피를 즐길 수 있도록 커피믹스를 출시한 것에서 가져온 것이다. 이를 위한 구체적 솔루션은 좀 더 세련돼졌다. 기존 원두커피의 품질 및 맛과 향을 쉽게 접할 수 있도록 제품화했을 뿐 아니라, 포장도 간편해서 휴대성도 용이하게 만들었다.

아이디어를 어떻게 실현시킬 것인가

광고회사의 고민도 함께 시작됐다. 아이디어는 집에서 편하게 즐기는 혼자만의 카페라는 콘셉트였다. 그리고 이를 바탕으로 '세상에서 가장 작은 카페' 캠페인이라는 솔루션이 탄생했다.

이제 솔루션을 실현시켜야 할 차례다. 먼저 '인스턴트 원두커피'라는 생소한 개념을 소비자에게 인지시키기 위해 발매 초기부터 소비자 체험에 초점을 맞춘 마케팅 캠페인을 전개했다. 실제로 소비자들이 작은 카페를 체험하게 하고 이를 홍보하게 한 것이다.

카누는 가장 먼저 TV를 통해 티저 광고(호기심 유발 광고)를 시작하고 강남 가로수길에 팝업 스토어를 열었다. 이곳은 2주간 10만 명이 넘는 사람이 다녀갈 정도로 성황을 이루었다. 당시 유명 연예인들을 초청, 임시 매장 치고는 최고급 카페의 분위기를 연출한 덕에 가로수길은 한동안 카누의 진한 커피향으로 가득했다. 그리고 뒤이어 소비자들은 집에서 카누로 자신만의 카페를 만들기 시작한 것이다.

현대 광고의 역사를 새로 썼다고 일컬어지는 영국의 크리에이터 데이비드 오길비는 솔루션 아이디어의 조건으로 '놀라움과 부러움, 독창성, 브랜드 전략과의 일치, 지속가능성'을 꼽았다. 이는 결국 재미있으면서 모든 매체로 확장 가능하고 장기적으로 끌고 갈 수 있는 캠페인 아이디어를 말한다. 카누는 오길비의 조건에 딱 들어맞는 솔루션 아이디어였다.

온라인에서는 유명 배우와 함께 즐기는 가상 카페를 열고 인쇄 광고를 통해 카누를 카페처럼 표현하면서 '세상에서 가장 작은 카페'라는 콘셉트를 소비자들에게 지속적으로 인지시켰다.

그 결과 카누는 소비자들의 입맛을 확실하게 사로잡았다. 카누는 2011년 출시 이후 3년만에 6억 잔 판매를 돌파, 최단 기간 최다 음용잔 수 기록을 세웠다. 이 카누의 놀라운 마케팅 성과는 얼마 전 싱가포르에서 열린 아시아 태평양 에피 어워드(2014 Effie Awards)에서 국내 식음료 브랜드 최초로 신규 제품 및 서비스 부문 금상을 수상하는 결과로 이어졌다.

'불편한 원두커피'라는 문제를 해결한 카누는 확실히 소비자의 마음을 잘 읽어냄으로써, 소비자의 문제를 해결하기 위한 솔루션에 집중해서 성공한 경우다. 이처럼 솔루션의 기본은 아이디어를 내는 사람이 아니라, 그 아이디어를 누리게 될 상대방이 중심이 되어야 한다.

아이디어가 흔히 갖는 오류가 '나의 입장'을 구현하는 것인 반면, 솔루션은 철저히 '상대 입장'에서 나오는 것이다. 소비자 지향적인 마인드 없이 내 생각에만 갇혀서는 절대 솔루션이 분출되지 않는 법이다.

그러나 솔루션의 중요성을 강조했다고 해서 아이디어 본연의 힘을 과소평가하지는 말기 바란다. 비유하자면 아이디어는 요리 재료이고 솔루션은 실제 요리다. 모래로 밥을 짓거나 고무줄로 국을 끓일 수 없듯, 아이디어란 요리가 가능한 재료여야 하는 것이다. 맛있는 요리가 가능한 감칠맛 나는 재료로서의 아이디어가 솔루션이 되는 것이다.

다만 손질도 안 한 재료를 마구 먹을 수는 없듯이, 추상적 단계에 머무르는 아이디어와 달리 솔루션은 입체적이고 구체적인 실행력을 갖는다. 한낱 추상에 불과한 아이디어에 프로세스라는 토대를 구축하고 끌고 나가는 것, 말하자면 솔루션은 바퀴 달린 아이디어라고나 할까?

그 끌고 나가는 힘, 즉 바퀴가 없으면 단 일 센티도 앞으로 나가지 못하는 아이디어가 어찌 해결사 노릇을 하겠는가? 문제는 아이디어를 넘어선 솔루션이다.

과거에
없던
새로움에
자존심을
걸어라

"고베식당 가봤어?"

이런 문구가 적힌 포스터를 본 적 있을 것이다. 2010년 가을 버스 정류장에 내걸린 대형 광고 포스터에는 일본의 주방장이 정성스레 카레를 요리하는 모습이 담겼다. 마치 영화의 한 장면 같았다.

같은 내용의 영상 광고가 극장광고로도 만들어졌다. 영화가 시작되기 전, 전통 방식대로 카레 만들기를 고집하는 장인과 가족들 간의 갈등을 담은 짧은 티저 영상이 상영된다. 그리고 서울 신사동에 실제로 고베식당이라는 가게가 임시로 문을 열자, 사람들은 이것이 곧 나올 영화 제목이라고 생각했다. 하지만 '고베식당'이라는 영화는 어느 곳에도 없었고, 네티즌들은 '고베식당이 뭐죠?'라는 질문을 주고받으며 궁금증을 키워갔다.

티저 캠페인을 이용한 강력한 입소문의 힘을 보여준 '고베식당'은 바로 매일유업과 일본 식품회사 MCC가 합작해 만든 새로운 카레 브랜드였다. 그런데 제일기획 입장에서 고베식당은 또다른 의미를 가진다. 브랜드 개발 단계에서부터 마케팅에 대한 철저한 솔루션을 기획하면서, 국내에서는 이루어진 적 없는 새로운 캠페인을 시도했기 때문이다.

우유 전문회사인 매일유업이 카레를 만들겠다니, 소비자들은 의외라고 생각할 수밖에 없었다. 오랜 시간을 들여 제대로 만든 일본 장인의 전통 카레라는 분명한 콘셉트가 있었지만, 그 아이디어를 어떻게 하면 고객에게 확실하게 전달해서 제대로 된 아이디어로 완성할 수 있을지가 문제였다.

결과가 아니라 과정부터 다르게

이 문제의 솔루션 파트너로 선정된 제일기획은 처음 기획 단계부터 모든 것을 함께 했다. 광고회사는 제품이 개발되고 나면 그 이후부터 참여하는 것이 일반적이지만, 고베식당의 경우는 제품 개발 단계부터 참여해서 제품 이름 선정은 물론 마케팅 전략까지 전 과정을 함께 기획했다. 그 자체가 국내에서는 시도된 바 없는 것이었다.

이를 위해 꾸려진 TF팀은 일본 현장 견학부터 나갔다. 일본식 카레가 탄생한 고베의 MCC 공장에서는 장인의 지휘 아래 펄펄

끓는 무쇠솥에서 100시간 이상 끓여낸 카레가 막 완성되고 있었다. 그 과정을 지켜본 담당자들은 탄성을 질렀다. 여기서 '고베에서 온 지극 정성 장인의 손맛'이란 현장성 있는 카피가 등장했고, 제품명은 고베식당으로 결정되었다.

시장조사를 통해 주부들의 기호를 조사 분석했다. 그 결과 이 새로운 카레의 깊은 맛을 제대로 살리려면 기존 레토르트 식품으로는 부족하다는 결론이 나왔다. 가장 좋은 방법은 냉장유통 방식이다. 우유 전문기업인 매일유업으로서는 이 부분에서 대단한 강점을 가진 것이 분명했다. 기존 카레와 승부하려면 고급화와 차별화 전략으로 무장하고 뛰어드는 수밖에 없다.

문제는 카레 시장이 기존 승자의 아성을 깨뜨리기가 상당히 어려운 곳이라는 점이다. 인스턴트 카레 하면 누구나 '삼분요리'를 떠올리지 않던가? 과연 우리가 그 장벽을 무너뜨릴 수 있을까? 게다가 우리는 TV 등 영향력 있는 매체에 마구 광고를 뿌려댈 수도 없는 상황이었다. 좀 더 효율적으로, 색다르게 사람들의 입에 오르내릴 수 있는 방법이 필요했다.

드디어 '12월 1일 고베식당이 문을 엽니다'란 대형포스터가 거리에 내걸렸고, 동시에 극장과 인터넷에 '카레에 목숨을 건 고베식당 사람들 이야기'라는 30초 영상 광고가 상영되었다. 마치 영화 예고편처럼 제작된 이 영상에 대한 사람들의 반응은 뜨거웠다. "영화냐, 진짜 식당이냐" 하는 설왕설래가 끊임없이 이어졌다.

12월 1일 드디어 고베식당이 인스턴트 카레 브랜드라는 것이 알려지자 사람들은 그야말로 충격이라는 반응이었다. 처음에는 한 방 맞은 듯했던 고객들은 이내 고개를 끄덕여주었다. 이후 고베식당은 소비자에게 낯선 냉장유통 카레였음에도 불구하고 소비자들에게 호평을 받았다.

끌어들이고, 퍼뜨리고, 나누는 3단계 전략

고베식당의 광고 캠페인은 아직도 성공적인 티저 캠페인의 사례로 다양한 곳에서 인용되고 있다. 그 전략을 구체적으로 분석해보자.

"고베식당이 뭐야?"

사람들을 궁금하게 만든 것, 이것이 훅(hook) 전략이다. '고베식당'이라는 이름에 착안해 정말로 '식당인 것처럼' 사람들을 끌어들인 것이다. 또한 카레 이야기를 담은 영상을 제작해 마치 개봉을 앞둔 '영화인 것처럼' 사람들을 끌어들이기도 했다. 사람들이 고베식당에 대해 궁금해 하고 관심을 키워 나가면서 제품 론칭 시점에 더 깊은 애정과 흥미를 느낄 수 있게 하려는 의도였다.

"고베식당이 카레였어?"

이 말을 퍼뜨리는 것이 붐(boom) 전략이다. 전 단계에서 티징(teasing), 즉 신비주의 전략을 통해 관심을 증폭시켰다면, 이번에는 제대로 브랜드를 노출시켜 붐업(boom-up)을 시도해야 하는 것이다. 영화인지 식당인지 궁금해 했던 사람들에게, 고베식당은 영화도 아니고 식당도 아닌 완전히 새로운 냉장 카레 제품임을 알렸다. 온라인에서는 '카레에 인생을 건 고베식당 사람들의 이야기'를 3부짜리 풀 스토리로 공개해 브랜드 스토리를 이어나갔다.

"고베식당이 대세군!"

이렇게 공유하게 하는 것이 셰어(share) 전략이다. 고객들이 직접 제품을 경험할 수 있도록 했다. 타깃이 밀집되어 있는 지역에 고베식당의 이미지를 크게 붙인 랩핑버스가 찾아가 시식 행사를 진행하며 고베식당의 맛을 알렸다. 랩핑버스는 서울과 수도권을 돌며 약 2,000여 명에게 고베식당의 맛을 경험하게 했고, 막강한 블로거 군단을 몰고 다니는 유명인사들과 유명 연예인들에게 MCC 고베식당의 VIP패키지가 전달되었다.

고베식당의 캠페인은 단순한 발상을 거스르는 치밀한 기획력이 빛을 본 사례였다. 후쿠시마 방사능 유출 사고로 인해 일본 식품에 대한 반감이 확산되고 있는 어려운 상황에서도, 고베식당은 후발주자라는 치명적 약점을 극복하고 점차 고급 카레로서 자신만의 포지션을 잡아가고 있다. 지금도 인터넷에는 고베식당 자체에 대한 포스팅뿐 아니라 고베식당의 광고 캠페인을 분석한 내용이 꾸준히 올라오고 있다. 그만큼 국내 고객들에게 신선한 경험이었으리라.

이 프로젝트가 나름 성공할 수 있었던 데는 광고주와 광고회사 간의 영역을 허문 진정한 협업에 있었다. 광고주 입장에서는 한 번도 해본 적 없는 과감한 캠페인들이 불안할 법도 한데, 매일유업은 이 모든 시도를 끝까지 지지하고 후원해 주었다. 정말로 고마운 일이다.

프로젝트 초기에는 기존에 아무도 시행해 보지 않은 협업의 형태였기에 과연 맨바닥에서 무엇을 어떻게 이뤄낼 수 있을까 고민이 많았다. 그러나 이 프로젝트를 경험함으로써 제일기획은 크리에이티브 컨설팅이라고 하는 독특한 USP(Unique Selling Proposition)를 확립할 수 있었다. 단순한 광고회사가 아닌 아이디어 컴퍼니로서의 정체성을 입증할 좋은 기회였다.

'발초'의 성실함 위에 '첨풍'의 겸손함을

문제는 기획이다. 특히나 지금의 뉴미디어 시대에는 최적의 커뮤니케이션 효과를 위해 발상에서 집행까지 전 과정에서 다양한 분야를 통합해서 전달하는 일련의 활동인 통섭 마케팅이 중요해졌다.

뭉치면 살고 흩어지면 죽는다. 이것은 정치적 구호가 아니다. 이 시대 아이디어맨들이 모두 숙지해야 할 통섭 마케팅의 핵심이다. 흩어진 발상이 아닌 뭉쳐진 기획력이 필요한 게 지금 아이디어의 현실이고 새로움의 조건이다.

불가에는 '발초첨풍(撥草瞻風)'이라는 말이 있다. 풀을 뽑아 길을 낸 후에 스승의 풍모를 우러른다는 말이다. 새로운 경지를 열려면 막힌 길을 뚫어 새 길을 내야 한다. 그러나 이러한 길은 사람들이 다니지 않아 잡초와 잡목이 무성하다. 큰 스승의 덕풍(德風)을 사모하려 해도 가시덤불을 헤쳐 나가는 고초가 먼저인 것이다.

먼저 잡초를 걷어내지 않으면 한 걸음도 더 나아갈 수가 없다. 두 눈을 똑바로 뜨고 자기 앞을 가로막는 미망을 걷어내 던져버려야 한다. 두 발을 꽉 딛지 않으면 허공만 보다가 걸려 넘어진다. 발초의 성실함 위에 첨풍의 겸손을 보태야지 비로소 깨달음의 단계로 진입할 수 있다. 제 노력 없이 거저먹는 수는 없고, 대뜸 떠먹여 주는 스승은 스승이 아니다. 발초첨풍은 새로운 경지를 열려면 막힌 길을 뚫어 새 길을 내야 함을 은유한다.

크리에이티브가 생명인 광고회사에도 이러한 가르침은 유효하다. 과거에 없던 새로움(something new)에 자존심을 걸어야 한다. 그러려면 과거와는 다른 용기와 열정이 필요하다. 지난날의 고정관념과 그 성공의 기억들을 깨끗이 뽑아내 버리고, 익숙한 곳에서 낯선 곳으로 걸음을 옮기는 용기. 그 막막한 두려움을 온 몸으로 이겨낼 용기가 있어야 한다. 발초의 성실함, 첨풍의 겸손함, 그 이후에야 깨달음의 단계로 진입할 수 있는 것이다.

아이디어는
어떻게
솔루션으로
성장하는가

솔루션이란 문제를 해결하는 방법이다. 사실상 광고는 클라이언트의 문제를 해결해 주는 솔루션의 일종이다. 그런데 문제를 해결하려면 문제가 무엇인지 알아야 하고, 문제를 알려면 클라이언트의 입장이 되어 생각해야 한다. 거듭 말하지만 솔루션의 기본은 역지사지다.

이것은 클라이언트와의 문제에만 해당하는 게 아니라, 모든 아이디어에 해당한다. 상대의 입장에 서서 생각할 때 솔루션이 생겨난다. 내 입장에 서서 내 문제를 해결해 줄 수 있는 솔루션이라면 고객은 기꺼이 값을 지불할 것이다. 그렇다면 팔리는 아이디어란 무엇인지도 명확해진다.

첫째, 새롭고 창의적이어야 한다. "와우!"하는 감탄사가 나올 만한 것, 찬사를 이끌 만한 것이어야 한다. 발상의 전환이 필요하다는 얘기다. 우리가 미처 생각하지 못했던 방법으로 이 문제를 해결할 수 있다는 것을 보여줘야 한다.

둘째, 잠재된 유용성을 가져야 한다. 고객도 미처 몰랐던 고객의 니즈(needs)를 충족시키는 것 말이다. 고객의 욕망은 분명하고 확고하지만, 그것은 어딘가에 깊이 숨어 있어 좀처럼 드러나지 않는다. 분명히 가렵긴 한데 어디가 가려운지 고객 자신도 정확히 알지 못하는 것이다. 그 가려운 부분을 정확히 짚어 주고 욕망에 철저히 부응하는 것이 곧 팔리는 아이디어다.

셋째, 의미 있는 가치를 창출해야 한다. '힐링'이든 '불가능에의 도전'이든 고객의 내면을 파고 들 수 있는 힘을 가져야 한다. 그렇지 않고 잠깐 동안의 흥미로 끝나 버린다면 그 아이디어의 효용성은 오래 지속될 수 없다.

상대의 입장에서 바라본 본질

또 하나의 광고 사례를 소개한다. 한동안 우리 사회의 코드는 '힐링'이 대세였다. 힐링을 토대로 한 아이디어들이 이곳저곳에서 만발했고 지금도 그렇긴 하다. 그런데 단순히 '힐링'이라는 아이디어 차원의 콘셉트를 실행으로 가져가서 캠페인으로 살아 움직이게 하는 것은 생각처럼 쉬운 일이 아니다. 그 쉽지 않은 일을 성공시킨 사례가 바로 소주 '월(月)'의 광고다.

'참이슬'과 '처음처럼'이라는 강자가 버티고 있는 소주 시장에서 후발주자인 보해양조가 새로 출시한 소주 월이 우리의 전략상품이 되었다. 월은 우선 국내 최초의 단일 주정 소주로, 도수가 높은데도 맛이 부드럽다는 확실한 강점이 있었다. 하지만 익숙한 술과 좀처럼 결별하지 않으려는 애주가들에게 어떻게 다가가야 할지가 고민이었다.

19.5도의 고도주라는 점도 문제였다. 우리나라는 알콜도수 17도 이상의 술에 대해서는 TV나 라디오는 물론이고 신문, 지하철, 버스, 극장 광고 등에 제약이 따른다. 이러한 매체적 제약을 극복해야 하는 것도 중요한 과제였다.

광고주의 요구사항도 참신했다. 기존의 술 광고는 일단 여성 모델을 등장시켜 섹시함을 강조하는 것이 대부분인데, 월의 광고주는 그 뜻에 반대하고 있었다. 요란하게 소리 내지도 말고, 야한 웃음으로 홀리지도 말고, 그저 가장 편안한 친구 같은 술로 보여지면 좋겠다는 것이다. 그렇다면 광고주의 뜻도 살피면서 발상의 전환도 이루어야 한다. 어떻게 해야 하나?

이러한 소망에 부응해 탄생한 아이디어가 '힐링 소주'라는 아이디어다. 소주는 지친 하루를 살아가는 우리에게 가장 쉽고 평안한 위로라는 메시지의 '月 힐링 캠페인'이 태어난 것이다. 자, 이제 아이디어는 나왔다. 이것을 어떻게 솔루션으로 구체화할 것인가?

이러한 고민은 '가상주점'이라는 아이디어 솔루션으로 귀착

되었다. 술 한잔 하고 싶을 때 인터넷 가상주점을 찾아 반가운 친구와 편안한 시간을 가져보면 좋겠다는 아이디어에서 출발한 것이다. 반가우면서도 편안하고, 호감을 주지만 지나치게 섹시함을 강조하지 않는, 친구 같으면서도 애인 같은 배우 한가인이 광고 모델로 선택되었다.

"언제 왔어? 여기 내가 좋아하는 집인데, 한잔 할 거면 전화해."

우리는 먼저 식당과 주점에 걸리는 포스터에 한가인의 전화번호를 넣어 그녀와 술 한 잔 하고 싶은 이들이 전화를 걸게 했다. 실제로 전화를 걸면 사랑스러운 그녀의 목소리가 전화를 받는다.

"나 지금 대본 연습 중인데 금방 연락할게."

전화를 끊으면 그녀로부터 문자가 온다. 그녀가 만나자고 보내온 인터넷 주소를 설레는 마음으로 클릭하면 가상주점에서 털털한 친구처럼 또는 귀여운 연인처럼 그녀가 기다리고 있다.

캠페인 론칭 8일 만에 가상주점 방문객은 50만 명을 돌파했고, 한 달이 지나자 140만 명의 순방문자가 생겨났다. 가상주점이 고단한 일상을 사는 이들에게 진정한 힐링의 장이 된 것이다. 네티즌들도 '나 오늘 한가인과 술 한잔', '완전 놀라움'이라는 후기를 통해 캠페인을 재생산했다.

가상주점은 광고주의 입장, 소비자의 입장에 집중함으로써 오히려 힐링이라는 것의 본질을 꿰뚫을 수 있었다. 아이디어를 구체화해서 솔루션을 만들어낸 가치 있는 사례라 할 만하다.

문제는 '갑을관계'가 아니다

그런데 아이디어가 솔루션으로 자라나지 못하고 그저 그렇게 묻혀 버리는 경우가 많은 까닭은 무엇인가? 아이디어가 솔루션으로 자라나기 위해서는 그 과정에서 많은 수정과 보완이 필요하다. 이 아이디어가 효과가 있는가, 현실적인가, 실현시키려면 무엇이 필요한가 등이 모두 치열한 토론의 대상이 된다.

그런데 아무도 이에 대해 토론하려 들지 않는다면? '아, 이 아이디어가 최고구나'라는 착각 속에서 신나게 웃자라다가 어느 순간 고꾸라지거나, 관심 밖으로 밀려나 시들시들 말라 죽어버릴 것이다. 당연히 아이디어는 제대로 된 솔루션으로 자라나지 못한다.

조직 구성원들은 흔히 토론 과정을 '갈등'이라고 여겨서 회피하려고 드는 경향이 크다. 그러나 아이디어는 결재 대상이 아니다. 누구 마음에 들어야 하거나 허락을 받아서 내는 게 아니라는 말이다. 차라리 싸워라. 흔히 아이들은 싸우면서 큰다는데, 아이디어들도 싸우면서 크는 법이다.

그러나 실제 현장에서는 이것이 어렵다. 그 원인은 여러 가지다. 내부의 복잡한 의사결정 프로세스도 있고, 윗사람의 눈치도

봐야 한다. 또 부서 간의 소통이 제대로 이뤄지지 않는 경우도 많다. 팀끼리 정보를 공유할 수도 있지만, 동시에 내부경쟁도 진행해야 하니 말이다.

광고주에게도 책임이 있다. 본질적 가치에 집중하기보다 단순히 경쟁 제품에 대응하기 위해 광고를 하려는 경우가 많다. 그러다 보면 가끔 물량공세로 밀어붙이려는 모습을 보기도 하는데, 광고를 계속 찍어내다 보면 질적인 부분에서 구멍이 생기게 마련이다. 제작 일정도 무리하게 운영되고, 수정도 빈번해지고, 가이드라인도 하나의 초점으로 모아지기 어렵다. 결국 광고는 점점 산으로 간다.

광고회사는 책임이 없는가? 아니다. 가장 큰 책임이 있다. 광고주의 눈치를 보느라 자기검열을 하고, 매너리즘에 빠져서 그냥 적당히 광고주의 눈높이에 맞춘 '안전빵' 광고를 만든다. 이것은 전문가의 자세가 아니다. 전문가로서의 깊은 고민도 부족하고, 소신과 용기도 없는 것이다.

광고회사가 광고주의 눈치를 보며 끌려다니는 이유가 단지 이른바 '갑을 관계' 때문일까? 나는 아니라고 본다. 핵심은 오히려 을의 자세에 있다. 누가 뭐라 해도 내가 전문가라는 확신을 심어주면 광고주도 따라오기 마련이다. 항상 두뇌가 반짝반짝 빛나도록 갈고 닦으면서 한발 앞서 아이디어를 제안한다면 어떤 갑인들 믿고 따르지 않겠는가?

오히려 나는 을에 불과하다며 소극적인 자세로 임한다면 상대는 그 회사를 신뢰하기 어려울 것이다. 당연히 내가 나서야겠다고 생각할 수밖에 없다.

아이디어는 싸우면서 크는 법

싸우는 것, 변화하는 것을 두려워하지 않기를 바란다. 나는 대학 채용설명회에서 항상 트랜스포머 형 인재를 구한다고 말해왔다. 영화 속에서 상황에 맞게 자동차, 로봇 등으로 자유롭게 변신하는 트랜스포머처럼 각종 위기 상황에 대한 대응 능력과 문제해결 능력, 그리고 막강한 전투력까지 갖춘 인재가 필요하다는 생각에서다.

물론 그러한 인재들이 가고 싶어 하는 회사를 만드는 것이야말로 CEO의 영원한 과제일 것이다. 실리콘밸리 기업들의 혁신 사례를 연구해온 스탠퍼드대학교의 윌리엄 바넷 교수는 이렇게 말했다.

"창의성은 계획할 수도, 예측할 수도 없다. 그저 조직 내에서 발견되는 것뿐이다."

CEO에게 이 조언은 큰 시사점을 던져준다. 우리는 직원들에게 창의성을 발휘하라고 강요하지만, 그것은 강요한다고 나오는 게 아니라 조직의 문화가 창의적으로 움직일 때 자연스럽게 드러나는 것이다.

나는 그 출발점이 자유로운 의견 교환과 '싸우는 문화'에 있다고 본다. "혁신을 키우는 법칙은 없다. 혁신을 키우는 문화가 있을 뿐"이라는 바넷 교수의 일침은 두고두고 되새길 만하다.

치밀하고
위대하게
'아이디어
엔지니어링'
하라

실현 불가능한 아이디어는 솔루션이 될 수 없다. 그래서 최초 발상된 아이디어는 끊임없이 실행 동력을 달아 구체적으로 다듬고 성장시켜야 한다. 그렇게 해야 비로소 아이디어는 크게 날아오르는 것이다. 이러한 과정이 '아이디어 엔지니어링(idea engineering)'이다. 이 아이디어 엔지니어링 과정을 영화 한 편으로 추적해보자.

1977년 조지 루카스 감독의 「스타워즈」를 보고 저런 영화를 만들겠다는 꿈을 꾼 23세의 트럭 운전수가 있었다. 그는 33년간 진하게 땀을 쏟아 감독이 되었고, 정말로 영화 한 편으로 세상을 바꾸었다. 놀라움으로 가득했던 영화 「아바타」를 만든 제임스 카메론의 이야기다.

사실 미래 세계를 그린 많은 SF 영화와 견주어 볼 때 「아바타」

는 스토리가 그리 뛰어나다고 할 수는 없다. 이 영화의 아이디어 요소는 새로운 행성, 외계 종족과 인간의 갈등, 이를 넘어선 사랑과 우정 등이다. 그런데 이러한 아이디어 요소가 대단히 새롭다고 말하기는 조금 어렵지 않을까? 감독 본인도 시나리오를 쓰는 데 2주밖에 걸리지 않았다고 고백했다지 않은가?

그렇다면 무엇이 이 영화를 빛나게 했을까? 그 천재적 창의성은 아이디어 요소를 실제로 눈앞에 펼쳐 보이는 형상화 과정에 있다. 감독은 외계 행성의 종족뿐만 아니라 생물체, 의상, 무기, 자연 환경 등을 창조적으로 디자인했다. 이를 통해 극의 배경이 되는 판도라 행성을 이질적이면서도 어딘가 낯익은 세계로 재창조해냈다.

평범한 아이디어를 살리는 집요한 엔지니어링

「아바타」는 전 세계에 3D 열풍을 몰고 온 수작이다. 영화를 평면이 아닌 입체로 보이게 하는 것은 단순히 화면이 예쁜 것과는 차원이 다른 문제다. 기존에 경험하지 못한 전혀 다른 시각적 효과를 보여주기 위해 감독이 발휘한 집요함은 그야말로 상상을 초월한다.

먼저 체계적이면서도 고유의 감정이 실린 외계 종족의 언어와 음악을 새롭게 만들어 냈으며, 판도라 행성의 동·식물과 관련된 생리학에 대기 밀도까지 마치 진짜 존재하는 곳인 것처럼 가정해서 계산했다. 이렇게 집요하게 만들어진 판도라의 생태계와 문화는 350페이지에 달하는 『판도라피디아』라는 백과사전에 수록됐다고 한다.

헬리콥터가 판도라의 밀림에 도착하며 프로펠러 바람에 밀림의 수풀이 흩날리는 장면을 기억하는가? 이 한 프레임을 렌더링 (만들어진 그래픽을 하나의 영상으로 묶어 최종적으로 처리하는 과정) 하는 데에만 무려 100시간이 걸렸다고 한다. 그래픽이 너무나 디테일해서 처리해야 할 데이터의 크기도 엄청났기 때문이다. 미세한 표정은 수백 명 배우들 각각의 머리에 달린 초소형 카메라가 읽어냈고 큰 동작은 촬영세트의 곳곳에 설치된 대형 카메라가 잡았는데, 세트에만 무려 250대의 카메라가 동원되었다고 한다.

후반작업을 위해 사용된 컴퓨터 수는 총 7,500대. 한 대당 4개의 프로세서가 포함되어 있어 한 번에 도합 3만 개의 프로세서가 사용되었고, 판도라의 자연환경을 묘사한 컴퓨터 그래픽의 저장용량만 1페타바이트라고 한다. 1페타바이트는 1기가바이트의 백만 배 크기다. 이는 영화 「타이타닉」에서 배와 승객 수천 명의 침몰을 창조하는 데 필요했던 용량의 500배라고 하니, 「아바타」의 디테일이 어떤 수준인지 짐작이 간다.

이것이 바로 내가 강조하는 아이디어 엔지니어링의 모습이다. 맹아(萌芽)로서의 아이디어가 물론 중요하지만, 그 아이디어가 세상을 움직이려면 집요하게 엔지니어링 되어야 한다.

아이디어를 구체화하는 프로젝트 실행 계획은 이렇듯 입체적이고 복합적이며 치밀하게 계산되어야 한다. 또한 아이디어를 완벽하게 실행하기 위해서는 다양한 기술이 지혜와 결합되어야 한다. 즉 모든 것이 융합되지 않으면 안 된다. 오랜 시간 꿈과 땀을 투입하지 않고 세상을 바꿀 수는 없는 것이다.

발상하지 말고 기획하라

아이디어 회의를 하면서 "그냥 한번 던져봤어"라는 대화가 가능한 시대는 이미 지났다. 지금은 무책임한 공상 속 생각의 남발이 기특함으로 포장되는 시대가 아니다. 더 이상 아이디어 자체를 중요시하지 않는다. 팔릴 만한 아이디어, 살아 있는 아이디어여야 한다.

요즘 시대에는 아이디어가 난무한다. 지난 수 년간 우리가 쉽게 접할 수 있는 정보량은 기하급수적으로 증가해 그로 인해 생성되는 아이디어는 그야말로 폭증의 시대를 맞았다. 2011년 「디지털 유니버스 보고서」에 따르면 그 한 해 동안 생성된 디지털 정보량이 1.8제타바이트라고 한다. 이는 대한민국 모든 사람이 17만 년 동안 쉬지 않고 1분마다 트위터에 글 3개를 게시할 경우 생성되는 정보량이라고 한다.

이처럼 늘어난 정보량에 비례해 툭툭 지나치듯 떠오르는 아이디어도 함께 쏟아지고 있다. 어떤 분야에서든 누구나 한두 개쯤의 아이디어를 쉽게 생각할 수도 있는 것이다. 그 속에는 엄청 나게 기발하고 재미있는 것들도 많다. 그러니 이제는 발상의 참 신함이 어중간한 아이디어는 설 자리를 잃었다.

광고계에도 이러한 변화는 시작되었다. 칸 광고제의 변화가 대표적이다. '칸(Cannes)'이라고 하면, 영화로 따지자면 아카 데미 시상식과 비슷한 급이라고나 할까? 세계 최고 권위를 지 닌 칸 광고제가 얼마 전에 공식 명칭을 '칸 국제광고제(Cannes International Advertising Festival)'에서 '칸 라이온스 크리에이티 비티 페스티벌(Cannes Lions Creativity Festival)'로 바꾸었다. 단 순한 아이디어의 분출이 아니라 그것이 무엇을 창조해내느냐에 주목하겠다는 뜻이다. 실제로 칸 라이온스는 출품신청서에 '결 과(result)' 항목을 추가하는 등 마케팅 효과 측면에도 시선을 돌리고 있다.

마케팅 효과를 중시하고 있는 것은 칸 라이온스뿐만이 아니 다. 1968년 미국에서 설립되어 45년의 역사를 자랑하는 에피 어 워드(Effie Awards)는 광고 캠페인이 마케팅 목표 달성에 얼마나 기여했는지에 대한 결과를 기준으로 주는 상이다. 여기서는 가 장 탁월한 성과를 보인 마케팅 전략·커뮤니케이션·캠페인 등을 선정해 시상한다. 참신하고 독특한 아이디어에 치중하는 것이 아니라 실질적인 소비자 인지도 향상 및 성과에 얼마나 기여했 는지를 집중 평가하는 것이다.

그 밖의 많은 광고제에서 마케팅 지수는 차츰 중요한 수상 덕목이 되어가고 있다. 에피 어워드의 아시아 지역 버전이라고도 할 수 있는 페임(FAME, Festival of Asian Marketing Effectiveness)도 그 중 하나다.

바야흐로 '얼마나 세상을 놀래키는가'에 대한 관심이 '얼마나 실제 구매로 이어졌나'로 변하고, 발상이 지나치게 범람하는 시대에서 결과로 모든 것을 승부하는 시대가 된 것이다.

그러니 더 이상 무심한 발상이 아무 소용 없다는 것은 누구라도 쉽게 깨닫는 바일 것이고, 발상이 아닌 기획이 있어야 한다는 것은 누구라도 공감할 것이다. 여기서 발상이 아닌 기획이 액션 플랜이다.

건물 시공을 하는 건설회사에서의 프로세스를 보자. 이곳에서는 설계단계에서부터 건축 시공까지의 모든 액션 플랜을 엔지니어링이라 한다. 광고회사 역시 마찬가지다. 다만 건물이 아닌 생각을 짓는 것이 다를 뿐 광고회사 역시 아이디어 엔지니어링 회사라 할 수 있다.

실행력 있는 아이디어가 진정한 솔루션으로 기능하기 위한 과정, 그것이 '아이디어 엔지니어링'이다. 아이디어라는 설계단계에서부터 구체적이고 실행 가능한 액션 플랜을 갖추고 있어야 하는 것이다. 그것이 진정한 기획이고 정확한 솔루션으로 가는 길이다.

아이디어
엔지니어링의
세 가지 원칙

제프 베조스라는 사람이 있다. 1973년 연봉이 100만 달러였으니 그는 이미 성공한 사람이었지만 돌연 회사를 떠나기로 결심한다. 그를 움직인 것은 '인터넷 사용자가 폭발적으로 늘고 있다'는 기사 한 줄이었다. 전자상거래의 엄청난 가능성을 본 그는 주변의 염려를 뒤로하고 인터넷 서점 아마존닷컴을 열었다.

아마존은 빠르게 성장했고, 곧 온라인 종합 상거래 업체로 변신하더니 웹스토어, 클라우드 컴퓨팅 등 혁신적인 서비스들을 잇달아 내놓았다. 혁신의 정점은 전자책 킨들이었다. 킨들은 아마존의 방대한 콘텐츠를 소비하는 플랫폼이자 콘텐츠 생태계의 꼭짓점이 됐다. 이후 아마존은 「포브스」가 발표한 '세계에서 가장 혁신적인 기업'에 선정되었고 혁신을 이끈 제프 베조스는 세계를 움직이는 차세대 리더가 됐다.

무엇이 오늘의 제프 베조스를 만들었는가? 인터넷과 스마트폰 그리고 소셜미디어로 이어지는 디지털 세상이 기업 생태계를 송두리째 바꿔놓은 지금, 우리는 이를 정확히 예견한 제프 베조스의 안목을 부러워만 할 것이 아니라, 그 속에서 나만의 길을 찾아낼 수 있어야 한다. 그처럼 시대의 본질을 꿰뚫어 대담하게 생각하고 뚝심 있게 나아갈 수 있어야 하는 것이다.

아이디어 엔지니어링을 할 줄 알아야 살아남는 시대, 다음은 아이디어 전장의 '전사'로서의 아이디어 엔지니어들이 갖추었으면 하는 '병법'에 관한 나의 조언이다.

대담하게 뒤집어 보라

아무리 상대의 입장을 헤아려도 솔루션 아이디어가 나오지 않을 때가 있다. 이럴 때는 과감한 전략이 필요하다. 『빅 씽크 전략』의 저자 번트 H. 슈미트는 한마디로 그것을 '큰 생각(big think)'이라고 정의한다. 그리고 로봇처럼 무의미한 반복을 하는 시시포스에서, 빅 씽크의 거장 오디세우스로 변신하라고 주문한다. 위험한 생각, 대담한 생각만이 솔루션을 갖고 세상을 바꾼다는 것이다.

오디세우스의 큰 생각은 무엇이었을까? 트로이 목마 전략을 말하는 것이다. 널리 알려진 대로 그리스의 아가멤논은 대군을 이끌고 트로이에 쳐들어 갔지만, 10년 동안 그 성벽을 돌파할 수 없었다. 그러다가 마침내 오디세우스가 거대한 목마를 만들어야겠다는 생각을 하게 됐다. 평화의 선물처럼 보이는 이 목마의 빈 배 속에 그리스 병사들을 숨겼다. 트로이 사람들이 목마를 성 안으로 끌고 갔고, 그리스 병사들은 몰래 빠져나와 성문을 열었다. 그리스 군대가 성 안으로 밀려들어오자 전쟁은 하룻밤 사이에 끝났다.

아가멤논의 지지부진한 10여 년 동안의 전쟁보다, 오디세우스의 참신한 아이디어 한 방이 진정한 문제 해결 솔루션이 된 것이다. 이것이 빅 씽크다. 경영에 대한 트로이 목마의 교훈은 뚜렷하다. 점진적 성과를 목표로 전략 프로세스를 가다듬어도 소용이 없다면, 이를 당장 그만두고 정말 창조적인 전략을 개발 실행하라는 교훈이다.

뚝심 있게 밀어붙여라

그런데 아무리 대담한 아이디어를 냈다고 해도, 오히려 너무 대담하기에 주변의 반대가 심할 수도 있다. 그래서 대담한 아이디어를 내는 것보다 그것을 어떻게 뚝심 있게 밀어붙이느냐가 문제가 될 경우도 있다.

2009년 광고 시장에서 최고의 감탄사로 자리 잡은 한마디는 '올레(Olleh)'였다. 게임에서 이겼을 때도 올레! TV에 좋아하는 스타가 나와도 올레! 여기저기서 올레의 함성이 가득했다. KT의 새로운 브랜드 올레는 'hello'를 거꾸로 뒤집은 말로, 거창한 의미를 담았다기보다는 일상적인 것을 뒤집는 새로운 발상이라는 뜻으로 만들어진 단어다.

비록 민영화는 되었다 해도 아직 공기업의 성격을 많이 갖고 있는 KT였지만, 올레 캠페인에서는 이례적으로 유머코드와 이국적인 애니메이션을 선보였다. 사실 이 캠페인은 처음부터 생산성 있는 아이디어였던 것은 아니었다. 주변에서는 기대보다 우려가 컸다.

"너무 내용이 어렵지 않을까?"

"올레라는 말, 너무 생소해서 억지스러워 보이지 않을까?"

광고주도 우리도 기존의 고루한 KT 이미지에 갇힌 것이다. 하지만 지금 우리 앞의 솔루션은 바로 그 낡은 기업 이미지를 벗는 것이 아니던가? 참신함이 솔루션 아니겠는가 말이다. 그래서 머리를 맞댄 우리 팀은 당장 우리부터 '올레'를 외치기로 결정했다. 그렇게 참신함을 '큰 생각'으로 밀어붙인 결과 올레는 어느 순간 누구나 친근하게 느끼는 감탄사로 자리매김했다. 젊고 역동적이며 유쾌한 KT의 이미지도 함께.

그리고 이후 올레KT의 콘셉트는 '다 그래~를 뒤집어라!'로 나아갔다. 우리가 흔히 알고 있는 상식, 당연한 것, 옳다고 믿는 것들 … 그 고정관념을 뛰어넘어야 혁신이라는 가치를 창출할 수 있다는 기업 정신을 표현하기 위한 것이다.

세상의 모든 것을 뒤집자는 아이디어는 엔지니어링 과정을 거쳐서 다양한 세부적 아이디어로 실행되었다. 똑같은 파마머리 할머니의 헤어스타일을 바꾸고, 똑같이 자장면을 시키는 회식 자리에서 나 홀로 '팔보채'를 외치는 것. 이것은 다시 도서산간에 초고속 인터넷망을 설치하는 일은 낭비라는 '다 그런 생각'을 뒤집자는 캠페인으로 이어졌고, IT 나눔을 실천하는 것이 진정한 가치라는 메시지로 이어졌다.

그렇게 해서 '올레'는 어느새 우리 사회의 혁신의 목소리로 등극했다. 낡은 고정관념과 구태의연한 생각들을 뒤집는 데 앞장선 것이다. 그럴 수 있는 힘이 바로 밀어붙이는 능력, 뚝심에서 나온 것이다.

본질을 놓치지 마라

그런데 대담한 아이디어를 뚝심 있게 밀어붙이는 것은 칭찬 받을 만하지만, 만약 그 아이디어가 잘못된 것이라면 어떻게 해야 할까? 앞서 결단을 내리기 전에 신중하라는 말을 여러 번 했다. 그런데 대체 어떤 것이 뚝심이고, 어떤 것이 신중함인지 무엇으로 판단할 수 있을까? 그 기준은 '본질'이 되어야 한다고 생각한다.

제일기획은 스스로를 '광고회사'가 아닌 '아이디어 컴퍼니'라고 칭한다. 광고주의 본질적인 문제를 해결할 수 있는 창의적·실천적인 아이디어를 창출하고 그것을 완벽하게 실행에 옮길 수 있는 아이디어 컴퍼니 말이다. 그렇게 되기 위해 아이디어 중심의 사고와 업무 프로세스를 지향하는 것이 제일기획의 '업(業)의 철학'이다.

그러기 위해서는 본질에 집중해야 한다. 빛나는 아이디어만 있으면 모든 것이 해결되는 줄 알기 쉽지만 그렇지 않다. 희뜩한 광고, 멋있는 카피, 뒤집어지는 재미 등은 좋은 광고의 요소는 될 수 있으나 본질은 될 수 없다.

광고회사가 아닌 다른 업종도 마찬가지다. 반짝이는 혁신 아이디어나 근사한 캐치프레이즈가 본질은 아니다. '무엇을 위해'라는 질문의 답이 본질이 되어야 한다. 소비자와 클라이언트에게 의미 있는 아이디어를 실현하는 아이디어 엔지니어링이 있어야 하는 것이다. 그것이 업의 본질이다.

이러한 업의 본질을 꿰뚫고 업의 철학을 실현하기 위해 CEO는 아이디어 혁신가가 되어야 한다. 아이디어를 엔지니어링하는 데 있어 누구보다 새로움에 주목해야 하는 것이다. 그러기 위해서는 아이디어 실행을 위한 치밀한 전략이 필요하다.

특히 기업이 풀어내야 하는 어려운 문제들을 해결하기 위해서는 사안별 접근이 아니라 보다 총체적이고 조직적으로 솔루션에 접근하는 시스템이 필요하다는 것도 잊지 말자.

잘
만들어진
솔루션,
어떻게
팔 것인가

솔루션이라는 한 송이 꽃이 가장 크게 피어나는 곳은 프레젠테이션 현장이 아닐까 싶다. 과거에는 광고계에서나 쓰이던 프레젠테이션이라는 행사가 이제는 어느 기업에서든 심심찮게 경험하는 보편적인 업무가 되었다. 기업 CEO나 국가 원수들도 대중의 마음을 얻기 위해 직접 발표에 나서는 일도 흔해졌다.

2018년 평창 동계올림픽 유치 성공에 결정적 역할을 한 최종 프레젠테이션을 기억하는가? 동계 스포츠의 불모지에서 올림픽 금메달이라는 화려한 꽃을 피워낸 피겨여왕 김연아가 '꿈'에 대해 말할 때, 한국 입양아 출신으로 미국에서 꿈을 이뤄낸 토비 도슨이 '희망'을 이야기할 때 심사위원석에서는 박수가 터져 나왔다.

당시 프레젠테이션 주관사 자격으로 참여한 그 현장에서, 우리는 터지는 박수 소리를 듣고 이미 성공을 예감할 수 있었다. 평창 프레젠테이션은 최근 수년간 국제대회에서 진행된 프레젠테이션 가운데 가장 감동적이었다는 평가를 받는다.

설명이 아니라 공감이다

프레젠테이션은 사람의 심리를 잡는 게임이다. 정답이 없다. 신념과 제안만 보여줄 수 있을 뿐 결코 정해진 답이 없다. 정답이 있는 문제라면 논리적으로 답에 이르는 과정을 풀어내 그것을 증명해 냄으로써 답을 맞추면 된다. 그러나 정답이 없는 문제는 어떻게 풀어야 할까?

듣는 이의 감성을 파고 들어가 공감을 이끌어 내는 수밖에 없다. 듣는 이들의 문제를 가장 정확하게 해결해 줄 거라는 확신이 들도록 그들의 마음을 유인해내는 소통의 기술, 이것이 프레젠테이션의 핵심이다.

그렇다면 이기는 프레젠테이션을 하기 위해서는 무엇을 어떻게 준비해야 하는가? 시대 변화에 따라 방법도 많이 달라졌다. 기술이 변변찮았던 예전에는 종이에 인쇄된 글과 그림으로만 생각을 전달하던 때도 있었다. 달리 보여줄 방법이 없었기에 기획서는 수백 페이지에 달했고, 전지에 일일이 손으로 차트를 그려 넣어 이를 한 장씩 넘겨가며 브리핑을 했었다.

이제 인쇄물은 점점 얇아지고, 한두 시간씩 이어지던 발표시간도 30분 이내로 단축되었다. 예전과 달리 지금은 기업도 마케팅에 대해 잘 알고 있다. 그러한 광고주를 짧은 시간 안에 설득하기 위해서는 마음을 파고 드는 솔루션이 있어야 한다.

한 패션 브랜드의 프레젠테이션을 할 때였다. 발표를 맡은 사람이 첫 인사말을 건넸다.

"God morgen! Hvordan har du det."

낯선 언어에 모두의 이목이 집중되었다. 발표자가 이것은 노르웨이 말로 된 인사라고 설명하자 모든 사람들이 고개를 끄덕거렸다. 해당 브랜드가 노르웨이에서 온 제품이었던 것이다. 별 것 아닌 듯한 장치지만 이로 인해 점수가 올라갔음은 물론이다.

프레젠테이션을 '제안'이라는 말로 바꿔도 똑같다. 무언가를 제안한다는 것은 테크닉과 수사가 아니라 공감과 설득에 중점을 두어야 하는 일이다. 우리가 무엇을 잘한다, 이러한 강점이 있다를 설명하는 것이 아니라 '우리는 당신을 이렇게 이해한다, 그러므로 이런 것을 함께 할 수 있다'가 되어야 한다.

설득을 위한 기술적 요령들

프레젠테이션뿐만 아니라 상대를 설득할 때 기술적으로 몇 가지 유념할 사항이 있다.

첫째, 승부는 사전조사에서 판가름난다. 이기는 프레젠테이션은 이미 오리엔테이션 이전부터 시작된다. 오리엔테이션에서는 광고주가 원하는 방향, 전하고 싶어 하는 메시지 등을 전달 받게 된다. 그러나 이미 상대에 대한 것을 파악하고 전달 받는 것과 아무 것도 모르는 상태에서 전달받는 것은 천지차이다. 상대에 대한 치밀한 분석은 이미 오리엔테이션을 받기 전부터 이뤄져야 한다.

둘째, 책임과 역할을 명확히 하는 것이 중요하다. 프레젠테이션이라면 스태프는 경계 없이 선정하고, 발표자는 일찍 선정한다. 흔히 자료는 모두 함께 만들지만 발표자는 하루 이틀 전에 선정하는 경우가 많은데, 이것은 위험한 일이다. 처음부터 발표자를 선정하고 함께 작업해야 발표자 특성에 맞는 준비가 가능하다. 발표자 역시 내용을 체득할 시간이 많아진다.

셋째, 제안하려는 아이디어는 단순명쾌해야 하고 무조건 쉬워야 한다. 어려운 전문용어를 쓰거나 가르치려 들면 듣는 사람 입장에서 거부감이 들게 마련이다. 프레젠테이션은 설득을 위한 것이지만, 더 나아가 다른 팀에 묻히지 않고 상대의 기억에 남는 것도 중요하다. 기억에 남는 메시지의 6가지 원칙은 'SUCCESS'로 요약된다. Simple(간단함), Unexpected(의외성), Concrete(구체성), Credible(신뢰성), Emotional(감성), Stories(이야기) 등이 그것이다.

넷째, 전략과 크리에이티브는 일치해야 한다. 전략은 프로젝트가 보여주고자 하는 본질이고, 크리에이티브는 그 본질을 보다 효과적으로 보여주기 위한 장치다. 따라서 전략과 크리에이티브가 다르면 안 되고, 전략 없는 크리에이티브는 더욱 안 된다. 잘 만들어진 캠페인이란 전략을 소비자 언어로, 소비자의 눈높이에 맞춰 크리에이티브하게 푸는 것에 다름 아니다.

다섯째, 키맨(key-man)을 찾으면 절반은 성공이다. 화살을 쏠 때 과녁에 명중하는 것이 중요하듯, 아이디어를 팔 때도 마음을 움직여야 할 상대가 누구인지를 먼저 파악하는 일이 중요하다. 프레젠테이션에 누가 참석하는지, 누가 결정권을 갖고 있는지를 파악하고 그 결정권자의 니즈(needs)가 무엇인지 정확히 알아내는 것이 급선무다. 실패와 성공은 최종 의사결정권자의 의중을 얼마나 잘 파악했는가에 달려 있다 해도 지나침이 없다.

여섯째, 중요한 설득을 앞두고 있다면 미리 실전처럼 연습해보라. 프레젠테이션 최소 이틀 전에는 실전 같은 드레스업 리허설을 한다. 드레스업(dress-up) 리허설이란 의상까지 갖춰입은 실전 같은 리허설을 말한다. 실제 많은 광고회사들이 완벽해지기 전까지 계속 실전 같은 리허설을 한다. 아무도 성공하리라고 생각하지 않았던 영국 런던이 2012년 올림픽 유치에 성공했던 배경에는 단 한 번의 프레젠테이션을 위해 17번의 공식 드레스업 리허설과 셀 수 없이 많은 비공식 리허설을 실시한 노력이 숨어 있다.

일곱째, 예상 질문과 다음 단계 작업(next step)은 사전에 철저히 준비한다. 그리고 상대의 반응을 체크하고 정리하라. 프레젠테이션 중에 광고주들은 다양한 반응을 보인다. 이때의 반응을 체크해 놓는 것은 사후 대책을 위해서도, 그리고 2차 프레젠테이션을 위해서도 중요하다. 스태프 중에 이 역할을 할 사람을 미리 지정해놓는 것이 좋다.

여덟째, 성패에 대한 간략한 보고를 하라. 설득은 한 번으로 끝나지 않고 두 번 세 번으로 연결될 수도 있다. 따라서 당장 이기든 지든, 끝난 후에는 참가자들끼리 우선 간략한 리뷰 시간을 갖는 것이 좋다. 성패 요인을 생각해보고 다음을 준비하는 것이다.

이러한 것들을 공식 프로세스로 정착시키고, 승리를 위해서 모든 프로세스를 점차 체계화하며 구성해야 한다. 비즈니스에서 이기는 설득이란 이벤트나 퍼포먼스의 승리가 아니라 잘 디자인된 프로세스의 승리라는 점을 명심해야 한다.

아이디어도
솔루션도
결국 사람이
만든다

책이나 신문을 보면서 기억하고 싶은 문장을 작은 수첩에 옮겨 적어 놓고 가끔 들여다보곤 하는데, 어느 날 이 문장이 눈에 띄었다.

"인간은 자신이 아무 것도 하지 않을 때가 그 어느 때보다 가장 활동적이며, 혼자 있을 때 가장 덜 외롭다."

안타깝게도 출전을 기록하는 것을 깜빡했는지, 언제 어디서 옮겨 적었는지는 알 수가 없다. 아마 역설적이라 더욱 통찰력 있는 문장이기 때문에 심하게 깊이 매혹되었던 모양이다.

휴식(休息)이란 사람(人)이 나무(木) 그늘에 앉아 자기 자신(自)의 마음(心)을 돌아보는 것이라고 한다. 그럴듯하지 않은가? 아무 것도 하지 않고 그저 혼자 있어 보는 것. 그래서 새로운 것을 생각해내게 하는 것이 휴식의 진정한 가치 아닐까? 내가 자꾸 휴식을 강조하는 데는 이유가 있다. 휴식이야말로 성과를 높이는 가장 인간적 방법이자 효율적 방법이기 때문이다.

휴식은 길을 떠나는 일(depart)이다. '열심히 일한 당신 떠나라!'라는 광고 문구처럼, 우리는 떠날 자격이 충분하다. 떠나지 않으면 돌아올 수도 없다. 떠나야만 떠나온 곳이 보인다. 그러니 미련을 두지 말고, 먼 곳으로 떠나 보자.

휴식은 혼자가 되는 일(isolate)이다. 길을 떠나면 혼자가 되어 보는 것이 좋다. 수많은 관계들, 네트워크들, 파워 게임들, 먹이 사슬들을 끊어보자. 그렇게 고독해지면 세상의 모든 영욕이 하찮아질지 모른다.

휴식은 마음을 비우는 일(empty)이다. 휴가를 의미하는 영어 단어 'vacation'은 라틴어 'vacant', 즉 '비어 있음'이라는 말에서 온 것이다. 실제로 길을 떠나 혼자가 되면 영욕으로 가득 찼던 마음이 비워지는 경험을 하게 된다. 근심걱정이 꿈틀대던 자리는 텅 비게 되고, 그렇게 평화가 찾아온다.

휴가는 나 자신을 생각해 보는 일(think)이다. 길을 떠나 혼자가 되고 평화로워지면 마음을 되돌아보게 된다. 그것이 생각이다. 마음을 되돌아보고, 다친 마음을 어루만지고, 지친 마음을 스스로 격려하게 된다. 그렇게 잡념이 정화되면 그것이 곧 명상과 다를 바 없어진다.

공교롭게도 이 네 가지의 머리글자를 합하면 '다이어트(DIET)'가 된다. 비둔하고 버거운 잡념의 무게를 덜어내는 다이어트가 곧 휴식인 것이다.

업무에 군살을 빼면 생각에 근육이 붙는다

한창 일에 빠져 지내던 시절, 나는 휴가를 떠나기가 불안했다. 혹시라도 내가 없는 동안 큰 문제가 생기지 않을까 우려했기 때문이다. 하지만 막상 휴가에서 돌아와 보면 언제나 회사는 멀쩡하게 잘 돌아가고 있어 스스로의 슈퍼맨 콤플렉스를 반성하게 되곤 했다.

누구나 가끔 아무것도 생각하기 싫어질 때가 있다. 이때는 제대로 노는 법을 배워 제대로 충전의 시간을 갖는 것이 필요하다. 열대지방에서 나고 자라 평생 코코넛만 따먹고 산 사람과 알래스카 얼음집에서 늘 순록 사냥만 하던 에스키모들이 서로 바꾸어 여행을 떠났다고 생각해보자. 오감으로 느끼는 새로움이 분명 그들의 생활 자체를 새롭게 만들 것이다. 역설적이게도 일에만 파묻혀 있을 때 훌륭한 아이디어가 나오기는 참 힘들다. 가끔 완전한 단절의 시간 속으로 떠나야 한다.

나는 리더의 정성만큼 솔루션이 나온다고 생각한다. 그러니 마음 깊은 리더라면 소비자의 기대를 뛰어넘어, 세상의 평범한 생각들을 뛰어넘어, 지금까지의 나를 뛰어넘어 직원들 각자가 아이디어 솔루션의 주인공이 될 수 있도록 격려하고 부추길 수 있어야 한다.

그렇다면 아이디어가 샘솟는 조직을 어떻게 만들 것인가? 직원들의 창조적 생태계를 어떻게 조성해줄 것인가? 회사는 일하는 곳이기보다 아이디어 놀이터가 되어야 할 터인데, 그 놀이터는 어떻게 구현해야 하는 것일까?

나 역시 아이디어 엔지니어링을 실현하기 위한 '열정'을 지원하기 위해 다양한 시도와 노력을 기울였다. 그 중에서 가장 호응도가 높았던 것은 바로 아이디어를 위한 휴식, 즉 '아이디어 버케이션(idea vacation)'이다.

바쁠수록 돌아가라고 했다. 아이디어에 빠져 사는 사람이라면 더욱 짬을 내어 짧은 여행이라도 떠날 수 있는 일탈을 도모해야 한다. 돌아와서 일에 더 몰입할 수 있는 전술적 묘책으로 아이디어 버케이션을 둔 것이다.

아직까지도 많은 기업들이 더 많이, 그리고 더 오래 일하는 방식이 성과를 보장하는 길이라고 생각하는 듯하다. 그러나 중요한 것은 얼마나 오래 일하는가가 아니라 얼마나 효율적으로 일하는가라는 사실을 잊어서는 안 된다. 효율적으로 많은 가치를 만들어내기 위해서는 재충전이 필수다.

점심시간도 창조적인 시간으로 바꾸면 어떨까? 식사하는 자리에서 아이디어 회의를 할 수도 있고, 점심시간에 사우나에서 피로를 풀면서 아이디어를 충전할 수도 있지 않은가? 그래서 아예 점심시간을 1시간에서 2시간으로 늘리고 융통성 있게 활용하도록 했다. 이른바 크런치(Creative+Lunch) 타임, 점심시간을 활용한 아이디어 충전 시간이다.

회사에서는 사생활을 포기하는 자만이 살아남는다고 했던 시절이 있었다. 과거에는 그랬다. 하지만 지금은 그렇지 않다. 오히려 가족과 회사, 일과 휴식 간의 관계가 잘 균형 잡힌 사람이 능률적으로 일한다. 그렇기에 CEO는 직원들이 혹여 자신들의 사생활로 인해 죄책감을 갖게 하는 것은 금물이다.

그러니 떠남을 독려해야 한다. 변하지 않는 '상급자'로부터, '팀장'으로부터, '본부장'으로부터, '사장'으로부터 말이다. 낡고 누추한, 새롭지 않은 아이디어로부터 가차 없이 떠날 수 있는 문화를 만들자. '상식'으로부터 떠나고, 우리 자신도 모르게 차곡차곡 쌓여서 고질병이 되어버린 '고정관념'으로부터도 떠나자. 늘 그렇게 해왔기 때문에 그렇게 할 수밖에 없을 것 같은 '관행'으로부터도 물론 떠나야 한다.

속도가 현대인의 엑스터시라면, 느림은 깊이 있는 감속의 지혜라고 한다. 떠나는 자만이 새로운 곳에 다다를 수 있고 떠나는 자만이, 머무르는 자에게는 결코 보이지 않는 새로운 세상을 바라볼 수 있다.

일을 즐기는 환경을 만들어주자

'아픈 만큼 성숙한다'는 말이 있다. 아파야 하는 것은 광고인도 마찬가지다. 그래서 광고회사

CEO에게는 아픈 광고인의 마음 관리도 중요한 몫이라고 생각했다. 어쩌면 외부 사람보다 먼저 챙겨야 할 것이 내 식구들이다. 광고주를 감동시키기 위해 노력하듯 직원들도 감동시키는 방법이 없을까?

사소하지만 임직원들의 개인적 이벤트를 함께 해야겠다는 생각이 들었다. 초등학교 입학 자녀들에게는 손목시계 및 학용품 세트를 선물하고, 임직원이나 배우자가 출산을 하면 미역 세트를 보낸다. 군복무 중인 형제나 자녀가 있으면 국군의 날을 맞아 화장품 세트를 선물하기도 한다. 요즈음에는 국군장병들도 피부 관리에 신경을 많이 쓴다고 하니 말이다.

직원들을 위한 서비스는 다양할수록 좋다고 생각한다. 특히 직원들의 가족을 챙기는 것은 중요한 일이다. 육아 고충을 덜어 주고자 '아이제일 어린이집'을 두어 여직원 및 맞벌이 남직원의 어린 자녀들을 보살피게 했다. 또 여름방학과 겨울방학마다 한 번씩 초등학생 자녀를 회사에 초청해서 엄마 아빠가 무슨 일을 하는지 보여 주고, 광고 촬영 현장을 견학하게 해주었다. 특히 연예인들을 만나게 되면 아이들은 신나서 엄마 아빠 회사가 최고라며 즐거워 하곤 한다.

제일기획만의 아이디어 창출 공간이 아이라운지, 아이스파, 아이카페다. 아이라운지(i-lounge)는 사내 레스토랑으로, 멀리 나갈 것 없이 시간도 절약하고 식사도 챙겨 주고자 마련한 고급 레스토랑이다. 아이스파(i-spa)는 책의 향기 속에서 여유를 찾을 수 있도록 휴식과 독서를 함께 즐길 수 있는 공간이다. 그리고 아이카페(i-cafe)는 멋진 풍경이 있는 카페 형식의 만남의 장소로 이곳에서 자유로운 아이디어 교류가 이루어지도록 했다.

회사는 아이디어 놀이터이자 아이디어 실험실이 되어야 한다. 지금 내가 있는 곳을 일터가 아닌 놀이터로 여길 수 있도록, 스스로를 '워커홀릭(workaholic)'이 아닌 '워크플레이어(workplayer)'로 자리매김할 수 있도록 환경을 조성하는 일이 CEO의 일이 되어야 하는 것이다.

생산력보다 생동력이 필요하다

오늘날의 시대는 기업이 직원을 생산력이 아니라 생동력(change agent)으로 여길 것을 주문한다. 직원의 생산성을 높이려면 직원의 생태계를 파악하고 도와야 한다는 것이다. 따라서 직원의 생태계, 그들의 생산지를 가능한 숨 쉬기 편하고 운신하기 안락한 장소로 만들기 위한 CEO의 노력이 있어야 한다.

더욱이 그곳이 아이디어 생산지라면 어떨까? 엉뚱하리만치 자유롭고, 무모하리만치 도전적이며, 위험하리만치 열정적인 크리에이티브가 창궐해야 하는 곳이라면, 그곳은 어떠해야 할까?

CEO는 스스로 아이디어를 낼 수도 있지만, 그보다는 다른 사람들이 아이디어를 낼 수 있도록 분위기를 만들어 주는 데 집중하는 것이 옳다. 나 역시 광고기획자일 때는 아이디어를 직접 만들고, 카피도 썼다. 그것이 광고회사 CEO가 된 후에 도움이 되기도 했다. 그러나 CEO의 본업은 실무에 참견하는 게 아니라 아이디어가 샘솟는 조직을 만드는 것이라고 생각하고 여기에 집중했다.

솔루션을 내고 조직을 구하는 것은 결국 사람이다. 솔루션은 창의적 개인의 조합인 조직이 만드는 것이다. 그렇기에 당연하게도, 아이디어 발상과 솔루션 달성의 주체인 조직 구성원의 흥미와 열정과 크리에이티브를 존중하고 고양하기 위한 노력이 있어야 한다. 여기에 또한 CEO의 몫이 있다.

요즘 인스타그램을 모르는 이는 거의 없을 것이다. 사진을 찍고 공유하는 것에 특화된 SNS로 해외 유명 연예인들이 애용하면서 인기를 끌더니, 최근에는 한국에서도 많이 사용되고 있다. 먹는 사진을 주로 올리면 '먹스타그램', 셀카를 주로 올리면 '셀스타그램', 고양이 사진을 주로 올리면 '냥스타그램'이라고 부르며 하나의 온라인 놀이 문화로 자리 잡는 느낌이다.

2012년 4월 페이스북은 인스타그램을 인수한다고 발표했다. 1조 원이 넘는 천문학적인 인수 금액, 불과 사흘 만에 끝났다는 전광석화 같은 의사 결정 등 20대답게 패기 넘치는 협상이었다. 인스타그램 CEO인 약관의 청년 케빈 시스트롬은 하루아침에 억만장자 반열에 들어섰다.

페이스북 CEO인 마크 저커버그만큼 잘 알려지지는 않았지만 케빈 시스트롬 역시 꽤 흥미로운 이력을 지니고 있다. 그는 명문 스탠퍼드대를 졸업한 뒤 꿈의 직장이라는 구글에 입사했지만 불과 3년 만에 벤처회사로 옮긴다. 그곳에서 낮에는 마케터로, 밤에는 개발자로 일하며 시간을 쪼개서 만든 인스타그램은 앱스토어에 등록된 지 1년 만에 1,000만 명이 넘는 사용자를 끌어모으며 일약 돌풍을 일으켰다. 인스타그램이 1조 원짜리 회사가 되기까지 걸린 시간은 겨우 18개월이었다.

도전하지 않으면 성공도 없다

이제는 100조 원이 넘는 가치를 가진 기업이 된 페이스북의 마크 저커버그, 세계 최고 부자로 꼽히는 마이크로소프트의 빌 게이츠가 모두 하버드대를 중퇴한 사실은 잘 알려져 있다.

원래 머리 좋은 사람들이니 무엇을 해도 잘했을 것이라고 단정해 버리기 쉽다. 하지만 명문대생이라고 미래에 대한 불안이 없었을까? 그들 역시 우리와 마찬가지로, 불확실한 미래에 대응하는 가장 안전한 방법은 하버드라는 최고 엘리트 코스를 밟고 직장에서 높은 연봉을 받으며 안정된 생활을 누리는 것이었을 게다. 그러나 그들은 보장된 삶에서 눈을 돌리고 아무것도 확실하지 않은 미지의 길을 택했다.

"어떤 새도 알 속에서는 하늘을 나는 법을 배울 수 없다."

소설 『나니아 연대기』의 저자 C. S. 루이스의 말이다. 명문대학이라는 따스한 온실을 뛰쳐나와 한 치 앞을 볼 수 없는 미래에 도전하는 일은 두려웠겠지만, 그 도전이 있었기 때문에 오늘날 성취가 가능했던 것이다. 그들은 알을 깨고, 나는 법을 배웠다.

통섭의 시대에 깊이 있는 하나가 아닌 다양한 여러 가지를 추구하는 길에서는 그 무엇도 시도하는 것을 두려워해서는 안 된다. 실패를 두려워 해서도 안 되고 좌절의 늪에 빠져서도 안 된다. 나만의 열정과 패기로 시도하는 것에 주저함이 없어야 한다.

그런데 어느 방송이 설문조사한 결과를 보니 우리나라 초등학생의 장래 희망 직업 1위가 공무원이라고 한다. 물론 불확실한 미래, 무한 경쟁과 싸워야 하는 불안함이 투영된 결과라고 생각하지만, 힘겨운 시절일수록 저커버그나 시스트롬 같은 패기 있는 인재가 더욱 필요한데 안타깝기 그지없다.

때로는 무모한 것처럼 보이는 자신감, 호연지기(浩然之氣)야말로 젊음을 빛나게 하는 것이다. 큰물이 드넓고 세차게 흐르는 호연한 광경은 실패를 두려워하지 않고 좌절하지 않는 기상 바로 그것 아니겠는가? 시도해야 할 것이 너무 많은 지금이다. 모두가 시도하고 또 시도해야 할 것이다.

마음껏 실패하게 하라

실패가 성공을 위한 경험이 되는 것은 개인에게만 해당되는 것이 아니다. 조직이 성공하려면 구성원의 실패까지도 성공을 위한 값진 경험으로 받아들이는 문화가 필요하다.

실패는 성공을 위한 하나의 과정에 불과하다는 말을 할 때 으레 예로 드는 사례가 3M에서 만든 접착식 메모지 '포스트잇'이다. 1968년 3M 연구소의 연구원 스펜서 실버는 재사용이 가능한 저점도 접착제를 개발했다. 그는 표면에 살짝 달라붙어 있을 정도의 접착력을 가진 접착제를 스프레이나 게시판 표면에 응용하려고 했다. 개발 과정에 5년이나 걸렸지만 회사 내에서는 이 아이디어가 그다지 지지를 받지 못하고 그저 실패한 아이디어로 여겨졌다.

그러던 어느 날 제품사업부의 아서 프라이는 예배를 드리던 중 문득 성경책 같은 얇은 종이에도 붙였다 떼었다 할 수 있는 메모지가 있으면 좋겠다는 생각을 했다. 곧 여기에 실패한 발명품이었던 스펜서 실버의 접착제를 찾아 쓰게 되었다. 잘 붙지만 쉽게 뗄 수도 있는 접착제 덕분에 만들어진 포스트잇은 1977년 출시된 이후 20세기를 대표하는 초히트상품이 되었다.

여기까지는 잘 알려진 이야기다. 그런데 사람들이 잘 모르는 이야기가 있다. 스펜서 실버의 접착제가 개발된 지 7년이나 지난 후에 3M이 포스트잇을 만들 수 있었던 이유는 그의 아이디어를 폐기처분하지 않고 특허를 출원해 놓았기 때문에 가능했던 것이다. 다시 말해 직원의 실패한 아이디어를 소중히 간직할 수 있는 제도적 장치를 마련해 놓았던 덕분에 3M은 이 같은 성공을 거둘 수 있었던 것이다. 결국 포스트잇은 실패를 긍정하는 조직문화가 만든 승리라고 할 수 있다.

포스트잇 사례처럼 실패를 성공의 무기이자 기회로 삼기 위해서는 조직이 실패에 대한 입장을 새롭게 할 필요가 있다. 실패를 고백하고 긍정하는 문화, 그리고 실패는 위로 받을 일이 아니라 반드시 거쳐야 할 과정이라고 여기는 문화다. 실수가 없다는 것은 어찌 보면 그다지 열심히 하고 있지 않다는 뜻이기도 하다. 최선을 다하고 있지 않으며 스스로를 채찍질하지도 않은 것이다.

경험은 개인의 자산이기도 하지만 기업의 자산이기도 하다. 시도하지 않는 것이 패배라고 하지 않던가? 그러니 시도하고 또 시도할 수 있도록 구성원들을 격려하라. 실패는 노력의 다른 이름일 뿐이다.

【 가치가 담긴 진정성 】

말뿐인 솔직함인가,
투박한 진정성인가

"적을 처부술 정도로 이해하게 되는 그 순간,
적을 사랑하게 된다."
(When I understand my enemy well enough to defeat him,
then in that moment, I also love him.)

−오슨 스콧 가드, 『엔더의 게임(Ender's Game)』 중에서−

"리더가 창의적이 되려면 손이 더러워야 한다."

로드아일랜드디자인스쿨(RISD) 총장인 존 마에다 교수가 리더의 자질에 대해 언급한 말이다.

현장의 흙을 스스로의 손으로 주물러 보지 않는 리더는 자신을 따르는 이들에 대한 배려, 자신의 판단과 결정에 대한 신념, 고객과 주주에 관한 이해, 일을 완결시키려는 책임감 같은 것들이 없거나 모자라기 마련이라는 것이다. 그러니 밤낮 탁상공론에 무념무상일 수밖에 없다. 계급은 높되 생산성은 낮다는 것이다.

'창의적인 아이디어'라는 것은 컨설턴트들이 꾸며 주는 모양 좋은 경영전략이나 식스시그마처럼 복잡하고 고결한 계수적 체계에서 나오는 것이 아니라, 지금 이 순간의 실제상황에 밀접하게 연결된 현장의 '사소한 것'들로부터 비롯된다는 통찰이다.

마에다 교수는 유쾌한 사람이라 수사학적으로 '더러운(dirty)'이라고 눙쳤겠지만, 나는 그것이 은유하는 것은 사랑·배려·솔선수범 같은 덕목들이 아닐까 생각한다. 그리고 그것은 본원적으로는 진정성을 뜻하는 것이라고 생각한다. 내 손이 더럽혀지는 것을 감수하더라도 최선을 다하겠다는 마음 말이다.

리더라면 감출 줄도 알아야 한다

우리는 상대의 솔직한 모습에 매력을 느낀다. 특히 기업의 CEO가 소탈한 모습을 보여 주면 더욱 인간적이라고 느끼게 마련이다.

솔직함은 분명한 매력이다. 하지만 CEO라면 단순히 솔직하기만 해서는 아무것도 할 수 없다. 실상 리더라면 감춰야 할 부분과 보여 줘도 될 부분을 구분할 줄 알아야 한다. 리더의 솔직함이 자칫 경솔함으로 흐르면 때로 큰 화를 자초할 수도 있기 때문이다.

우리 회사가 어떤 악재를 겪고 있다고 생각해 보자. 당장 해결책이 보이지 않아 답답한 게 현실이지만, 직원들이 그에 대해 궁금해 할 때 백 퍼센트 '솔직하게' 대답할 필요는 없다. CEO라면 언제 어디서든 희망을 보여 줘야 한다. 비록 내 속은 썩어 들어가고 있더라도 "곧 개선될 것"이라는 긍정적 메시지를 전해 줘야 직원들도 힘을 낼 수 있는 것이다.

리더에게 중요한 덕목은 솔직함보다는 진정성이라고 생각한다. 솔직함이 말을 통해 드러나는 것이라면, 진정성은 말이 아닌 마음으로 통하는 것이다. 물론 말도 하나의 수단이 될 수는 있겠지만, 그 안에는 반드시 말이 아니어도 전해질 수 있는 진짜 실체, 즉 '가치'가 들어 있어야 한다.

시간의 흐름과 함께 증명되는 진정성

진정성이란 무엇을 뜻하는 것일까? 사람마다 조금씩 그 정의가 다를 수 있을 텐데, 나는 오랜 시간을 두고 흐르는 변함없는 가치를 진정성이라 하고 싶다.

광고업계에서 오랜 시간을 두고 가치를 보여준 기업 캠페인이라고 하면 단연 오리온 초코파이 '정(情)' 캠페인일 것이다. 1989년에 시작된 초코파이 정 캠페인은 국민 광고라 해도 지나치지 않을 만큼 많은 사랑을 받았다. 대표적인 것이 나지막한 멜로디가 인상적인 '말하지 않아도 알아요'라는 노래다.

마음에 품은 정한(情恨)을 밖으로 드러내는 것을 민망해 하는 한국인. "사랑해"라는 고백 대신 "꼭 말해야 아나"라고 무뚝뚝하게 중얼대는 것을 멋으로 생각하는 한국인. 이러한 정서에 착안해 만들어진 정 캠페인은 무려 23년 동안이나 지속되었다.

물론 말하지 않아도 알기 위해서는 시간이 필요하고, 서로 마음이 통하려면 진득하게 기다려야 한다. 23년이라는 긴 시간 동안 그 기다림의 미학을 굳건히 지킨 덕에 정 캠페인과 초코파이가 지금처럼 성공할 수 있었던 것이다.

그런데 시대가 조금씩 변하고 있다. 세상은 걷잡을 수 없이 빨라졌다. 일반 전화가 전 국민 40퍼센트에게 보급되기까지는 39년이 걸렸지만 스마트폰은 불과 2년 반 만에 그만큼을 달성했다. 사람들은 마치 새로움을 갈구하는 약물이라도 주입당한 것처럼 미친 듯이 변화를 추구한다. 이제 더는 진득해지기 어려운 시대가 되었다. 사랑한다고 말하지 않는데 어찌 사랑인 줄을 알겠는가?

말하는 방법 또한 달라졌다. 이제 사람들은 목소리가 아니라 손가락으로 말할 수 있도록 진화했다. 그놈의 정 때문에 얼굴을 맞대고는 차마 말 못할 때에도 문자메시지는 나름 유효한 역할을 했지만, 그때까지는 문자메시지 역시 일대일이었다. 이제는 다르다. 스마트폰과 함께 확산된 SNS와 모바일 메신저를 통해 나 혼자의 독백을 온 세상에 퍼뜨릴 수도 있게 되었다.

그래서 초코파이는 전격적으로 메시지를 교체했다. 2012년 새롭게 등장한 초코파이의 광고 카피는 '말하지 않으면 몰라요', 그리고 '정 때문에 못했던 말, 까놓고 말하자'였다. 브랜드 관점에서 수십 년을 이어온 메시지를 바꾸는 것은 쉬운 선택이 아니다. 23년 동안 소비자와 교감하는 데 들인 시간과 비용이 엄청나기 때문이다. 그럼에도 불구하고 어려운 결단을 내린 것은 그 모든 비용을 상쇄하고도 남을 만큼 변화의 물결이 거세다고 판단했기 때문일 것이다.

그렇다면 초코파이는 자기가 했던 말을 바꿨으니 진정성을 훼손한 것일까? 그렇지 않다. '말하지 않아도 알아요'가 '말하지 않으면 몰라요'로 바뀌었지만, 그것은 표현 수단의 변화일 뿐 가치의 변화가 아니다. 말하지 않아도 은근히 전해지던 과거에서 말을 해야만 전해지는 오늘날로 시대적 기호만 바뀐 것일 뿐, 초코파이가 추구하는 기본 가치는 여전히 정(情)이다.

나는 초코파이가 정이라는 핵심 콘셉트에 충실하기 위해 말을 바꿨다는 사실이 오히려 소비자와 공감하는 폭을 넓히고 진정성을 강화하려는 시도 아닌가 생각한다. 진정성의 실체는 단순한 표피가 아니라, 시간의 두께만큼 두터워지는 것이다. 광고의 카피가 바뀌었다고 해서 오랜 시간 동안 보여준 초코파이의 진정성이 사라진 것은 아닐 것이다.

솔직함을 무기로 감정을 배설하지 말자

사람 인(人)이라는 상형문자는 서로 기대어 선 모양이라고 한다. 이것은 서로 기대고 의지하며 주고받아야 사람이란 뜻이 되기도 한다. 허심탄회(虛心坦懷), 즉 마음을 비우고 흉중을 까놓는 것이야말로 사람의 본래 성질대로 서로 기대어 친구를 맺는 가장 좋은 방법일 것이다.

그러나 흉중을 까놓는 것은 솔직한 것과 다르다. 상대를 배려하지 않고 내 기분에만 솔직한 사람들 때문에 마음이 상한 경험은 누구나 한 번쯤 있을 것이다. 그것은 솔직함이라는 핑계로 내 감정을 배설하는 것에 다름 아니다.

이렇게 무책임한 솔직함은 리더에게 더 위험할 수 있다. 리더의 말은 다른 사람보다 그 힘이 더 크기 때문이다. 아무 의미 없는 말도 리더의 입에서 나가면 괜히 더 큰 의미가 담긴 것처럼 여겨지는 법이다.

계영배(戒盈杯)를 아시는가? 계영배는 잔의 70퍼센트 이상 술을 채우면 모두 밑으로 흘러내리는 신비의 잔이다. 고대 중국에서 과욕을 경계하기 위해 하늘에 정성을 드리며 비밀리에 만들어졌던 '의기(儀器)'에서 유래되었다고 한다. 이 의기는 밑에 분명히 구멍이 뚫려 있는데도 불구하고 물이나 술을 어느 정도 부어도 전혀 새지 않다가 70퍼센트 이상 채우게 되면 밑구멍으로 쏟아져버렸다.

여기에는 인간의 끝없는 욕심을 경계해야 한다는 상징적인 의미가 있다. 환공은 이를 늘 곁에 두고 보는 그릇이라 하여 '유좌지기(有坐之器)'라 불렀고 공자도 이를 본받아 항상 곁에 두고 스스로를 가다듬으며 과욕과 지나침을 경계했다고 한다.

리더라면 계영배처럼 말하고 싶은 것도 70퍼센트만 하고, 행동하고 싶은 것도 70퍼센트만 하며, 갖고 싶은 것도 70퍼센트만 갖는 것에 만족하고 과욕을 부리지 않는 것이 좋다. 지나치면 곧 넘쳐 손해를 보게 된다. 리더는 이미 최고의 자리에 오른 사람이다. 그러니 구성원들을 상대로 말을 많이 하고 좀 더 영향력을 미치려고 해봐야 오히려 과욕일 뿐이다.

지금 어디로 가야 할지 이정표를 찾아 헤매고 있는 리더라면, 올바른 길을 찾는 단서는 진정성에서 찾아야만 할 것이다. 소통의 진정성, 배려의 진정성으로 마음과 아이디어를 나눌 때 문제는 극복된다. 어지러운 세상, 진정성만 한 이정표가 없다.

1881년 마크 트웨인은 『왕자와 거지』를 발표한다. 한 날 한 시에 태어난 두 아이가 있다. 빈민가 부랑인의 아들인 톰과 국왕 헨리 8세의 왕자인 에드워드다. 소년이 되어 우연히 만난 톰과 에드워드는 호기심에 서로의 신분을 바꿔 보는데, 에드워드는 톰으로 살면서 억압 받는 민중의 가난한 삶 속에서 소중한 경험을 쌓고 후일 에드워드 6세가 되어 가혹한 법들을 폐지하는 훌륭한 왕이 된다는 이야기다.

재미있는 사실은 이 소설의 모티브가 문화권과 시대를 막론하고 다양하게 등장한다는 사실이다. 일본 전국시대의 영주들은 자신과 비슷하게 생긴 가짜 무사를 내세워 적을 속였다. 이 가짜 무사를 카게무샤(影武者)라고 하는데 일본 영화감독 구로사와 아키라가 1980년 같은 제목의 작품을 만들었다.

줄거리는 이렇다. 타케다 신겐의 가짜 무사는 좀도둑 출신이지만 소실들조차 구별하지 못할 정도로 신겐과 흡사해서 그가 죽은 뒤 3년간 신겐의 역할을 하며 세력을 지탱한다. 전멸해 가는 타케다 군의 끝에서 깃발을 펄럭이며 돌격하는 마지막 전사가 바로 그 가짜 무사였다.

비슷한 모티브의 영화가 한국에도 있다. 이병헌 주연의 「광해, 왕이 된 남자」가 그것이다. 왕위를 둘러싼 권력 다툼과 당쟁, 자신에게 칼을 겨누는 자들에 대한 분노와 두려움으로 점점 난폭해져 가던 왕은 자신 대신 위협에 노출될 대역을 찾으라 명하고, 왕과 똑같이 생긴 저잣거리의 광대가 하루아침에 왕 노릇을 시작한다. 하지만 괴팍하고 난폭했던 왕과는 달리 "나에겐 사대의 예보다 내 백성들의 목숨이 백 곱절 천 곱절 더 중요하단 말이오!"라고 외치는 따뜻하고 인간적인 임금의 모습에 세상은 조금씩 술렁댄다.

이 역할 교체의 모티브는 대체로 막강한 권력이 나약한 인간에게 경의를 표하는 것으로 귀결된다. 왕자나 영주나 임금과 같이 지체 높으신 분들이 거지나 도둑이나 광대처럼 미천한 '아랫것들'에게 진정성의 빚을 지게 된다. 에드워드 6세와 타케다 신겐, 그리고 광해군은 모두 과거의 인물이지만 21세기에까지 이러한 모티브가 반복되는 것을 보면 세상은 언제나 욕심 많고 권위적인 리더보다 진술하고 인간적인 리더를 바라는 것 같다.

역할 교체의 모티브 속에는 역지사지(易地思之)의 정신이 숨어 있다. 좋은 것만 먹고 편안한 잠자리에서만 자던 왕자는 굶기를 밥 먹듯 하고 차가운 바닥에서 새우잠을 잔 후에야 비로소 백성들의 고통을 알게 된다. 그러한 과정 덕분에 훌륭한 왕이 되는 것이다.

사실 다른 사람을 이해하는 데에 역지사지만큼 좋은 것이 없다. 머리로만 이해하는 것에는 한계가 있고, 직접 몸으로 부딪혀 봐야 상대를 이해하는 것이다.

이해하면 사랑하게 된다

물론 사람이 다른 사람을 온전히 이해한다는 것은 불가능한 일일지도 모른다. 그와 나는 전혀 다른 삶을 살아왔을 테니 말이다. 그래도 최대한의 상상력을 발휘해서 상대의 마음이 되려는 노력은 해봐야 한다.

2013년 삼성생명은 서울시와 함께 '생명의 다리' 프로젝트를 진행했다. 총 1.6킬로미터 길이의 마포대교 난간에 자살 예방을 위한 구조물을 설치하고, 보행자를 따라 움직이는 조명과 함께 말을 걸어 주는 듯한 감성적 메시지를 설치하는 것이 프로젝트의 핵심이었다.

대한민국에서 싸이의 「강남 스타일」보다 더 강력하게 세계 1위를 지켜낸 것이 바로 자살률이다. 한국은 OECD 회원국 중 수년 동안 계속해서 자살률 1위를 기록했다. 그 중에서도 마포대교는 삶을 포기하는 사람이 가장 많은 곳이다. 최근 10여 년간 마포대교에서 일어난 투신 사건은 1,000건이 넘는다. 한강 다리에서 사람이 뛰어내린 사건 중 10퍼센트 가까이가 마포대교에서 일어난 것이다.

대체 사람들은 왜 자살을 선택하는 것일까? 그저 마음 약한 사람들의 충동적 행위로 치부해 버리기에는 그 목숨과 미처 피지 못한 미래가 너무 안타깝다. 도대체 무엇이 그들을 그런 극단적 선택으로 몰고 간 것일까? 자살을 생각하는 이들의 마음을 돌리는 데에 가장 필요한 것이 무엇일까?

생명의 다리 프로젝트에서는 당신은 혼자가 아니라는 사실, 누군가는 당신을 염려하고 있다는 사실을 보여주는 것이 핵심이었다. 그래서 마포대교에는 사람의 움직임을 인식하는 센서가 장착되었다. 다리 위를 걸으면 마치 누군가가 다정하게 말을 걸듯이, 그 걸음걸이에 따라 20개의 문구가 적힌 아크릴 등이 차례로 켜진다. 거기에는 이런 말들이 쓰여 있다.

> 밥은 먹었어? / 잘 지내지? / 아, 세월 참 빠르다 / 피곤하지 않아? / 별일 없지? / 무슨 고민 있어?/ 음… 3년 전에 제일 힘들었던 게 뭐였는지 기억나? / 기억, 잘 안 나지? / 다 그런 거지 뭐 / 노래방 가고 싶다 / 스트레스 쫙 풀리게 / 다 잊고 / 영화나 한 편 볼까?/ 아무튼 바깥바람 쐬니까 좋지?

이 문구들은 삶을 포기하려는 사람에게 과거를 기억하게 하고, 새로운 삶의 희망을 주면서 다시 시작해야겠다는 마음을 갖게 하기 위한 것이다. 생명의 다리 캠페인은 2013년 광고계의 오스카상이라 불리는 미국 클리오 광고제에서 국내 최초로 대상을 받았다.

삼성생명이 이 캠페인을 진행하게 된 배경에는 생명보험사의 본질이 무엇인지에 대한 성찰이 있었다. 생명보험사는 정말 생명을 소중히 할까? 대체 생명이란 무엇이며, 사람들은 왜 그 생명을 포기하려고 하는 것일까? '사람, 사랑'이라는 기업의 가치를 고객 입장에서 생각해 본 결과가 빛을 발한 것이다.

1985년 출간되어 30년간 베스트셀러의 자리를 지키고 있는 SF소설 『엔더의 게임』에서 소년 엔더는 우주생물 '버거'의 군단을 상대로 전 함대를 지휘해야 한다. 어린 나이에 전 함대의 목숨을 좌지우지한다는 중압감, 동료들과의 인간적 갈등, 그리고 '나는 무엇을 상대로 싸우고 있는가'를 끊임없이 고민하던 엔더는 이런 말을 남긴다.

"적을 쳐부술 정도로 이해하게 되는 그 순간, 적을 사랑하게 된다.(When I understand my enemy well enough to defeat him, then in that moment, I also love him.)"

쳐부수든 사랑하든, 상대의 입장이 되어 이해해 보려는 노력이 필요하다. 그렇지 않으면 어떤 감정도 전달할 수 없거니와 전달 받을 수도 없을 것이다.

직원들은 왜 내 진심을 몰라줄까

                        CEO 역시 마찬가지다. 왜 직원들은 내 진심을 몰라줄까 하며 한탄만 하지 말고, 그들이 원하는 것이 무엇인지 입장을 바꿔 생각해 봐야 한다.

그런데 실제로는 그게 어렵다. 생각을 하기는 한다. 다만 머리로만 생각하고 형식적으로만 움직인다. 그것은 역지사지가 아니라 아집이다. 내가 생각하기에 좋아 보이면 그만이라는 독단이다. 많은 CEO들이 이런 실수를 저지르는 것 같다.

그 바탕에는 '그래도 내가 어른인데'라는 심리가 깔려 있음을 부인할 수가 없다. 내가 어른이니 상대가 내 말을 고분고분 들어야 한다고 생각하는 것이다. 그러나 상대가 고분고분하게 나온다고 해서 당장 기분 좋은 것 외에 달라질 게 무엇이 있나? 오히려 조직 전체의 생기를 떨어뜨릴 뿐이다.

오모이야리(思い遣り)란 일본말이 있다. '상대를 먼저 배려하는 마음'이란 의미로 역지사지와 비슷하다고 볼 수 있을 것이다. 당장 나 한 사람의 이익을 따지지 말고 크게 봐서 우리 팀이 이익을 얻으면 되고, 더 크게 보면 우리 회사가 이익을 얻으면 된다. 이런 생각이 오히려 리더를 더 크게 키우는 법이다.

CEO는 강하지 않아도 된다. 진정성 있는 관계 구축에 성공한 CEO라면 설사 어쩌다 한 번 돌부리에 걸려 크게 넘어지더라도 수많은 손들이 다가와 그를 번쩍 일으켜 줄 것이다.

어떻게 마음을 얻을 것인가

사마천의 『사기』를 보면 '도이불언 하자성혜(桃李 不言 下自成蹊)'라는 말이 있다. 복숭아나무와 자두나무는 말을 하지 않지만, 그 아래로 자연스럽게 길이 생긴다는 뜻으로 덕이 있는 이에게는 자연스럽게 사람이 모인다는 말이다.

『논어』에는 '덕불고 필유린(德不孤 必有隣)'이라는 말이 있다. 덕을 갖춘 사람은 외롭지 않아서 반드시 뜻을 같이 하고 따르는 사람이 있다는 말이다. 덕을 발휘하는 리더가 최고의 리더다.

한비자는 "덕은 득이다(德得也)"라고 했다. 즉, 덕은 단순히 도덕적 품성만 가리키는 것이 아니라 사람을 얻는 능력 그 자체라는 것이다. 덕이 있는 통치자는 탁월한 신하를 얻을 수 있다.

이 세 가지 가르침에서 공통적으로 얻게 되는 가르침이 있다. 덕이란 마음을 얻는 것에 다름 아니라는 것.

비즈니스 현장을 하나의 경기장이라고 했을 때 CEO는 선수가 아닌 감독의 역할을 맡게 된다. 현역 시절에 선수로서 코트에서 얼마나 종횡무진 했건 간에 CEO가 되는 순간부터는 더 이상 선수가 아닌 것이다. 이제는 선수들과 통하기 위해 집중해야 한다. 그래야 경기를 승리로 이끌 수 있다.

소통(疏通)에서의 소(疏) 자는 '두 물건 사이가 떨어져 있는 상태'를 말한다. 그리고 그 떨어져 있는 상태를 서로 통(通)하게 하는 것이 소통이다. 한마디로 떨어져 있는 두 마음을 움직여 통하게 하는 것이다. 대체 어떻게 해야 상대의 마음을 움직여 내 마음과 통하게 할 수 있을까?

말보다 배려로 감동시키자

　　　　　　　　몇 마디 말은 사라지면 그만이지만, 그것이 진짜 배려로 이어질 때 비로소 마음은 움직이는 법이다.

최근 올림픽을 비롯한 국제 대회를 볼 때면 금석지감(今昔之感)이 들 때가 있다. 내가 지나온 시절의 금메달은 비원(悲願)이었다. 라면으로 배고픔을 때우면서 죽을 각오로 달려가 거머쥔 금메달은 한이고 통곡이었다. 금메달을 따면 지나온 고생길이 서러워서 통곡하고 못 따면 원통하고 분해서 통곡하던 그런 시절이었다.

그런데 요즘 젊은 선수들은 그야말로 쿨(cool)하다. 메달보다는 자기 기록을 경신하는 것 그 자체를 좋아하고 시상대에서 눈물은커녕 윙크를 날리기도 한다. 간발의 차이로 금메달을 놓치고서도 패배를 깨끗이 인정하며 즐거워 하고, 금메달보다도 동메달이 더 값지다고 외친다.

솔직히 고난과 역경의 배고픈 현대사를 헤치며 살아온 기성세대로서 어려움을 모르고 자란 '젊은 것'들이 험난한 세파를 어찌 견뎌낼지 염려해 왔던 것이 사실이다. 그러나 거침없고 당당하며, 자신의 생을 즐기고, 주위를 배려하는 아량이 넘치고, 솔직하고 여유 있고 의젓한 우리 젊은 선수들을 바라보면서 그간의 내 염려가 얼마나 아둔한 것이었는지를 눈물 나게 알아차린 바 있다.

'우생순'으로 유명한 여자 핸드볼 대표팀의 유명한 일화가 있다. 베이징올림픽 3·4위전에서 종료 1분을 남겨놓고 임영철 감독이 작전타임을 요청한 것이다.

"마지막 1분은 언니들의 몫이야."

그리고 선수는 모두 은퇴를 앞둔 '언니들'로 교체되었다. 선수 생활의 마지막 1분을 후회 없이 뛰고 얻어낸 값진 동메달. 경기가 끝난 후 선수들이 부둥켜안고 눈물을 흘린 것은 단순히 메달 때문만은 아닐 것이다. 선수들의 마음까지 어루만진 최고의 작전타임이었다.

선수이기엔 역부족인 나는 선수들을 다독이며 눈물 나게 해줄 수 있는 감독이라도 되기를 바랐다. 아랫사람이 진심을 몰라

준다고 한탄하기보다는 내가 그들을 몰라줄 수도 있다는 사실에 노심초사했다.

글쎄, 내 마음은 언제나 그랬다고 말하고 싶은데, 나의 상대들이 어떻게 받아들였을지는 모르겠다. 혹여 나로 인해 상처 받은 사람이 있다면 이 자리를 빌려 용서를 구해야겠다.

내가 틀릴 수도 있다는 것을 인정하자

주위 상황과 조언을 듣지 않고 맹목적으로 돌진하는 한탕주의식 사고방식, 즉 무모한 추진력을 일컫는 경영학 용어로 '몰입 상승 현상'이란 말이 있다. 특정 사안에 대해 잘못된 의사결정임을 알면서도 그대로 밀고 나가는 행동이다.

이처럼 고약한 처신도 없다. 나만의 것을 고집하는 어리석음으로는 아무것도 이룰 수 없고 누구도 얻을 수 없다. 특히 CEO는 고집불통이기 쉽다. 나의 지식, 나의 경험, 나의 판단이 옳다는 생각을 하기 쉬운 것이다.

그러나 최종 의사결정을 하고 이미 자원이 일부 투자된 경우라도 조직 내의 다른 의견을 무시하지 말아야 한다. 가끔은 한 걸음 물러서서 다시 문제를 보아야 할 필요가 있다. 그래야 잘못된 판단이었을 경우 신속하게 잘못을 인정하고 개선하거나 중도 포기할 수 있기 때문이다.

흔히 사람들은 지식을 구하고 더하는 일에는 익숙하지만 가진 것을 내려놓음으로써 더 큰 지혜를 얻는 일은 도무지 어려워한다. 하지만 더 큰 지혜는 내가 아닌 다른 사람의 마음을 얻음으로써 가능해지는 법이다. 교만하면 잘못된 길을 가기 쉽다.

자고 일어나면 달라져 있는 세상을 목도하다보니 새롭게 바뀌는 것에 겁이 나는 게 당연하다. 그러나 식자우환(識字憂患), 아는 것이 병이라고 했다. 사실 CEO가 너무 많은 것을 알고 지레 걱정하는 것도 문제다. 과거의 관행에 얽매여 새로워지지 못하는 태도는 경계해야 한다.

지금 길이 보이지 않는다면 그 까닭은 모르는 것이 많아서가 아니라 오히려 알고 있는 것이 많아서, 나 혼자만의 생각으로 가고 있기 때문이 아닐까?

남이 알아주기를 바라지 말자

남이 나를 알아 주지 않을까 걱정하지 말고, 묵묵히 나의 길을 가라는 가르침을 공자만큼 열심히 설파한 사람이 있을까? 『논어』를 보면 구구절절 그런 내용들이 나온다. 「학이편」 첫 장은 '남이 나를 알아 주지 않아도 화를 내지 않으면 이 또한 군자가 아니겠는가(人不知而不慍 不亦君子乎)?'로 시작하고, 16장에는 '남이 나를 알아 주지 않음을 걱정하지 말고, 내가 남을 알지 못함을 걱정해야 한다(不患人之不己知

患不知人也)'는 말이 있다.

또 「헌문편」에서는 '남이 자기를 알아 주지 않는 것을 걱정하지 말고, 자기의 무능함을 걱정하라(不患人之不己知 患其不能也)'고 하는가 하면, 「위령공편」에서도 '군자는 자기의 무능함을 병으로 여기고, 남이 자기를 알아 주지 않음을 병으로 여기지 않는다(君子病無能焉 不病人之不己知也)'라고 가르친다.

오늘날까지도 존경받는 성인이자 철학자이고 당대 수많은 왕과 제후들의 스승이었지만, 사실 공자는 정치적으로 이렇다 할 만한 발자취를 남긴 인물은 아니다. 어찌 보면 공자 자신이야말로 세상이 알아주지 않아도 올곧게 자신의 길을 걸어간 언행일치의 인물이 아닐까 한다. 그 결과 공자는 수천 년 후에도 자신의 이름을 떨치고 있지 않은가 말이다.

리더는 남이 나를 알아 주지 않음을 걱정할 필요가 없다. 내가 이끄는 조직의 이름이 높아지는 것이 곧 리더인 나의 이름이 높아지는 것과 같다고 여기면 그만이다. 소위 말하는 서번트(servant) 리더십, 즉 권력이나 권위에 기초하지 않는 섬김의 리더십을 갖춰야 하는 것이다.

누구나 리더의 자리에 오를 수는 있으나, 사람들에게 실제로 '리더'라고 불리는 것은 아무나 할 수 있는 일이 아니다. 리더십은 돈이나 권력이 아닌 개인의 매력으로 사람의 마음을 사는 기술이다. 계급장을 떼어도 사람들 발길이 끊이지 않으면 리더로서의 자격이 있는 것이다. 가진 돈을 날려도 도와주겠다는 사람들이 많다면 리더인 것이다.

"리더의 조건이요? 평균 이상의 지성과 고도의 인품입니다. '저 사람과 일하고 싶다, 저 사람과 밥 먹고 싶다, 저 사람을 만나면 힘이 생기는 것 같다'는 생각이 들게 하는 인물이지요. 즉, 인덕이 있는 사람이라고 할 수 있습니다."

존슨 앤 존슨의 회장을 지낸 제임스 버그의 말이다. 그가 말하는 인덕 역시 진정성을 말한다는 것에는 의심할 여지가 없다.

짐으로써 이기는 바보

인도의 어느 민간단체는 매년 3월 13일 국제바보대회를 연다고 한다. 바보왕을 선발하고 시가행진을 벌인다는데, 바보들은 싸우지 않고, 속이지 않으며, 다른 사람들과도 잘 지낸다고 생각하기 때문이란다.

스스로 못난이로 행세하는 큰 바보는 당장은 낙오자 같아도 시간의 흐름 속에서 승자로 살아남는다. 바보는 짐으로써 이기고 죽음으로써 살아남는다. 곧은 나무가 먼저 잘리고, 단 우물이 먼저 마르며, 가장 예쁜 꽃이 제일 먼저 꺾이지 않던가?

회사에서 가장 책임감 있는 자리를 꿰차고 있는 CEO가 가장 크게 갖춰야 할 미덕은 바로 바보스러울 만큼의 자기 절제와 섬김의 자세가 아닐까 싶다. 약삭빠르게 움직이는 대신 조금은 바보처럼 손해도 좀 볼 필요가 있다. 바보의 원리를 빌려 바보의 장점을 활용할 줄 아는 '지혜로운 바보'들이 결국은 성공하는 법이다.

요새는 인간적인 리더들의 행보를 일컬어 '바보 리더십'이라고 한다. 요즘 주목 받고 있는 신종 리더십이기도 하다. 'Be stupid(바보가 되라)'라는 카피를 내세우고 있는 패션 브랜드 디젤의 광고를 보면 "스마트한 이들에게는 뇌와 계획과 비판이 있지만, 바보에게는 배짱과 이야기와 행동이 있다"는 카피가 있다. 밑져도 남에게 잘해주는 바보 정신이 거꾸로 나를 최고로 만드는 것이다.

이런 우스개 이야기가 있다. 경상도 할머니가 버스를 기다리고 있는데, 한참을 기다린 끝에야 버스가 왔다. 할머니는 반가움에 "왔데이~"하고 소리쳤다. 그러자 옆에 있던 미국인은 무슨 요일이냐(what day)고 묻는 줄 알고 "먼데이(Monday)"라고 대답했다. 할머니는 미국인이 저게 뭐냐고 묻는 줄 알고 "버스데이~"라고 친절하게 말했다. 미국인은 할머니가 오늘이 생일(birthday)이라고 말하는 줄 알고 "해피 버스데이(happy birthday)"라고 축하의 인사를 했다. 할머니는 미국인이 저 버스의 종류가 뭔지 모르는 줄 알고 다시 말했다고 한다. "아니데이~. 직행버스데이~."

영어를 모르는 할머니와 한국말을 못하는 미국인을 이용한 유머다. 지어낸 이야기겠지만, 절묘하게 이어지는 대화 속에 어딘가 따뜻함이 어려 있지 않은가? 두 사람은 서로 다른 이야기를 하고 있지만 대화는 끊임없이 이어진다. 바로 '소통'하고 싶어하는 열정이 있기 때문이다.

소통은 진정성을 전하기 위한 전제조건이다. 진정성에 있어 가장 중요한 것은 그 내용, 즉 메시지이겠지만 그 메시지가 잘 전달되려면 소통의 방법도 중요하다. 소통에 있어서 헛된 권위, 알맹이 없는 허세는 메시지를 복잡하게 만든다. 진심이 헷갈린다면 그건 사실 진심이 아닐 것이다.

헛된 권위를 내려놓을 때 진정성은 드러난다

"정확하고 분명하게 의사를 전달하도록 신경 써라. 진리는 문제를 가장 단순하게 만들어 줄 것이다."

지배하지 않고 사람을 움직이는 리더의 면목을 보여준 인도의 독립 영웅 마하트마 간디의 말이다. 간디는 그야말로 온 생애를 '진정성'이라는 무기로 살지 않았나 싶다. 목표달성을 위해서라면 감옥행이나 죽음도 마다하지 않는 추진력, 분쟁의 양쪽 편을 모두 포용하는 중재력, 자신의 뜻대로 대중을 움직이는 리더십, 검소하지만 결코 돈을 경멸하지 않는 정확한 경제관념, 굴욕감을 주지 않으면서 양보를 받아내는 수완 등.

이 같은 다양한 능력의 이면에는 진리에 대한 애착과 비폭력,

자신에 대한 엄격함, 용기, 침묵과 경청 등을 바탕으로 한 철저한 자기관리가 있었기에 가능하지 않았을까?

간디는 인도의 독립과 인종차별 반대라는 큰 목표를 위해 싸우면서도 매일 정확히 시간을 분배했다고 한다. 하루 50통 이상의 편지를 쓰고, 한 시간 동안 물레질을 했으며, 구두를 만들고 화장실을 청소했다. 권위에 올라탄 리더의 모습이 아니라 권위를 내려놓고 진정 가벼워진 자의 구도자적 행보를 보여준 것이다. 이렇듯 진정성 있는 그의 일상이 인도의 독립이라는 위대한 혁명을 이룬 가장 큰 무기가 되었을 것이다.

그의 놀랍도록 철저한 자기관리 능력을 애써 본받아야 한다고 주장하는 것은 아니다. 다만 간디의 가장 큰 무기가 된 그의 '진정성'에 주목하자는 것뿐이다.

간디는 성찰이 곧 삶인 리더였다. 그는 자신의 신념을 일상 속에서 소박하게 실천한 위대한 실천가였다. 사실 우리가 종교에 대해 혹은 일부 권위에 대해 부정적인 편견을 가지는 것은 그들의 말과 행동이 일치하지 않기 때문이 아닌가? 그저 말뿐인 것에는 어떤 감흥도 일어나지 않지만 시간 속에 누적된 가치 있는 행동에는 절로 고개가 숙여지는 법이다.

간디의 리더십을 본받자고 해서 CEO에게 하루 50통씩 편지를 쓰라거나, CEO가 회사의 화장실을 청소해야 한다는 등 지엽적인 행동을 베끼자는 것은 아니다. 다만 헛된 권위를 내려놓자고는 말하고 싶다. 진정성 있는 관계의 구축을 말하는 것이다.

리더가 입을 다물면 구성원이 입을 연다

직원들에게 CEO의 진정성을 보여 주기 위해, 이른바 'CEO 때리기' 프로그램을 운용하는 회사가 꽤 있는 것으로 안다. 말 그대로 직원들을 불러 모아 직접 의견을 듣는 것이다. 요즈음은 특히 감성경영이란 것이 화두가 되면서 직원들의 감정과 기분을 알아 보겠다고 직원들과 무릎을 맞대고 이야기를 듣기 위해 애쓰는 CEO들이 많다.

그런데 상당수의 CEO들이 두어 번 직원들과의 대화를 시도했다가 금방 그만두거나 형식적인 절차 정도로 끝내곤 한다. 왜 그럴까? 물어보면 대답들이 비슷하다.

"직원들이 말들을 잘 안 해요. 한두 친구만 이야기하고는 잘 안 하니까, 결국 나만 떠들다 그만두게 되고 해서…."

역시 실행방법이 문제다. CEO가 직원들의 이야기를 제대로 들으려면 죄가 있어 매 맞으러 들어가는 사람처럼 입 다물고 겸손해야 한다. 말로는 뭐든지 이야기하라지만, 관리이사가 다이어리 펴놓고 누가 뭐라고 하나 감시하듯 쳐다보고 있는 분위기에서 쉽게 속내를 꺼내놓을 직원은 없다. 튀기 좋아하는 한두 명이 뻔한 이야기 한두 마디 하고 말 뿐이다. 나머지 시간은 사장님의 일장 훈시, 부장님의 반주 말씀. 그러니 직원들은 썰렁한 농담에 적당히 웃어 드리거나, 가끔 심각한 표정만 짓다가 나오면 되는 것이다.

이런 모임을 제대로 만들고 싶다면 먼저 목적을 분명히 하자.

직원들의 이야기를 듣고 느낌이나 생각을 파악하는 게 목적이라면 아예 듣기 프로그램을 만들어서 입 꼭 다물고 오직 듣기만 하면 된다. 이야기를 편하게 할 수 있는 분위기를 만들어 주자. 한 번에 열 명 이내만 참석하게 해서 의제나 시간제한 없이, 기록할 사람 한 명만 데리고, 폐쇄된 공간에서 차 한 잔 대접하며 일선 직원들의 이야기를 듣는 것이 좋다.

나 역시 사내 식당에서 10여 명의 직원들과 매주 월요일마다 아침식사를 하며 이야기를 듣는 조찬미팅(breakfast meeting)을 1년간 해본 경험이 있다. 처음엔 정말 인내심을 가지고 직원들의 이야기를 경청하려고 노력했다. 그러나 어느 순간부터 결국 내가 더 많은 말을 하고 있다는 것을 깨닫게 됐다.

리더는 할 말이 많다. 여러 사람들의 느낌과 생각을 한 방향으로 이끌어 행복의 나라로 가야 하니 당연하다. 일선 직원들이 엉뚱한 이야기를 하면 입이 근질거려 견딜 수가 없는 것이다.

그래도 참아야 한다. 참고 또 참아야 한다. 그래야 직원들의 느낌이나 생각을 알고 조직 관리의 소소한 문제점을 조정할 수 있다. 그렇게 노력하다 보면 강한 조직, 즐거운 일터가 되는 것은 시간문제 아니겠는가?

고객과
함께
무엇을 할
것인가

2011년 경제 전문지 「타임」은 21세기에 주목해야 할 단어로 '진정성'을 선정했다. 제일기획에서 2014년 마케팅 키워드로 선정한 'REAL'도 비슷한 맥락이다. Reality(실체적 리얼리티), Experience(체험), Authenticity(진정성), Life Share(라이프셰어)의 앞글자를 딴 것으로, 모두 중요한 키워드이지만 그 중에서도 진정성은 다른 세 가지의 가장 근간에 위치한 것이라 하겠다.

하버드비즈니스스쿨의 길모어 교수와 파인 교수는 『진정성의 힘』에서 진정성 마케팅 유형을 제시한 바 있다. 그에 따르면 제품의 진정성은 다섯 가지로 보여줄 수 있다. 자연적 진정성, 독창적 진정성, 특별한 진정성, 연관성의 진정성, 영향력의 진정성이 그것이다. 오늘날의 소비자는 진짜와 가짜를 쉽게 구별할 수 있을 만한 정보를 충분히 가지고 있고, 이왕이면 의미 있는 소비를 하려고 한다. 이런 소비자들에게 진정성은 매우 중요한 선택 기준이 된다는 것이다.

가끔씩은 부드러운 강물 같지만, 대부분은 철벽 같이 굳건히 닫혀 있는 소비자의 마음을 움직이기 위해서는 어떻게 해야 할까? 순간적인 솔직함은 위험하다. 오직 오랜 정성으로 만들어진 진정성으로 다가서야 닫힌 마음이 조금씩이나마 열리는 법이다.

고객에게 무엇을 보여줄 것인가

일반적으로 사람들은 광고회사에 진정성을 기대하기 어렵다고 생각한다. 광고는 없는 것을 부풀려 선전한다고 생각하기 때문이다.

그러나 오늘날처럼 미디어가 발달하고 SNS를 통해 다양한 정보가 오고가는 환경에서는 광고조차 진정성이 담기지 않으면 성공할 수 없다. 광고는 다만 진정성을 효과적으로 전달하기 위한 기술일 뿐이다. 광고가 아무리 좋아도 그 메시지에 진정성이 담겨있지 않다면 절대 성공할 수 없다.

중년 남성들의 못 다한 꿈을 이뤄준 게토레이사의 '리플레이 (REPLAY)' 캠페인은 미국 전역을 떠들썩하게 했다. 15년 전 아쉽게 무승부로 끝나고 만 고교 미식축구 선수들을 모아 다시 한번 승부를 내는 프로젝트다. 어릴 적 스포츠 음료를 즐겨 마셨던, 이제는 평범한 아저씨가 된 30~40대의 남성들이 무거워진

몸을 이끌고 다시 한 번 훈련에 돌입한다. 오직 15년 전 그 시절로 돌아가 후회를 씻어내겠다는 일념으로, 단 한 번의 게임을 위해 두 달 동안 강도 높은 훈련을 받는다.

시간은 되돌릴 수 없지만 누구나 '한 번만, 그때 그 순간으로 돌아갔으면'이라는 생각을 갖고 있다. 그 마음에 공감한 많은 사람들이 이들의 고군분투를 웹사이트와 언론 보도로 지켜보면서 각자의 과거를 떠올렸다.

이 프로젝트는 통계적으로 70퍼센트 이상의 남성들이 운동 부족이라는 데에 착안해서 만들어진 것인데, 실제로 이 프로젝트와 함께 운동을 시작한 사람이 많아졌다고 한다. 온라인에서는 중년 남성들이 커뮤니티를 만들어 예전의 탄탄한 몸으로 돌아가기 위해 노력했고, 각 미식축구팀의 페이스북에는 팔로워들이 몰려들었다.

이 캠페인의 가장 큰 무기는 진정성이다. 게토레이는 이 캠페인에서 우리 음료를 사 마시라고 강조하지 않았지만, 경기가 열린 지역에서 게토레이의 판매량은 63퍼센트나 치솟았다고 한다. 누구나 가슴 속에 품고 있던 열정을 되살려보라는 메시지가 고객들에게도 전달된 것이다.

진정성의 중요성은 사회·문화·역사적인 측면에서 다각적으로 증명될 수 있다. 그러나 우리가 기억해야 할 단 하나의 사실은 진정성이야말로 오늘날의 소비자들이 추구하는 핵심가치로 자리 잡았다는 것이다. 그러므로 소비자들이 원하는 것을 찾아내야 하는 마케팅의 측면에서 진정성은 매우 중요하다. 또한 진정성을 보여 줄 수 있는 구체적이고 진실된 소통 역시 기업이 반드시 고려해야 할 키워드이다.

사람을 보면 본질이 보인다

실로 세상을 움직이는 아이디어는 더 근본적인 가치에 집중한 덕분에 만들어지는 경우가 많다. 이제는 기업들도 그 점을 잘 알고 있는 듯 하다. 'Just Do It'으로 도전정신을 고취시키는 나이키, '우리 강산 푸르게 푸르게'를 일관되게 외쳐온 유한킴벌리 등 흔히 명품 반열에 오른 브랜드들은 광고를 통해 이 시대가 필요로 하는 사랑, 화합, 공존, 용기 등의 가치를 표현한다. 이를 통해 전 세계 커뮤니케이션의 트렌드를 이끌어가는 것이다.

2012년 삼성카메라가 시각장애인 청소년들과 함께했던 '인사이트' 캠페인은 사회적으로 의미심장한 파장을 불러일으켰다. 사진은 눈이 보이는 사람들만의 것이라는 편견을 깨고, 한빛맹학교의 시각장애인 청소년들이 카메라를 들고 사진을 찍는 캠페인을 진행하며 이를 그대로 광고로 만들었던 프로젝트다.

삼성은 '스마트한 삶'을 주도하는 기업이다. 따라서 캠페인의 처음 메시지 역시 스마트하게 살 줄 알아야 한다는 것이었다. 하지만 사실상 전 지구인이 스마트한 삶을 외치는 지금, 우리는 진정으로 스마트하다는 것이 무엇인지에 대해 고민에 빠졌다.

진정으로 스마트하다는 것은 내가 아닌 '우리'가 하는, 혼자가 아닌 '함께' 가는 삶이라는 것이 우리의 결론이었다. 그래서 그 생각을 나누는 방법을 모색하다 나온 것이 '인사이트' 캠페인이다. 이 세상은 눈이 보이는 사람들만의 것이 아니라는 걸 말하기 위해 눈이 보이지 않는 사람들의 목소리를 담았다. "정말 중요한 건 눈으로 볼 수 없다"는 『어린 왕자』의 말을 믿은 한빛맹학교 학생들은 상상력으로 사진을 찍어냈다.

"하늘을 향해 셔터를 눌렀어요. 계속 날아다니는 갈매기가 사진에 잡힐까 망설였지만, 내 귀를 믿고 들리는 곳으로 카메라 렌즈를 돌려 봤어요."

"나는 한 쪽 눈만 조금 보이는데 카메라는 내가 잃어버린 또 한 쪽의 눈과 같아요. 내가 할 수 있는 게 도대체 뭘까 고민했었는데 이제 나도 엄마 아빠에게 말할 수 있어요. 나는 세상을 돌아다니면서 사진을 찍을 수 있다고요."

이 캠페인을 통해 소개된 열한 명 학생들의 속삭임은 국내뿐 아니라 세계인들의 마음을 울렸다. 이렇듯 맑은 아이들의 영혼이 담긴 아이디어가 공감을 얻지 못한다면 그게 더 이상한 일일지도 모르겠다. 사람들은 이 광고를 통해 이 세상이 눈이 보이는 사람들만의 것이 아니라 세상을 마음껏 느끼고 상상하고 담아내고 싶어 하는 모든 이들의 것이라는 희망의 메시지를 들을 수 있었다.

이 캠페인은 칸 라이언스 국제광고제에서 "인간의 시각적인 능력을 활용하는 기기인 카메라를 시각장애인들에게 건네준 발상의 전환을 통해 상식을 뛰어넘는 따뜻하고 감동적인 육감으로 이끌어낸 작품"이라는 심사위원들의 극찬과 함께 두 개의 금사자 상을 수상했다.

'무엇을 팔 것인가'에서 '무엇을 함께할 것인가'로

구구절절 설명하지 않아도 오늘날의 시장 환경이 급격하게 변하고 있다는 것은 모두가 아는 사실이다. 점점 다양해지는 삶의 방식 속에서 소비자와의 접점을 찾으려면 '고객에게 무엇을 팔아야 할 것인가'라는 진부한 사고방식으로는 성공할 수 없다. 그보다는 '고객과 함께 무엇을 할 것인가'를 고민해야 한다.

기업이 마케팅 활동을 할 때 소비자들이 '아, 지금 우리를 상대로 마케팅을 하고 있구나'라고 생각하는 순간 더 이상의 소통은 어려워진다. 오늘날의 마케팅은 인식의 벽을 뛰어넘는 마케팅이어야 하는 것이다. 즉, 오늘날의 마케팅은 소비자들이 모르는 사이에 다양한 활동 속에서 이뤄져야 한다. 게임이나 기부 활동 등 자연스런 통로를 이용한 마케팅이 성공하고 있는 것도 그래서일 것이다. 가로지르고, 통과하고, 초월하는 이른바 '트랜스 마케팅(trans marketing)'이다.

대표적인 성공사례가 '애니팡'과 '미네워터'다. 애니팡은 혼자 하는 게임이 아니라, 카카오톡이라는 소통의 도구를 통해 친구들과 하트를 주고받거나 경쟁하는 형식으로 인기를 끌었다. 또 CJ제일제당의 먹는샘물 '미네워터'는 계산대에서 물방울 모양의 바코드를 찍으면 아프리카의 물부족 국가에 자동으로 100원씩 기부된다. 여기에 제조사와 유통사가 각각 100원씩 더해 한 병이 팔릴 때마다 총 300원이 기부되는 것이다. 고객과 직접 교류해 성공한 트랜스 마케팅의 대표적인 성공사례다.

　　마케팅은 그 시대 소비자들이 추구하는 가치에 주안점이 주어져야 한다. 리얼 버라이어티 프로그램이 성공하고, 토크 콘서트가 유행하며, 사회적 불의를 고발하는 영화들이 흥행하는 현상의 이면에는 공통적인 사회문화적 가치가 있다. 사람들의 진솔한 이야기, 출연자들의 거짓 없는 눈물, 최선을 다하는 모습. 그 모든 것들의 다른 말이 바로 진정성이다.

고대 희랍에서 신전과 주요 관공서가 있는 '아크로폴리스'가 정치와 종교의 중심지였다면, 일상적인 시민 활동이 활발히 이루어지는 중심지는 '아고라'였다. 시장을 뜻하는 말인 아고라는 경제활동의 중심이었을 뿐만 아니라 집회나 재판이 열리고 연극 무대나 운동장으로도 쓰였던, 말 그대로 개방된 소통의 장소였다.

3,000년의 시간이 흘러 아고라는 SNS로 환생했다. 아고라와 마찬가지로 소셜커머스를 통해 경제 활동이 이뤄지고, 전 세계 시민들이 여론을 형성하는 의사소통의 중심지가 되었다. SNS는 아고라가 그랬듯이 개방된 소통의 장소다.

직장인의 대다수가 스마트폰을 보유하고 있고, 그 중 상당수가 트위터나 페이스북 등의 소셜미디어를 사용하고 있다. 이집트 민주화 운동이나 일본 지진 생존자 확인 등의 무용담은 차치하더라도 이제 소셜미디어는 단순히 개인 간의 정보교환과 의사소통의 차원을 넘어서 정치경제적이고 사회문화적인 거대담론을 담아내는 격랑의 장(場)이 됐다.

그러나 한편으로는 부작용도 만만치 않다. 사이버 테러나 사생활 침해 등은 물론 과잉 소통에 대한 부담감이나 SNS 강박증 등으로 괴로워하는 사람들이 많다. 최근 한 설문조사는 대학생의 70퍼센트가 SNS를 그만두려 한 적이 있다고 보고했다. 내용을 살펴보니, 이른바

'SNS 피로감'이 원인이라고 한다.

SNS 피로감의 실체는 진정성에 대한 갈증이 아닐까? SNS 덕분에 말하지 않던 이들에게 언로(言路)가 생기긴 했지만, 진심 없이 껍데기만 가득한 말들 속에서는 오히려 오해가 싹트기 십상이다. 관계의 부피는 훨씬 커졌지만, 깊이는 얕아졌다. 자신을 포장하는 사진을 올리고 친구를 맺는 데 혈안이 된 사람들이 많다. 세상과 연결되어 있다는 안도감을 얻고 싶고, 소외되고 싶지 않은 것이다.

그러나 역설적으로, SNS에 몰두할수록 사람들은 더욱 고독해지고 있다. 진짜 이야기와 가짜 이야기를 구분해내기 어려운 상황에서 상대적 박탈감만 커지기 때문이 아닐까? 과거 어느 때보다 많이 말하고 있는 것처럼 보여도 어쩌면 진짜 의미 있는 말은 하지 않는 것일지도 모른다.

치장과 허세에 질리다

이런 상황에서 SNS의 스마트한 소비자들은 오히려 진정성에 관한 갈증이 점점 커지고 있는 듯하다. 그렇다면 SNS 안에서의 소통 역시 진정성을 가졌을 때 비로소 폭발력을 가지게 된다는 뜻이다.

있어 보이게, 좋아 보이게 광고하고 홍보하던 시대는 지났다. 소셜미디어를 통해 개인적이고 직접적인 소통에 익숙해진 소비자들은 진짜, 진심을 추구하고 있다. 예를 들어 '고객을 위해 헌신하느라 이익을 한 푼도 남기지 않는다'는 주장은 이제 아무도 믿어주지 않는다. 하지만 '홍보와 포장에 들어갈 돈을 아껴 최고의 품질을 만들어내겠다'는 주장에는 공감할 수 있을 것이다.

그러니 제품이나 서비스는 물론 그것을 어떻게 전달할지에 대한 아이디어 역시 이에 맞게 만들어져야 한다. 무엇보다 중시해야 하는 것은 비본질적인 요소를 과감히 걷어내는 것이다. 과도한 연출, 제품의 핵심 속성과 무관한 치장 등은 최대한 자제하고 제품 본연의 가치를 강조해야 한다. 어떤 경우에도 눈앞의 이익에 급급해 하는 모습을 보이면 안 되는 것이다.

위계를 위한 문화인가,
사람을 위한 문화인가

"저것은 넘을 수 없는 벽이라고
고개를 떨구고 있을 때
담쟁이잎 하나는
담쟁이잎 수천 개를 이끌고
결국 그 벽을 넘는다."

－도종환의 시 「담쟁이」 중에서－

유능한 조직이 유능한 개인을 이긴다

똑똑하고 유능하다는 것은 개인을 말하는 것일까, 조직을 말하는 것일까? 흔히 개인이라고 생각하기 쉽다. 똑똑한 개인이 회사의 절대적인 자산이라고 생각하는 리더들이 많을 것이다.

물론 그렇다. 직원 한 사람 한 사람이 회사의 자산인 것은 분명하지만, 또한 오늘날 기업들이 가장 경계해야 할 덫이 똑똑한 개인이라고 한다면 의아하게 생각하려나? 똑똑한 인재만 있을 뿐 개개인의 창의성을 모아 집단의 창조력으로 발전시키고 이것을 기업의 경쟁력으로 승화시킬 수 있는 시스템이 없다면, 똑똑한 인재들은 도리어 독이 될 수 있다.

과거처럼 한 명의 천재가 1만 명을 먹여 살리는 시대는 이제 다시 오지 않을 것이다. 대신 모든 성과는 조직의 구성원들이 개인의 역량을 마음껏 발휘하는 동시에 서로의 장점을 취해 최고의 제품과 서비스를 만들어내는 조직 전체, 즉 '사람들'에게서 나온다.

그렇다면 이들이 얼마나 창의적이 되고, 조직을 성공으로 이끌 수 있는가는 근본적으로 이들을 이끄는 시스템에 달려 있지 않겠는가? 시스템이 협업의 기능을 완비했을 때에 비로소 조직 창의력이 나오는 것이다.

별 볼일 없었던 작은 기업들이 세계적인 기업으로 커 나가게 된 모든 사례에 적용되는 공통된 패턴이 있다. 그들이 이룬 성공의 핵심에는 모두 '조직 창의력'이 있었다고 한다. 실로 유능한 조직이 유능한 개인을 이긴다 하겠다.

제1연주자보다 중요한 제2연주자의 자리

뉴욕필하모닉의 상임 지휘자였던 레너드 번스타인에게 누군가가 물었다.

"오케스트라의 수많은 악기 중에서 가장 다루기 힘든 악기는 무엇인가요?"

여러분이라면 어떻게 대답하겠는가? 들기 무거운 악기? 불기 어려운 악기? 희귀한 악기? 번스타인은 하버드대학 문학도 출신다운 대답을 내놓았다.

"제2바이올린입니다. 왜냐고요? 제1바이올린을 훌륭하게 연주하는 사람은 얼마든지 구할 수 있습니다. 그러나 제1바이올린을 연주하는 것과 똑같은 열정으로 제2바이올린을 연주하는 사람은 참으로 구하기 어렵습니다. 프렌치호른이나 플루트도 그렇습니다. 제1연주자는 많이 있지만, 그와 함께 아름다운 화음을 이루어줄 제2연주자는 너무나도 드뭅니다."

모두가 제1연주자를 꿈꾼다. 누구나 스타가 되어 스포트라이트를 받고 싶어 한다. 그러나 오케스트라에 제1연주자들만 있다면 그것은 끔찍한 일이 되지 않을까? 뒷좌석에서, 무대 뒤편에서, 스포트라이트에 비껴 서서, 관객의 시선에서 물러나서, 제1연주자의 '표 나는' 선율에 '표나지 않는' 화음을 묵묵히 더하는 제2연주자가 있지 않고서는 「운명」도 「영웅」도 「비창」도 없다.

제1연주자에 버금가는 기량을 지닌 제2연주자가 있어야 오케스트라가 살아난다. 그들은 제1연주자에 다다르지 못해 제2연주자로 주저앉는 것이 아니라 또 다른 방식의 음악을 하므로 제2연주자의 길을 선택한 것이다. 아무리 잘난 CEO라도 혼자서는 아무것도 할 수 없고 제아무리 똑똑한 개인이라도 혼자서는 빛나는 성취를 이룰 수 없다.

개성과 협동의 조화, 통합된 목적을 향한 일사불란함, 자율과 규제의 변증법, 지휘자의 리더십 등 우리는 흔히 오케스트라에서 조직문화에 관련된 몇 가지 영감을 얻곤 한다. 특히 하나의 조직이 영위하고 있는 비즈니스 개념에 오케스트라는 절묘하게 맞아 떨어진다.

회사를 하나의 오케스트라로 비유해보면, 내가 어떤 역할이 되어야 하는지를 알 수 있을 것이다. 유능한 개인에 앞서는 유능한 조직을 만들어야 하는 것이다.

유능한 조직이란 비전을 공유하는 조직이다

그렇다면 유능한 조직은 어떻게 만들어지는 것일까?

"배를 만들고 싶다면 사람들을 불러 모아 목재를 마련하고 일감을 나눠주고 업무를 지시할 것이 아니라, 그들에게 넓고 끝 없는 바다에 대한 동경을 일깨워 주라."

생텍쥐페리의 말이다. 리더는 회사의 전 구성원이 같은 곳을 바라보게 해야 한다. 회사가 크게 나아가는 데 있어 우선 조직의 비전을 공유하는 일만큼 기본적인 것도 없다.

텔레비전의 어원은 '멀리 본다'는 뜻이다. 텔레비전이 제 말 뜻을 가장 적절하게 과시한 날이 1969년 7월 20일이 아닌가 싶다. 그날 전 세계는 아주 먼 곳에서 벌어지는 일을 TV를 통해 지켜봤다. 어느 지구인이 38만4000킬로미터나 떨어져 있는 달로 날아가 그 표면에 발을 디디는 순간이었다.

인류 최초로 달을 밟았던 '더 퍼스트 맨(The Firstman)' 닐 암스트롱. 그는 "이것은 한 사람에게는 작은 걸음이지만 인류에게는 위대한 도약이다"라는 말을 남긴 선구자다. 그가 영면한

2012년 8월 25일, 버락 오바마 미국 대통령은 "미국 역사상 가장 훌륭한 영웅 중 한 명을 잃었다"며 추모했고, 장례일이었던 8월 31일 미국 전역에는 조기가 게양됐다.

닐 암스트롱도 대단하지만, 인간이 달을 밟는 이 역사적 프로젝트를 가능케 한 것은 미국과 옛 소련 간 우주개발 경쟁, 천문학적 예산이 투입된 아폴로 계획, 훈련 중 실패한 아폴로 1호의 희생 같은 것들이다. 하지만 나는 이런 잘 알려진 표면적 현상들 외에 보이지 않는 힘에 주목해 보고 싶다.

우주 개발에 박차를 가하던 린든 존슨 대통령이 미국항공우주국(NASA)을 방문했다. 어느 청소부가 혼신의 힘을 다해 즐겁게 청소를 하고 있었다. 대통령은 그에게 무슨 일을 그리도 즐겁게 하느냐고 묻자 그는 이렇게 대답했다고 한다.

"저는 인간을 달에 보내는 일을 돕고 있습니다."

그 청소부는 우주선에 탈 사람도, 우주선을 개발하는 사람도 아니었지만 NASA 구성원이었고 NASA의 비전은 '10년 내에 인간을 달에 보낸다'는 것이었다. 그는 자신이 무엇을 위해 일하고 있는지 분명하게 이해하고 있었다.

이처럼 명백하게 비전 공유가 이루어지는 조직이라면 그 조직의 성과는 불문가지 아니겠는가? 실제로 1961년에 시작된 아폴로 계획은 채 10년이 되기 전에 목표를 조기 달성했다. 그것이 가능했던 이유는 대통령부터 우주비행사, 과학자, 연구실 청소부까지 '인간을 달에 보내는 일'이라는 위대한 비전을 공유하고 각자 자리에서 그 비전에 다다르려 노력했기 때문일 것이다.

비전 공유는 조직의 목표를 달성하기 위한 첫걸음이자 가장 중요한 일이다. 그렇지만 모든 구성원이 하나의 비전에 합의하고 그 기치 아래 최대 역량을 발휘하게 만드는 것은 어렵다. 개개인의 가치관이 다르고 각자가 겪은 경험의 폭과 깊이에서 차이가 나기 때문이다. 그러므로 리더의 역할은 원대한 비전을 제시하는 데 그치는 것이 아니라 구성원들 사이에서 그것이 자연스럽게 합의되고 체화될 수 있도록 동의를 이끌어내는 것이다.

"달은 바라보지 못하고 달을 가리키는 손가락만 본다."

표월지(標月指)의 비유를 모두 들어보았을 것이다. 모두가 달이 아닌 손가락 바라보는 일을 힐난한다. 하지만 좋은 리더라면 가리키는 달을 구성원이 보지 못함을 한탄할 것이 아니라, 손가락을 내리고 달이란 어떤 것인지 말을 걸 일이다. 그리고 어깨동무하여 함께 달을 바라볼 일이다. 암스트롱의 '작은 걸음'이 '위대한 도약'을 이끌어낸 것처럼. 그것이 곧 변화의 시작이다.

'함께'의 즐거움을 아는 조직

양자물리학에서는 A라는 장소에 있던 입자가 느닷없이 B라는 장소에 나타난다. 희한하게도 이 입자는 장소 A와 장소 B 사이의 연속적 경로를 차례차례 통과하지 않는다. 원자에 에너지를 가하면 핵 주위를 도는 전자는 낮은 궤도에서 높은 궤도로 불연속적으로 도약하는데 이를 '퀀텀 점프(Quantum Jump)'라고 한다.

21세기 기업 조직에서 퀀텀 점프를 위한 커다란 에너지는 '즐거움(Enjoy)'이라는 에너지가 아닌가 싶다.

"아는 것이 좋아하는 것만 못하고, 좋아하는 것은 즐기는 것만 못하다(知之者 不如好之者 好之者 不如樂之者)"는 공자님 말씀을 오히려 젊은 세대가 더 잘 이해하고 있는 것 같다. 그러니 CEO가 오히려 하루하루 의무감으로 꾸역꾸역 주어진 일을 때우고 있다면 심하게 반성할 일이다. 스스로 즐겁지 않을 뿐 아니라 남들도 즐겁지 않게 만드는 나날을 보내는 것이니까 말이다.

그렇다면 '즐거움'이라는 에너지, 즐거움으로 조직 자체에 충성하게 하는 에너지는 어떻게 만들어지는 것일까?

비틀스로부터 배우는 '개성 존중'의 팀워크

음악뿐만 아니라 20세기 후반의 문화 전체에 커다란 영향을 미치게 된 밴드 이야기를 해볼까 한다.

1940년 영국 리버풀에서 태어난 존이라는 소년은 중학생 시절부터 '쿼리맨(The Quarrymen)'이라는 밴드를 만들어 음악을 시작한다. 이 밴드는 학예회나 학교에서 열리는 파티를 무대로 연주활동을 한다. 존은 1956년에 어느 교회에서 공연을 하다가 역시 리버풀 출신인 폴을 만나는데, 폴은 존과 함께 활동하면서 자신의 친구 조지를 밴드에 영입한다. 몇 년 후 링고가 합류한다. 1960년부터 이 밴드는 '비틀스(The Beatles)'란 이름을 역사에 남기기 시작한다.

이들의 문화적 영향력은 상당했다. 고생물학자들은 자신들이 발견한 화석 삼엽충 종들을 존 레논, 링고 스타, 폴 매카트니의 이름을 따 각각 레노니(Lennoni), 스타리(Starri), 매카트니이(McCartneyi)라고 명명했다. 천문학자들은 당시 발견된 소행성에 비틀스 멤버 네 명의 이름을 붙였으며, 리버풀 호프대학의 석사과정에는 '비틀스학과'가 개설되었다고 한다.

미국의 경영 컨설턴트인 앤드루 소벨은 비틀스를 연구, 그 결과를 한 잡지에 소개했다. 그는 그들의 성공요인을 '비틀스 원칙'이라고 정리해서 발표하면서, 그들은 최고의 성과를 이룩한 밴드이기도 하지만 '사상 최고의 팀워크를 지닌 팀'이었다고 평가한다. 팀을 기본 단위로 해서 일하고 있는 우리에게도 비틀스 원칙은 시사하는 바가 적지 않다.

"팀원끼리 시간, 경험, 생각을 많이 나누라!"

이것이 비틀스 원칙의 첫번째다. 비틀스는 유명해지기 전에 이미 수천 시간을 함께 공연한 서로 친숙한 멤버였다. 이들처럼 팀원들끼리는 매우 자주 솔직한 커뮤니케이션이 이루어져야 한다.

"차이를 인정하고 선의의 경쟁을 이끌어내라!"

비틀스 원칙의 두 번째다. 멤버가 오랫동안 함께 하면 집단적 사고의 함정에 빠져 창의력이 훼손될 수 있다. 냉소적인 성격의 레논과 긍정적인 성격의 매카트니는 성격 차이 때문에 갈등을 겪었다고 알려져 있다. 그러나 이들은 오랜 시간 동안 두터운 신뢰로 함께 음악을 해온 사이였다. 서로의 장단점을 인정하고, 서로를 자극하고 보완하며 끊임없이 새로운 음악을 생산한 덕분에 가능했던 일이다.

"각자에게 기회를 부여하라!"

비틀스 원칙의 세 번째다. 이들은 주목을 덜 받게 되는 드러머 링고 스타에게 무대 중앙의 위치를 주고, 그가 직접 노래도 부르게 하는 등 각자의 능력을 펼칠 수 있는 기회를 만들었다. 물론 그들은 따로 떼어놓고 보아도 각자 특출한 재능을 가진 사람들이었다. 그러나 비틀스가 단순히 성공한 팝 아티스트를 넘어서 전설로 남게 된 것은 단지 재능 있는 멤버로 구성되었기 때문만이 아니라 놀라운 팀워크를 통해서 지속적으로 시너지를 창출했기 때문이다.

우리 사회에서는 팀워크를 '뭉치면 살고 흩어지면 죽는다'라는 쪽으로 지나치게 해석해 버린 나머지 개인의 특성을 무시하고 모두 똑같아야 한다는 식으로 바라보는 경향이 강하다. 그러나 진정한 팀워크란 구성원 개개인의 다양한 장단점을 잘 버무려서 시너지를 내는 것이라고 생각한다. 비틀스는 그러한 모습을 잘 보여주는 사례다.

팀워크에 대한 정의는 다양하지만, 우리는 모두 팀워크가 성과에 큰 영향을 미친다는 것을 잘 알고 있다. 「From Me To You」, 「I Wanna Hold Your Hand」, 「Help」, 「Come Together」 같은 주옥 같은 노래들은 제목부터 바로 팀워크를 이야기하고 있지 않은가? 'Beetles'는 'Beetle'의 복수형이다. 그들은 복수형이라서 위대하다. 지금 우리의 조직이 그 위대한 복수형이 되어야 한다. 'Enjoy'라는 에너지, 조직 사명감 역시 위대한 복수형의 산물이다.

반드시 경계해야 할 조직문화 칠거지악

분명 조직은 복수형의 '우리'로 이루어진다. 그런데 그 복수형이 함께 행복한 조직문화를 건설하기 위해서는 당연하게도 '나'라는 단수형들이 회사라는 조직의 미션을 향해 불굴의 의지를 발휘해야 한다.

그런데 회사 생활을 오래 하다 보니, 개인의 의지를 꺾어 버리는 나쁜 습관들이 눈에 보인다. 그 습관들을 일곱 가지로 정리해 본다. 이른바 조직문화 칠거지악이다.

첫째는 '핑계 대기'다. 이 핑계, 저 핑계. 귀에 걸면 귀걸이, 코에 걸면 코걸이 식의 태도는 공공의 적이다.

둘째는 '거저 먹기'다. 손 안 대고 코 풀면 위생상 문제가 발생하기 마련이다. 무임승차는 절대사절이다.

셋째는 '강 건너 불구경'이다. 우리 쪽 일이 아니라고 생각하는 것이 문제다. 네 일 내 일이 아니라 일 자체가 중심이 되어야 한다.

넷째는 '대충대충'이다. 철책선에서 전선을 지킬 때 귀가 아프게 듣는 근무 수칙이 바로 '졸면 죽는다' 아닌가? 대충대충하다가는 목숨이 위태로울 것이다.

다섯째는 'NATO족', 즉 행동은 안 하고 입만 살아있는(No Action Talking Only) 사람들이다. 제발 그 입을 다물라!

여섯째는 'OA', 즉 '오버액션(Over Action)' 군단이다. 제발 어깨 힘 좀 빼기 바란다.

일곱째는 '머슴 근성'이다. 아마추어와 프로의 차이는 자존심이고, 프로 1군과 프로 2군의 차이 역시 자존심이다. 주인이 하라고 해서 하는 것이 아닌 프로라는 정신으로 임해야 스스로 삶의 품격이 살아나지 않겠는가?

조직문화 칠거지악은 창조적 조직문화 건설을 위해 꼭 필요하다고 생각한 것들이지만, 나는 이것이 직원들에게만 필요한 자세라고 생각하지 않는다. CEO부터 수습사원까지 내 일에 최선을 다하고 싶은 사람 모두가 지켜야 할 핵심자세가 아닐까 싶다.

창의적인 집단은 조금 시끄러워도 괜찮다

사람을 포함해서 영장류의 중요한 특징 중 하나가 '마주보는 엄지손가락(opposable thumb)'을 가졌다는 것이다. 'oppo-sable'은 '마주보다, 상반되다'라는 뜻이다.

사람이 연필이나 수저를 쥐고 자유롭게 사용하는 것처럼 영장류는 다른 동물들에 비해 도구를 사용할 수 있는 능력이 발달되어 있다. 이는 다른 손가락들과 반대 방향에서 마주보며 반대 방향으로 기능하는 엄지손가락의 덕이 크다. 어쩌면 보잘것없는 신체능력을 가진 인간이 다른 동물들 위에 설 수 있었던 것은 결국 엄지손가락의 'opposable'함 덕분이 아닐까?

무릇 창조적 생각이야말로 'opposable'한 커뮤니케이션을 통해 만들어지는 게 아닐까 싶다. 엄지손가락 없는 손이 연필이나 수저를 쥐기 어려운 것처럼, 일방적인 커뮤니케이션으로는 제대로 된 결과가 만들어지기 어려울 것이다. 우리의 주업인 커뮤니케이션도 그렇고, 일상에서의 의사소통도 그렇다. 모든 게 다 그렇다. 기획과 제작 사이에, 현업과 지원 사이에, 본부와 본부 사이에, 올드 미디어와 뉴 미디어 사이에, 도메스틱(domestic)과 글로벌(global) 사이에, 사수와 조수 사이에, 선배와 후배 사이에, 임원과 직원 사이에 마주보며 서로 대립해서 토론하고 각을 세우는 과정이 있어야, 그 과정이 자유로워야 진정으로 창조적 조직문화라 할 수 있지 않을까?

문화란 누군가가 꾸역꾸역 만들어내어 귀찮게 동참을 강권하는 '제도'가 아니라, 지나가던 누구라도 기꺼이 뛰어들어 참여하고 싶게 만드는 시끌벅적한 '분위기'이다. 조직구성원 서로 의사소통이 편하고 즐겁게 이루어지는 분위기가 바로 창조적 조직문화다. 시끌벅적하고 유쾌한 분위기가 띄워져 있어야 아이디어 엔지니어링도 가능하다.

아이디어에는 계급이 없다

뛰어난 경영자 래리 보시디의 『실행에 집중하라』를 보면 대화야말로 기업 문화의 핵심이며 조직의 미래를 결정짓는 요소라고 한다. 활발하고 솔직한 대화가 없는 조직의 경우 겉으로야 별 문제가 없어 보일 수 있지만 수면 아래서 수많은 문제들이 감춰져 있을 가능성이 농후한 것이다.

사실상 '말 없는 문화'에서는 현실인식을 제대로 할 수 없고, 그 결과 잘못된 의사결정을 내려 쇠락의 길을 가게 된다. 침묵에 익숙한 조직원들은 현실에 대한 부정적 감정으로 일에 대한 몰입도가 떨어지고 이는 창의력과 생산성 감소로 이어지는 것이다.

반대로 시끄러운 조직은 어떤 문제가 발생했을 경우 즉각 알아차리고 해결할 수 있으며 올바른 문제 제기와 최선의 해결책이 나온다. 일하기 좋은 기업들은 모두 한결같이 활발한 커뮤니케이션이 이루어지는 곳이다.

광고회사라면 만족할 만한 프레젠테이션과 캠페인을 만들어낼 수 있을 때까지 시끌벅적해야 한다. 만족할 만한 수준이 되게 하기 위해서 가끔은 핏대 세우고 목청 높여 싸움도 해야 한다. 그리고 그 프레젠테이션의 성공을 칭찬하고 격려하고 축하하기 위해, 때로는 실수를 쓰다듬고 위무하고 만회하기 위해 시끌벅적해야 하는 것이다.

프로야구에서는 더그아웃이 시끌벅적한 팀이 강한 팀이다. 월드컵 4강의 신화를 일구어낸 히딩크 감독도 선수들에게 그라운드에서 끊임없이 떠들어대고 소리 지르라고 주문했었다. 팀워크가 성과의 핵심요건이 될 수밖에 없는 우리의 조직문화도 왁자지껄 건강한 함성들이 시끄러운, 그래서 활기차고 싱그러운 분위기로 가득해야 한다.

모름지기 아이디어는 싸우면서 크는 법이다. 정정당당해야 하는 아이디어 싸움에서 어떻게 계급이 존재하겠는가? 아이디어는 평등하지 않은가 말이다. 사장급 아이디어, 상무급 아이디어가 있는 게 아니다. 따라서 회사가 좋은 아이디어를 만들기 위해서는 계급에 상관없이 누구나 공평하게 아이디어만으로 맞짱 뜨는 문화가 필요하다.

나는 CEO가 되자마자 '노노미팅(No No meeting)'을 제안한 바 있다. 'No tie, No title', 즉 넥타이도 없고 계급장도 없는 회의 말이다. 치열함으로 가득해야 할 회의에서는 격식도 없고 직급도 없어야 한다. 그렇게 자유롭고 평등한 분위기에서 열정적 토론이 가능했으면 하는 마음에서 제안한 것이다. 창조적 조직문화로 가는 길에서 CEO는 활발하고 솔직한 대화를 이끌어내기 위해 실로 시끌벅적한 분위기 메이커가 되어야 한다.

자만의 함정 '휴브리스'를 경계하라

그런데 아이디어에 '계급장'을 떼고 맞붙는 데에 가장 큰 방해가 되는 것은 권위의식이다. 저 사람은 나보다 직급이 낮으니까, 나보다 경험이 적으니까 아무래도 내가 더 낫다는 생각이 판단력을 흐리는 것이다.

그러나 생각해 보라. 지난 시간 우리가 결정하고 판단해 왔던 그 모든 것들 중에 백 퍼센트 확실한 근거를 바탕으로 했던 것이 얼마나 되는가? 그저 가능한 한 많은 정보를 수집해서 가장 위험이 적은 쪽으로 선택을 했을 뿐이다. 그 과정에서 정답은 없다. 내가 더 잘 알고, 너는 잘 모른다고 할 일이 아니다.

"아는 것은 안다고 하고 모르는 것은 모른다고 하는 것이 진정 아는 것이다(知之爲知之 不知爲不知 是知也)."

애써 아는 척하던 제자 자로에게 던진 스승 공자의 한 수다. 있는 척, 아는 척, 잘난 척하는 '삼척동자'는 언제나 왕따를 당하든지 제 꾀에 제가 넘어가기 마련이다.

리더의 지위란 것이 사실 잘난 척하는 삼척동자의 길을 가기가 쉽다. 조직에서 가장 높은 위치를 점하고 있다는 데서 자칫 저도 모르게 오만해지기 쉬운 것이다. 스스로 겸손의 덕을 쌓는 일에 소홀하면 저절로 그렇게 될 수밖에 없다. 아무래도 내가 더 나을 것이라는 오만이 가랑비에 옷 젖듯 리더의 영혼에 파고드는 것이다.

성공한 사람이 우상화의 오류를 범하고 다음 단계에서 실패하는 경우를 들어 인류학자 토인비는 '휴브리스(Hubris)'라는 용어를 사용한 바 있다. 이는 '신의 영역까지 침범하려는 정도의 오만'을 뜻하는 희랍어에서 유래한 말로 영어에서도 '지나친 오만, 자기 과신' 등을 의미한다. 그러나 이 말은 과거의 성공 경험에 집착해 실패의 오류를 범하는 사람들을 통틀어 일컫는 말로 뜻이 확대되었다. 즉, 휴브리스는 자신의 과거 경험이나 능력만을 절대적 진리로 믿고 주변 사람들의 생각이야 어떻든 또 세상이 어떻게 바뀌었든 상관없이 자신이 과거에 했던 방식대로 일을 밀어붙이다가 실패하는 사람들의 부질없는 오만을 일 컫는다.

처음에 큰 성공을 거두더라도 두 번째에 실패를 맛보는 경우는 얼마든지 있을 수 있다. 그러나 그 실패가 휴브리스 때문이어서는 곤란하다. 최선을 다했지만 어쩔 수 없이 실패하는 것은 부끄러운 일이 아니지만, 제 생각만 옳다 여기고 오만하게 밀어붙이다가 실패하는 것은 부끄러운 일이다. 리더는 휴브리스 없는 성취를 이룰 때 진정 빛나는 법이다.

그러므로 리더로서 부끄럽지 않으려면 직원들과 자유롭게 소통하면서 스스로의 안목을 끊임없이 점검하는 것을 게을리 하지 말아야 할 것이다.

당신은 어떤 리더가 될 것인가

리더라면 누구나 아이디어가 자유롭게 오고가는 건설적 조직문화를 만들고자 할 것이고, 스스로 그럴 수 있는 스마트한 리더가 되기를 꿈꿀 것이다. 그렇다면 여기 몇 가지 서로 대립되는 개념들을 제시해 볼 테니, 여러분은 어느 쪽에 속하는지 스스로 판단해 보시라.

먼저 '재능자석'과 '제국건설자'가 있다. 재능자석은 사람을 끌어들이는 자석과 같은 리더다. 이들 주위에는 최고의 인재들이 모여든다. 자신의 재능을 충분히 활용하고 계발하여 발전하게 해준다는 것을 알기 때문이다. 반면 제국건설자는 훌륭한 인재를 끌어오더라도 자기 제국의 이득을 위해 비축해 놓기 때문에 충분히 활용하지 못한다.

다음으로 '해방자'와 '독재자'가 있다. 해방자는 최고의 생각과 최선의 노력을 요구하는 열정적인 환경을 만든다. 그 결과 사람들은 훌륭하고 대담한 아이디어를 내놓고 그 실행에 최대한 노력한다. 반면 독재자는 사람들의 생각과 능력을 억누르는 긴장된 환경을 만든다. 그 결과 사람들은 소극적이 되고 리더가 동의할 안전한 아이디어만 내놓고 눈치를 보며 일한다.

그리고 '도전자'와 '전지전능자'가 있다. 도전자는 기회를 알아보고 사람들을 도전으로 이끈다. 그리하여 조직은 과제를 잘 이해하고 그것을 수행하기 위한 고도의 집중력과 에너지를 얻는다. 반면 전지전능자는 자신이 얼마나 많이 아는지 과시하는 지시를 내린다. 그러므로 조직은 리더의 역량을 넘어서는 성과를 내지 못한다. 조직은 상사가 생각하는 것을 알아맞히는 일에 몰두할 뿐이다.

'토론주최자'와 '결정자'가 있다. 토론주최자는 토론에 사람들을 적극 참여시킨다. 그 결과 사람들이 이해할 수 있고 효율적으로 실행에 옮길 수 있는 건강한 결정이 생산된다. 반면 결정자는 극소수의 이너서클 안에서 결론을 내리므로 신속하기는 하지만 대부분의 사람들을 무지한 상태로 남겨둔다. 따라서 사람들은 결정을 실행에 옮기는 대신 쟁론을 벌인다.

또한 '투자자'와 '간섭자'가 있다. 투자자는 사람들을 믿고 권한을 위임하여 리더로부터 독립된 신선한 결과를 산출할 수 있게 한다. 반면 간섭자는 시시콜콜한 부분까지 일일이 관리하므로 리더에게 의존하는 조직을 만든다.

멀티플라이어, 더하지 말고 곱하라

미국의 리더십 연구센터인 더와이즈먼그룹(The Wiseman Group)의 회장 리즈 와이즈먼은 한 조직 내에는 눈에 보이는 것보다, 그리고 현재 사용되고 있는 것보다 훨씬 많은 능력이 존재한다는 사실을 관찰하고, 글로벌 리더 150명을 탐구하여 『멀티플라이어』라는 보고서를 냈다.

멀티플라이어(multiplier)란 사람을 더욱 스마트하게 만드는 리더다. 그들은 사람들에게서 지성과 능력을 이끌어내고 부활시킨다. 인재가 모이고 집단지성은 천재성으로 승화한다.

반면 디미니셔(diminisher)는 조직의 지성과 능력을 없애는 마이너스 리더들을 말한다. 그들은 자신만이 옳다 생각하고 독단적으로 결론을 내리고, 결국 조직은 역사에서 사라진 많은 제국들처럼 무너지고 만다.

새로운 과업이 생기면 새로운 인력을 투여해야 한다는 사고가 '덧셈논리'라면, 멀티플라이어가 뜻하는 '곱셈논리'는 현재 인력의 잠재력을 더 효율적으로 끌어내 새로운 과업을 수행한다는 사고다. 결국 앞서 이야기한 다섯 가지의 대립된 개념을 하나로 정리하면 이렇게 된다.

리더들이여, 이제 더하지 말고 곱하자. 더하면 게걸스럽고 곱하면 지혜롭다. 끊임없이 더함으로써 문제를 해결하는 조직은 날로 커지는 부피와 덩치로 쉽게 피곤해지지만, 간단히 곱하는 것으로써 문제가 해결되는 조직은 그 간명하고 날렵한 조직 맵시로 일의 성과가 눈부실 것이다.

조금만
다르게

"각각의 분야에서 최고의 자리에 오른 사람들은 단지 조금 더 열심히 노력한 것이 아니다. 그들은 그야말로 '엄청나게' 노력했다."

플로리다대학교 앤더스 에릭슨 교수의 연구결과다. 엄청나게 노력하면 최고의 자리에 오른다니, 독자들은 이런 당연한 결과를 대체 왜 연구까지 해 가며 증명하나 싶을 것이다.

그런데 에릭슨 교수의 연구 결과에는 흥미로운 부분이 하나 더 있다. 이들의 그 엄청난 노력의 과정에서 매우 중요하게 작용했던 것이 바로 휴식의 효과였다는 점이다.

뛰어난 전문 바이올린 연주자가 되기 위해서 첫 번째로 필요한 것은 혼자 연습하는 시간의 양이지만, 두 번째로 중요한 요소는 충분한 수면시간이었다. 즉 뛰어난 연주자들은 하루 4시간

정도의 시간에 집중적으로 연습하며 동시에 충분한 휴식도 취한다는 것이다.

높은 성과를 꾸준하게 유지하는 비결은 업무와 휴식 사이에서 역동적으로 균형을 잡는 것이다. 신체적, 감정적, 이성적, 영적인 네 가지 에너지를 충족시켜야 최고의 능력을 발휘할 수 있다. 인간의 두뇌는 꾸준히 휴식을 취하고 관리되어야 한다는 것이다.

회사 역시 직원들의 휴식까지 관리할 수 있어야 한다. 그야말로 잘 노는 조직을 만들어야 한다. 그래야 그곳에서 튀는 아이디어, 펄펄 날아오르는 솔루션이 나올 수 있는 것이다.

조금만 다르게 놀고, 조금만 다르게 일하기

놀이가 있는 조직 문화 건설에서 내가 주창한 캐치프레이즈는 '조금만 다르게(something different)'다. 이것은 회사의 모든 지향이 이 '조금만 다르게'로 향하면 지루한 일터가 신나는 놀이터가 되지 않을까 하는 생각에서 비롯된 것이다.

그래서 회사 공식 행사도 조금씩 다르게 할 것을 제안했다. 보통 창립기념식 때는 강당에서 기념사 훈시 낭독하고 근속자 수상하고 사가 제창하고 끝나지 않던가? 회사의 행사는 직원을 위한 것이어야지 CEO나 임원들을 위한 것이어서는 안 된다.

신입사원 입사식만 해도 그렇다. 이 행사의 주인공은 신입사원이다. 그런데 상당수의 입사식은 늘 하던 대로 회사 연혁 소개하고, CEO가 일장연설하고, 당부사항 같은 것을 전달하는 방식으로 이루어진다. 누구를 위한, 무엇을 위한 입사식인지 알 수가 없다.

제일기획에서는 입사식의 주인공이 신입사원이라는 점을 분명히 하자고 생각했다. 그래서 신입사원들이 직접 행사를 준비하도록 했다. 그러자 신입사원들은 아이디어 컴퍼니의 새로운 식구답게 열정과 창의력을 유감없이 보여주었다. 뮤지컬도 만들고, 다양한 행사도 기획하면서 신나는 파티를 만든 것이다. '우리가 인재들을 정말 잘 뽑았구나'라는 생각이 들 정도로 신입사원들은 주눅 들지 않고 당당하게 자신들의 능력을 증명하며 입사를 자축했다.

이때 임원들은 그저 한 발 물러서서 지켜보고 축하해 주면 되는 것이다. 혹시 CEO가 망가짐으로써 분위기가 사는 장소라면 기꺼이 그렇게 해주는 것이 좋다. 직원들이 즐거워 한다면 말이다. CEO는 직원들의 기를 살려주는 파티 주관자여야 진정한 놀이의 분위기가 살지 않겠는가?

언젠가 제일기획 창립기념식 때, 우리는 뻔한 기념식 대신 용산의 멀티플렉스 극장 하나를 통째로 빌려서 임직원이 영화를 단체 관람하기로 했다. 이때 우리는 영화 시작 전에 1분 남짓한 동영상을 삽입하기로 했다. 그러니까 제일기획의 생일축하 자축 광고 영상이었다. 배우 김아중 씨가 축하 케이크를 들고 나와 축하의 메시지를 전하고, 모자로 얼굴을 가린다. 그리고 다시 모자를 들었을 때 나온 것은 사장인 내 얼굴이었다. 기겁(?)하는 직원들에게 나는 능청스런 충청도 사투리로 한마디를 건넸다.

"크리에이티브는 이렇게 놀라움을 주는 거유."

직원들의 눈은 다들 휘둥그레졌지만, 이내 한바탕 웃지 않을 수 없었다. 길게 말할 필요 뭐 있겠는가? 아이디어 컴퍼니의 CEO로서 창립기념식에서 해야 할 말은 이 한마디면 충분하다. 소기의 목적을 달성한 깜찍한 쇼였다고 자평한다. 그야말로 CEO가 '쇼'를 한 이 행사는 그런대로 문화적 파격이었는지, 당시 꽤 많이 기사화되었던 것으로 기억한다.

나는 쇼 하는 것을 좋아한다. 직원들에게 즐거움과 놀라움을 주는 쇼라면 더욱 그렇다. 그래서 회사 내 모든 행사에서 내 나름대로의 쇼를 하기 위해 꽤나 공력을 들이는 편이다.

'조금만 다르게'는 창조가 아닌 발견이다. 섞는 것이다. 아이팟, 아이튠스, 아이폰 등으로 행진한 스티브 잡스의 성취도 따지고 보면 섞는 자, 발견한 자의 성취 아닌가 말이다. 조금만 다르게 생각하면 크게 바뀌는 법이다.

분명 회사는 아이디어 놀이터이자 아이디어 실험실이 되어야 한다. 노는 문화의 장점을 아는 CEO라면 일은 놀이처럼 재미있고 즐겁게 하도록 돕고, 그러나 끝까지 살아남는 강한 승부욕을 직원들에게 불어넣어줄 수 있을 것이다.

리더의 그릇 크기는 직원들 그릇 크기의 합이다

사실상 리더라
는 자리는 시도하고 또 시도한 결과 주어지는 자리다. 나를 빛나
게 했던 시도와 나를 움츠러들게 했던 시도, 그 모든 경험의 끝
에서 리더로서의 새로운 경험을 맞이하는 자리인 것이다.

당연하게도 리더가 되기 이전과 이후의 경험은 질적 양상이 다
르게 마련이다. 이전에는 나 혼자만의 시도를 했다면 이제는 여
럿의 시도를 부추겨야 하고, 나만의 통찰력으로 함께 탈 배를 골
라야 하며, 그 배의 선장이 되어 길을 나서야 한다.

그리고 선장의 자리에서 함께 승선한 선원들 각자의 역할을
고민하고 그들의 도전거리를 마련하는 일도 이전에는 해보지
않았던 경험일 것이다. 자신의 지난 경험을 반추해 그들의 경험
을 더욱 진일보하게 만들어야 하는 것이다.

논어에 '군자불기(君子不器)'라 했다. 그릇이라는 물건은 각
각 제가 담을 수 있는 용도와 크기가 애초에 정해져 있지만, 모
름지기 군자는 정해진 한 가지만을 담는 옹색한 그릇이 돼서는
안 된다는 뜻이다. 한 분야에 국한되어 다른 분야와 상통하지 못
하는 편협한 그릇이 아니라 다양한 다른 영역을 넘나들며 큰 그
림, 새로운 그림을 볼 수 있는 혜안을 가진 이가 군자라는 뜻일
것이다. 여기에서 군자라는 말을 리더라는 말로 바꾸더라도 전
혀 이상하지 않다.

우리 세대만 해도 '큰 그릇이 되라'고 배웠지만, 이제 우리가

가르칠 덕목은 그릇의 크기가 아닌 것 같다. 대신 주어진 그릇을 깨고 밖으로 나아가는 것, 그리고 다양한 그릇을 연결해 보다 많이 담는 것이 아닐까? 2,500년이 지난 공자의 가르침은 여전히 유효해 보인다.

오늘날 필요한 것은 그릇의 크기를 한정하지 않고 무엇이든 담아내고자 하는 청청한 기백, 바로 그것이다. 광고회사 직원들만 해도 카피만 쓰는 카피라이터, 기획만 하는 플래너, 그림만 만드는 디자이너가 아니라 이 모든 영역을 통섭하며 세상을 크게 볼 줄 아는 현대적 의미의 '군자'로 커나가야 하는 시대가 됐다. 그럴 수 있을 때에야 세상에서 보이지 않는 의미를 읽어내고, 누구도 찾지 못한 방향을 가리키고, 아무도 짐작 못한 가치를 세상에 더할 수 있기에 그렇다.

그렇기에 리더는 직원들 경험의 크기를 한정시키지 말고 증폭시킬 수 있도록 격려하는 일을 자신의 소임으로 삼아야 한다. 그렇게 리더 스스로의 경험의 크기 또한 무궁해져야만 하는 것이다.

리더의 그릇이란 모두의 그릇을 합치고, 여기에 리더만의 통찰력을 더했을 때 비로소 완성된다. 그 무궁한 경험의 크기 안에서 성공과 실패는 함께 빛나는 것이다.

성과는 인재가 만들지만, 인재는 리더가 만든다

벌써 오래전 일이 되었지만, 세계 금융위기 당시 금융공학 전문가들에 의해 환상적으로 만들어진 파생상품의 성과가 졸지에 무너지는 것을 보면서 펀더멘털의 중요성을 새삼 생각해본 적이 있다. 펀더멘털(fundamental)은 국가경제의 기조가 얼마나 튼튼한지를 나타내는 용어로 기초경제여건, 또는 경제의 기초체력쯤으로 보면 되겠다. 그리고 그 개념은 국가경제 말고도 많은 곳에 적용될 수 있으니 CEO로서 한 번쯤 헤아려볼 만하다.

나는 조직의 펀더멘털을 '사람'으로 규정했다. 광고회사는 인재 비즈니스이고, 그러므로 인재를 성공적으로 채용하고 양성하는 것이 회사 존속의 관건이 된다. 그러므로 회사의 재무제표보다 신입사원 채용에 관심이 더 깊을 수밖에. 재무제표는 파생

상품이지만, 신입사원은 펀더멘털이기에 그렇다. 하지만 사실상 많은 CEO들에게 그 펀더멘털에 대한 인식은 그다지 철저하지 못한 것 같다. 당나라 사상가 한유의 탄식이 떠오른다.

"백락이 있고 나서 천리마가 있는 법, 천리마는 늘 있으나 백락이 늘 있는 것은 아니다. 세상에 좋은 말이 없다고 탄식하는 것은, 아, 말이 없는 것인가 말을 알아보지 못하는 것인가! (世有伯樂 然後有千里馬 千里馬常有 而伯樂不常有. 天下無良馬 嗚呼其眞無馬耶 其眞不識馬耶!)"

백락(伯樂)이란 말을 알아보는 눈이 뛰어난 사람을 말한다. 아무리 천리마가 눈앞에서 뛰어다녀도 그 진가를 알아보고 써 주지 않는다면 아무 소용이 없는 것이다.

표면상으로는 회사가 신입사원을 선택하는 것 같지만, 사실 회사는 선택 당하는 입장이어야 한다. 신입사원은 회사 미래에 중요한 실재가치를 갖고 있는 바이어(buyer)다. 그러므로 면접의 관건은 그들이 회사에 잘 보여서 선택을 받느냐 아니냐가 아니라, 회사가 그들을 잘 알아보느냐 아니냐에 달린 것이다. 인재를 알아보는 혜안을 시스템으로 만드는 일이 인재 비즈니스의 모든 것이다.

인재관리가 가장 큰 전략이다

위대한 과학자의 상징처럼 여겨

지는 인물 아인슈타인도 처음부터 인재는 아니었다. 그는 취리히 공대에 응시했다가 떨어졌는데 프랑스어, 화학, 생물학에서 낙제했기 때문이다.

그런데 물리학 교수인 하인리히 베버가 그의 수학적·물리학적 재능을 알아보고 청강생 자격을 준 덕분에 아인슈타인은 이듬해 물리학과에 입학하게 됐다. 베버 교수의 혜안이 아니었다면 상대성이론은 없었을지도 모른다.

최근 새롭게 신드롬을 일으키고 있는 이순신 장군만 해도 그렇다. 임진왜란 발발 1년 전 정읍 현감으로 있었던 이순신은 전라좌수사로 임명된다. 종6품에서 정3품으로, 지금으로 치면 시골 면장이 사단장으로 파격 승진한 셈이다. 이순신의 내공을 알아보고 선조에게 천거한 류성룡의 혜안이 아니었다면 임진년에 이미 조선의 바다가 뚫리고 지금 우리는 일본어를 사용하고 있을지도 모른다. 아찔한 일 아닌가?

그렇다면 CEO의 일이 무엇인지는 분명하다. 인재관리, 신입사원 채용에 투자를 아끼지 않는 것이다. 그와 함께 현재 직원들의 역량 또한 무한 발휘되도록 더욱 노력해야 할 것이다.

어쩌면 대단한 능력을 가지고 있으면서도 그것을 증명할 기회를 얻지 못한 직원이 지금 당신의 눈앞에 있을지도 모르는 일이다.

미국 고교농구에서 뛰어난 기량을 보이던 아시아 소년이 있었다. 하지만 다른 선수들에 비해 키가 작은 탓에 대학 특기생으로 선발되지 못하고, 학업에 매진해 하버드대에 진학하게 됐다. 그는 대학에서도 아이비리그 농구를 평정했지만, 여전히 NBA 스카우터들은 그에게 관심을 갖지 않았다. 서머리그를 거쳐 겨우 골든스테이트 워리어스에 입단했지만, 벤치만 지키다 뉴욕 닉스로 이적한다. 그나마 그곳에서도 방출자 명단에 이름을 올리고 만다.

그런데 방출 이틀 전, 팀의 주전선수 세 명이 동시에 부상을 당하는 사태가 벌어진다. 덕분에 그는 처음 주전으로 출전할 기회를 얻게 됐다. 이 경기에서 그는 25득점을 올리며 대활약했고, 이후 팀을 7연승으로 이끌며 일약 스타로 떠올랐다.

미국은 혜성처럼 등장한 이 하버드대 출신의 아시아 선수에게 열광했다. 지금은 LA 레이커스에서 뛰고 있는 대만계 미국인 선수 제러미 린 이야기다. 오바마 대통령이 그의 팬임을 천명했고, 경제전문지 「포브스」는 "연방준비제도이사회 의장도 해내지 못한 경기 부양을 제러미 린이 해내고 있다"고 보도했다. 가히 '린데렐라'라고 불릴 만하다.

과연 그에게 무슨 일이 일어난 것인가? 달라진 것은 기회가 주어졌다는 것뿐이다. 전 소속팀에서 그는 고작 29경기에 출전해 평균 9분밖에 뛰지 못한 후보 선수였다. 뉴욕 닉스로 온 뒤 제대로 뛸 기회가 생기자 모든 것이 달라졌다. 4경기 만에 109점을 득점하며 새 역사를 쓰기 시작한 것이다.

제러미 린 역시 그의 가능성을 눈여겨보다 결정적 순간에 기

용한 마이크 디앤토니 감독의 혜안이 아니었다면 농구를 포기
했을지 모른다.

뽑기 전에 신중히 보고, 뽑았으면 믿어줘야

사람들은 저런 선
수가 어디에 숨어 있었느냐며 놀란다. 하지만 그가 숨어 있었던
게 아니라, 아무도 관심을 가지지 않았을 뿐이다. 왜 주변에 저
런 사람이 없냐며 불평하는 사람도 있다. 하지만 그런 사람이 없
는 것이 아니다. 그런 사람을 알아보는 눈을 가진 이가 없는 것
이다.

일목삼악발 일반삼토포(一沐三握髮 一飯三吐哺). 한 번 목욕할
때 머리를 세 번 거머쥐고, 한 번 밥을 먹을 때 세 번 음식을 뱉
어낸다는 뜻이다. 목욕할 때 누가 찾아오면 물이 뚝뚝 떨어지는
머리카락을 세 번 거머쥔 채 달려 나가 맞이한다. 식사 중에 손
님이 찾아오면 먹고 있던 음식을 다 먹고 만난 것이 아니라 입에
든 것을 뱉어내고 얼른 뛰어 나간다. 인재를 맞이하는 것이 무엇
보다 중요하다는 의미다.

이것은 주나라의 제후 주공이 아들 백금을 노나라 봉지로 떠
나 보내면서 일러준 말이라고 한다. 무왕의 동생이자 그 뒤를 이
은 성왕의 숙부로서 제후 중에서도 으뜸인 자리에 있는 주공이
었지만, 인재를 데려오기 위해서는 늘 자세를 낮추고 겸손해야

한다고 믿었다. 주공이 인재를 얼마나 아끼는지 잘 알려졌기 때문에 당대의 훌륭한 인재들이 모두 그에게 모여들었다. 몸을 낮추는 자만이 능히 남을 다스릴 수 있었던 것이다.

CEO라면 직원들의 능력과 장점뿐 아니라 한계까지도 한꺼번에 아울러 바라볼 수 있어야 한다. 그러나 그 중에서 특히 노력해야 하는 것은 허물 대신 장점을 보는 일이다. 살펴보면 누구에게나 장점이 있고 그것을 부추겼을 때 발생하는 효력은 생각보다 크다.

광고회사에서는 하루가 멀다 하고 경쟁 프레젠테이션이 펼쳐지며, 거기에서 이기고 지는 승부 결과에 따라 직원들의 사기가 오르락내리락한다. 매번 이길 수는 없는 법이다. 속은 상하지만, 지더라도 최선을 다했다면 그것을 R&D(신제품개발) 비용으로 여겨야 한다.

이긴 팀에게는 아낌없이 축하를 보내는 일, 지는 팀에게도 격려 메일을 보내 실패를 위로하고 재도전의 희망을 북돋우는 일이 중요하다. CEO라면 그렇게 모두를 격려하는 일에 노력해야 한다고 생각한다. 제일기획의 프레젠테이션 성공률이 70~80퍼센트 대까지 올라가게 된 것도 결과를 떠나 직원 한 사람 한 사람의 자부심을 북돋아준 덕분이 아닐까 싶다.

그리고 혹여 아랫사람이 사고를 쳤을 때는 한쪽 눈을 질끈 감아주는 일이 필요하다. 처음 저지른 실수에 대해서는 그것이 잘해보려는 의도에서 비롯된 것이 분명하다면 눈감아 주고 나무라지 않는 것이 좋다. 그러면 상대는 자신의 실수를 더 크고 아프게 느끼게 될 것이다. 대신 똑같은 잘못을 반복해서 저지르면 그때는 가차 없이 나무라야 한다.

한마디로 CEO는 칭찬과 비판에 능숙해야 한다. 칭찬은 '공개적으로, 크게, 감성적으로' 하고 비판은 '개인적으로, 조용히, 이성적으로' 하는 것이 좋다. 칭찬을 할 때는 다른 사람들도 알 수 있도록 공개적으로 아끼지 말고 마음껏 표현해야 활력이 넘치는 분위기가 만들어진다. 반대로 비판이 꼭 필요한 상황에서는 개인적으로 조용히 하되 상대방이 수긍할 수 있도록 이성적이고 명확한 이유를 들어 설명해야 하는 것이다.

'사람은 큰 사람 옆에 있으면 덕을 보지만, 나무는 큰 나무 옆에 있으면 피해를 본다(人長之德 木長之弊)'는 말도 있지 않은가? 사람을 뽑는 것도 중요하지만, 한 번 채용했으면 믿고 인재로 성장할 수 있도록 육성하는 것이 회사의 기초 자산을 풍성히 하는 일이 될 것이다. 사람은 기업의 가장 소중한 재산이니 말이다.

조직의
군살을 빼는
'워크 다이어트'

만약 말단직원이 중요한 시안 작업을 맡았다고 해보자. 며칠 밤낮을 새며 열심히 만들었다. 그 시안은 부장의 손을 거쳐 상무, 전무, 대표이사의 승인을 받아야 제작에 돌입할 수 있다. 그런데 그렇게 탄생한 작품에서 뒤늦게 사소하지만 치명적인 문제가 발견되었다. 이 문제는 다시 부장부터 시작해서 상무, 전무의 보고라인을 통과해 대표이사의 책상까지 올라간다.

납품일자가 촉박한 와중에 이런 일이 벌어진다면 직원은 피가 마르지 않겠는가? 빨리 새로 제작해서 납품해야 하는데, 보고하고 결재하느라 시간만 잡아먹고 있으니 말이다. 이런 일은 실제로 기업 현장에서 비일비재하다.

런던 비즈니스스쿨 게리 해멀 교수는 『경영의 미래』에서 '혁신에도 급이 있다'고 했다. 맨 밑바닥은 운영 혁신이고, 그 위는 제

품 혁신, 그 위는 비즈니스 혁신, 그리고 그 위는 업계구조 혁신
이다.

그런데 여기서 끝이 아니다. 한 단계가 더 남았다. 혁신 사다
리의 끝을 장식하는 것은 '관리 혁신'이다. 복잡한 보고 라인 때
문에 속이 터져 본 사람이라면 고개를 끄덕일 것이다. 제대로 관
리 혁신이 되지 않는다면 조직의 창발성은 그야말로 상자 속에
서 호흡곤란으로 비명횡사하고 말 것이다.

모든 혁신은 관리혁신 없이 이뤄지기 어렵다

게리 해멀 교수는
상자 속에 갇힌 '꿀벌'이 아니라, 놀라운 혁신을 이루는 '게릴
라'들이 충만한 조직이 최고로 효율적인 조직이라고 했다. 다양
한 시각으로 구성된 팀이 다양한 목소리를 분출하며 적극적으로
도전해야 혁신과 창조가 나온다는 것이다.

그렇다면 이러한 게릴라들의 분투가 가능한 조직 건설은 누
가 나서야 하겠는가? 그 누구보다도 강력한 영향력을 가진 사
람, 바로 CEO가 하기 나름 아니겠는가?

게릴라들이 맘껏 활동할 수 있는 신속한 조직문화로의 변화
를 위해서는 조직 다이어트가 필수적이다. 건강을 위해서 날씬
해지는 다이어트가 조직에도 필요한 것이다. 효율성 있는 조직
으로 거듭나기 위해서는 불필요한 행정제도를 과감히 줄이고

직원들의 업무 몰입도를 높이는 데 집중할 필요가 있다.

많은 기업들이 회의 문화와 보고 문화 개선 활동을 활발하게 전개하고 있다. 회의 자료와 시간 및 목적은 최소 1일 전에 공유하고, 회의는 집중해서 1시간에 끝마치며, 종료 후 1일 안에 핵심 내용을 공유한다.

또한 보고라인에 있는 모든 결재권자가 한 자리에 모여 한방에 의사결정을 함으로써 일일이 보고하는 데 많은 시간을 투입하는 비효율적 보고문화를 개선한다.

조직의 군살을 빼는 워크 다이어트라고 하면 단순히 '돈이 안 되는 일'을 없애는 것으로만 받아들이는 이들이 많다. 성과창출에 기여하지 못한 부문을 줄이거나 아예 없애면 생산성이 높아진다는 것이다. 틀린 말은 아니다. 하지만 진짜 문제는 돈 안 되는 일 그 자체가 아니라, 돈 안 되는 일을 만들어내는 시스템과 구조에 있다. 일시적으로 군살을 빼는 신체 다이어트에도 요요현상이라는 것이 존재하듯 워크다이어트에서도 근원적인 처방이 필요하다. 왜 쓸데없는 일이 난무하는 조직이 되었는지를 먼저 살펴야 하는 것이다.

요요현상 없는 워크 다이어트를 위해서는 시스템적으로 결재를 단순화하고 회의를 간명하게 하며 본업에 충실할 수 있는 기업문화가 정착되어야 할 것이다. 살을 빼는 가장 이상적인 방법이 몸을 많이 움직이는 것이듯, 효율성 있는 조직 문화를 만들려면 조직 자체가 움직여야 한다.

총무와 경영관리부터 달라져야 한다

광고회사처럼 아이디어 발상을 주업으로 하는 회사도 있지만, 그렇지 않은 회사에도 창의적 아이디어는 필요하다. 오히려 총무·경영관리·재무 등의 부서에서 창의적 아이디어가 더 필요할 때가 많다. 어떻게 효율성을 높일 것인가, 어떻게 경비를 절감할 것인가 등등도 모두 창의적 아이디어에 해당한다. 그러니 전 조직을 창의적 아이디어 조직으로 만드는 노력이 중요하다.

내가 CEO로서 기업문화를 새롭게 일신하고자 하면서 생각한 것이 '아이디어 경영'이다. 아이디어는 창조와 사뭇 다르다고 생각한다. 창조 경영이라고 하면 무엇이 새롭게 튀어나와야 할 것 같은 강박을 갖기 쉬운 것이다.

하지만 아이디어 경영은 무궁무진한 내용성을 갖는다. 구체적으로 조금만 새롭게 발상하면 눈에 보이는 모든 것이 혁신의 대상일 수 있다. 그러기 위해서는 조직 전체가 아이디어 발상과 실행, 즉 아이디어 엔지니어링으로 숨을 쉬고 그 일상을 즐길 수 있어야 한다.

명색이 광고회사 CEO로 있으면서 나는 총무팀에게도 창의적 아이디어를 권유했다. 관습적으로 해오던 것을 왜 꼭 그렇게 해야 하는지 한 번씩 더 질문함으로써 다른 방식으로 접근하도록 한 것이다.

경영이 달라지면 기업의 이미지가 달라진다. 예를 들어 고객들에게 보내는 명절 선물도 그렇다. 추석이나 설날에 받는 선물은 사실 무수한 선물들 사이에서 기억도 못하고 잊히기 마련이다. 그러니 우리는 아예 공백기인 설과 추석 사이인 7월 초여름에 국수를 선물로 보내면 어떤가 하고 총무팀에 아이디어 팁을 던졌다.

일단 여름국수는 너무 맛있고, 아련한 추억까지 느끼게 해 주지 않는가? 후덥지근한 여름에 말아먹는 시원한 김치국수의 맛, 걸쭉한 콩국물에 소금을 살짝 뿌려 후루룩 들이키는 고소한 콩국수의 맛을 누구나 기억하고 있을 것이다. 명절도 끼지 않은 여름에 느닷없이 받더라도 별로 부담스럽지 않은 선물이다.

우리는 가장 맛있는 국수집을 수소문했다. 그곳에서 만든 국수를 종류별로 예쁘게 포장하고, 이 국수는 어떤 과정으로 만들어지는지, 얼마나 오랜 전통을 지닌 국수인지, 여기에 어린 시절 엄마가 말아주시던 국수의 추억을 자극할 수 있는 따뜻한 문구까지 카드로 만들어서 함께 포장했다. 가장 맛있게 먹을 수 있는 요리 레서피를 동봉했음은 물론이다. 정성이 담기면 받는 이도 감동하기 마련이다.

그러나 정성만으로는 부족하다. 전략적인 선택은 분명 필요한 것이다. 예컨대 명절 선물의 포인트는 남성 고객이 아니라 남성 고객의 아내, 즉 주부의 마음을 사로잡는 것이다. 과일이나 고기 같은 일상적인 것 말고 특별한 것이 필요하다. 우리 농산물 중에서도 어느 해는 나물, 어느 해는 장 종류, 소금 세트, 잡곡 세트 등 특별한 것으로 선별해서 정성스럽게 포장해서 보내도록 했다. 전달 방식도 일반 택배가 아니라 직접 전달방식을 취하도록 해서 감동의 크기를 높였다.

아이디어는 어느 특정한 팀의 것이 아니라 모든 조직원의 것이다. 아이디어를 향한 전사적 열정이 있으면 더 나은 일터가 만들어진다.

발랄한 아이디어 창출을 위해 자유로운 분위기와 함께 필요한 것이 조직 자체의 답답함을 부수는 것이다. 세상을 뒤집을 정도의 찬란한 아이디어라도 자칫 조직이라는 박스에 갇혀 밖으로 나오지 못할 수 있다. 특히 한국 사회는 위계와 서열이 분명하기 때문에 CEO들이 꼭 생각해야 할 것이 있다. 실행력을 답답한 조직의 박스에 가두지 말라는 것이다.

물은 100도씨의 온도에서 끓어 넘치지만, 99도씨가 될 때까지는 그저 고요할 뿐이다. 그렇게 99도씨가 될 때까지 끊임없이 불을 지피고 열을 가해야 마지막 1도씨의 폭발력이 생겨난다. 그 과정에서 CEO의 역할은 조바심 내지 않고 진득하게 참아주면서, 직원들을 격려하며 100도씨까지 이끌어가는 일일 것이다.

기다리지 못하고 성급하게 뚜껑을 열었다 닫았다 하면 물은 물대로 끓지 않고, 음식은 음식대로 설익어버린다. 조바심내지 말자. 조직이든 개인이든 스스로에게 부끄럽지 않을 만큼 노력하고 있다면, 언젠가 그 결과는 반드시 돌아오게 되어 있으니 말이다.

감사카드 속에서 자부심을 나누다

"기억하실지 모르겠는데 출산 전 함께 점심식사하실 때 저에게 2인분을 먹어야 한다며 계속 음식을 반씩 떼어 주셨어요. 그때 정말 섬세하고 따뜻한 분이라 생각했는데, 이번에 보내 주신 미역 선물을 받고 다시 한 번 감동했습니다."

"비가 조금 내리고 생각보다 더 쌀쌀했던 논산 촬영장에서 광고주와 촬영 현장을 지켜보고 있던 중에 아이 엄마로부터 전화를 받았습니다. 회사에서 사장님 이름으로 아이 입학을 축하하는 선물을 받았다고요. 아이가 좋아하는 어린이 시계와 문구용품을 한 상자 받았는데 아이도 아이엄마도 흥분했다고 하네요. 촬영으로 함께 하지 못한 미안함이 제 마음 한구석에 있었는데 그 선물이 제가 함께 한 것만큼 큰 기쁨을 저희 가족에게 선사했습니다."

"특별한 대우를 받고 싶은 마음이 충족되지 못해 서운한 맘이 들기 시작할 때 어김없이 저를 행복하게 해줬던 건 정말로, 진짜로 칸 수상작의 광고 카피 못지않게 감동이 느껴지는 김 프로님의 축하 메시지와 과일바구니, 꽃바구니들이었어요. 작년에 아이를 출산했을 때도 그랬고 이번에 진급했을 때도 김 프로님의 선물과 카드로 정말 특별한 사람이 된 기분을 만끽할 수 있었어요. '신랑보다 나은 회사'라고 신랑한테 몇 번이나 강조했는지 몰라요."

이 편지들은 내가 종종 받았던 매우 특별한 감사카드들이다. 발신

자는 제일기획 소속 직원이거나 그의 가족이다. 이런 편지를 받으면 마치 내가 산타 할아버지가 된 것처럼 뿌듯한 기분이다. 이런 작은 선물에도 행복해하는 직원들의 모습에 오히려 내가 더 감사해진다.

누구보다 특별한 사회학적 가족

회사는 우리 모두에게 또 하나의 가족이다. 누구보다도 더 많은 시간을 함께 보내는 사람들이 회사의 동료 아닌가? 물리적으로 시간을 같이 지내는 것뿐 아니라 우리는 늘 함께 공동선을 목표로 하고 있는 관계이기에 '사회학적으로 가족'인 것이다. 그렇기에 가족에 대한 사랑은 언제나 특별하게 표현되어야 한다고 생각한다. CEO로서의 자부심을 상대에 대한 배려로서 보여주는 것이다.

사람 관계는 정성이다. 직원들과의 관계, 클라이언트와의 관계도 모두 정성을 들인 만큼 돌아오는 것이 있기 마련이다. '돌아오는 것'이란 비즈니스적인 것을 의미하기도 하지만, 개인적인 것이기도 하다. 작은 것에도 기꺼이 감동해 주는 상대방을 보며 나 역시 또 한 번 자부심과 보람을 느낀다. 상대를 위한 정성이 오히려 나를 위한 것이 되기도 한다. 배려를 통해 서로가 서로에게 자부심을 나눠줄 수 있으니 말이다.

최선을 다했기에 자유로웠던 조르바처럼

매년 인사철이면 사무실에는 난초 화분과 꽃바구니들이 넘쳐 난다. 마음이야 고맙지만, 그저 '내가 선물을 했소'라는 의미 외에 별다른 가치가 담겨 있지 않다보니 그 아까운 꽃과 난이 애물 단지로 전락해버리고 만다.

2005년 말 우연한 기회에 성프란치스코 복지관을 후원하게 되었는데, 후원금 영수증을 받아들면서 문득 작은 아이디어가 떠올랐다. 승진이나 생일 등 축하할 일이 생길 때 화분을 보내는 대신 그 사람 이름으로 기부를 하는 것은 어떨까? 그의 이름으로 기부가 되었음을 알리며 복지관의 수녀님들이 직접 쓰신 '수녀님 카드'와 연말정산용 기부금 영수증을 보내주는 것이다. 축하해 주는 사람은 좋은 일에 돈을 쓰니 보람 있고, 축하 받는 사람은 자신의 경사가 다른 사람에게도 도움이 되니 마음이 넉넉해지지 않겠는가? 이것이 이름하여 '뷰티풀 도네이션'의 시작이었다.

당시 성프란치스코 복지관의 초대 관장이던 스텔라 수녀님께서도 이 제안을 흔쾌히 받아 주셨다. 수녀님들은 손수 종이를 잘라 정성껏 그림을 그리고 감사 인사까지 적어 주셨다. 그런데 죄송한 말씀이지만, 어딘가 좀 아쉬웠다. 정성에 비해서 고급스러워 보이지 않는 것이다.

이왕 돕기로 한 것, 적극적으로 나서자는 생각에 카드 디자인에 일가견이 있는 회사 직원들을 복지관으로 파견했다. 국내 최고의 광고·홍보 전문가들답게 이들은 카드 하나에도 여러 아이디어를 쏟아내서 훌륭한 작품을 만들어 주었다.

그렇게 탄생한 예쁜 카드와 기부금 영수증을 받아본 이들은 하나같이 "감동했다"는 이야기를 전해왔다. 국내 유수의 기업 대표들이 기꺼이 이 운동에 동참해 주셨고, '기부 선물'이라는 아이디어가 신선했는지 여러 일간지에서 이것을 기사화했다. 언론과 기업들의 호평 덕분에 어느새 '뷰티풀 도네이션'은 하나의 기부 문화로 자리 잡아 가고 있다.

기껏 책의 마지막을 장식한답시고 자기 자랑을 하고 있으니 독자들이 코웃음을 칠지도 모르겠다. 그러나 너그러이 이해해 주시라. 나의 작은 아이디어로 이런 의미 있는 기부 문화가 탄생했다는 사실은 쑥스러움을 감수하고라도 자랑하고 싶을 만큼 기쁜 경험이었기 때문이다.

40여 년을 광고쟁이로 살면서 아이디어를 내고, 실현시키고, 좌절하는 경험을 수도 없이 해왔다. 그러나 돌이켜보면 아무리 참신한 아이디어라고 칭송을 들어도 내 스스로 알맹이가 빠져 있다고 느끼면 별로 기쁘지 않았다. 그 알맹이란 내 아이디어가 세상을 조금 더 낫게 변화시킨다는 믿음이다.

우리는 무언가 바뀌어야 한다는 걸 느낄 때 아이디어를 낸다. 아이디어는 변화를 위한 첫 걸음이다. 그 변화가 나를 위한 것일 뿐 아니라 모두를 위한 것이라면, 비루한 우리 인생에 얼마나 큰 축복이 되겠는가?

2012년 12월, 6년간의 CEO 생활을 마감했다. 제일기획 최초의 공채 AE(광고기획자) 출신 CEO이자 아이디어 경영의 실천자라는 타이틀도 남겼다.

영광스럽기는 하지만, 이를 내세워 누군가에게 충고한다는 것은 조금 겸연쩍다. 수십 년간 경영 현장에서 잔뼈가 굵어진 기라성 같은 CEO들이 많은데, 그 앞에서 '경영이란 이런 것'이라고 말하기도 면구스럽지 않은가?

더구나 주변에서 이끌어 주고 밀어 준 선후배들의 음덕과, 일개 신입사원이 CEO로 성장할 때까지 많은 것을 배우게 해준 삼성이라는 든든한 바탕이 없었다면 오늘의 나는 없었을 것이다. 그러한 부끄러움 때문에 이 책을 내는 것도 몇 번 망설였다. 책을 내는 것도 나에게는 사실 하나의 '결단'이었던 것이다. 그럼에도 용기를 내서 책을 쓰게 된 것은 CEO로서의 '성과'가 아니라 '고민'에 초점을 맞춰보자는 출판사의 설득 덕분이다. 오랜 시간 이 책을 위해 함께 고민해 준 출판사 관계자들과 이상실 씨에게 이 자리를 빌려 감사 인사를 전한다.

나는 이 책에서 리더로서의 분투기, 그리고 그 과정에서 세운 나름의 원칙들을 담담하게 풀어내 보고자 했다. 선배 경영자들이 보기에는 특별한 노하우가 아닐 수 있지만, 앞으로 리더의 자리에 오를 젊은이들에게는 작게나마 도움이 될 어떤 '수'가 있을 수도 있겠다 싶었다.

사실 은퇴하는 그 순간까지도 '나는 다시 태어나도 광고인이 되겠다'라고만 생각했기에, 별다른 은퇴 후 계획을 세우지 않았다. 그저 그동안 맡고 있던 일들이 얼추 정리되고 나면 어디 조용하고 한적한 곳에 틀어박혀 유유자적 신선놀음이나 즐길 생각이었다.

그런데 시간이 지난 지금, 생각이 조금씩 바뀌었다. 내가 한평생 겪었던 실패와 성공의 경험을 나눠주면 다른 이들은 조금 덜 실패하고 조금 수월하게 나아가지 않을까? 미약한 힘이나마 세상을 좀 더 나아지게 만드는 데에 도움이 될지도 모르잖은가 말이다.

그러니 내놓을 수 있는 것은 기꺼이 내놓자고 결심했다. 그것이 봉사든, 아이디어든, 열정이든. 그렇게 모두 내놓으면 삶이 가벼워지고, 가벼워지면 자유로워진다. 내가 좋아하는, 순간순간 최선을 다했기 때문에 자유로웠던 조르바처럼 말이다.

크레타 항구가 한눈에 내려다보이는 전망 좋은 성루에 자리 잡은 『그리스인 조르바』의 저자 니코스 카잔차키스의 묘비명이 생각난다.

나는 아무것도 바라지 않는다.
나는 아무것도 두려워하지 않는다.
나는 자유다.

지금 이 책의 마지막 장을 읽고 있는 당신도 그렇게 자유로워
지기를 바란다.

무엇을 버리고
무엇을 지킬 것인가

초판 1쇄 발행 | 2017년 1월 5일

지은이 | 김낙회
펴낸곳 | 주식회사 시그니처
출판등록 | 제2016-000180호
주소 | 서울시 마포구 큰우물로 75 1308호(도화동, 성지빌딩)
전화 | (02)701-1700
팩스 | (02)701-9080
전자우편 | signature2016@naver.com

ISBN 979-11-958839-1-2 03320

값 15,000원